SEBASTIAN VOLLMER

Bearbeitungsentgelte im Darlehensrecht

Untersuchungen über das Spar-, Giro- und Kreditwesen

Abteilung B: Rechtswissenschaft

Schriften des Instituts für deutsches und
internationales Recht des Spar-, Giro- und Kreditwesens
an der Johannes Gutenberg-Universität Mainz

Herausgegeben von
Prof. Dr. Peter O. Mülbert,
Prof. Dr. Dr. h. c. Uwe H. Schneider, Prof. Dr. Dirk A. Verse

Band 214

Bearbeitungsentgelte im Darlehensrecht

Eine Analyse unter Berücksichtigung grundlegender Fragen
des Rechts der Allgemeinen Geschäftsbedingungen

Von

Sebastian Vollmer

Duncker & Humblot · Berlin

Die Rechtswissenschaftliche Fakultät der Albert-Ludwigs-Universität Freiburg
hat diese Arbeit im Jahre 2019 als Dissertation angenommen.

Bibliografische Information der Deutschen Nationalbibliothek

Die Deutsche Nationalbibliothek verzeichnet diese Publikation in
der Deutschen Nationalbibliografie; detaillierte bibliografische Daten
sind im Internet über http://dnb.d-nb.de abrufbar.

Satz: TextFormArt, Daniela Weiland, Göttingen
Druck: CPI buchbücher.de gmbh, Birkach
Printed in Germany

ISSN 0720-7352
ISBN 978-3-428-18021-9 (Print)
ISBN 978-3-428-58021-7 (E-Book)

Gedruckt auf alterungsbeständigem (säurefreiem) Papier
entsprechend ISO 9706 ♾

Internet: http://www.duncker-humblot.de

Meiner Frau Isabel

Vorwort

Mein aufrichtiger Dank gilt meinem Doktorvater, Herrn Prof. Dr. Hanno Merkt, LL. M. (Univ. of Chicago), für seine Unterstützung bei der Themenfindung, seine wertvollen Hinweise während der Anfertigung dieser Arbeit und nicht zuletzt auch für ihre zügige Korrektur. Ebenfalls danke ich Herrn Prof. Dr. Boris Paal, M.Jur. (Oxford) für die gleichermaßen zügige und weiterführende Zweitbegutachtung.

Herrn Prof. Dr. Peter O. Mülbert sowie Herrn Prof. Dr. Dr. h. c. Uwe H. Schneider und Herrn Prof. Dr. Dirk A. Verse, M.Jur. (Oxford) danke ich für die Aufnahme in ihre Schriftenreihe „Untersuchungen über das Spar-, Giro- und Kreditwesen".

Dir, liebe Isabel, widme ich diese Arbeit. Du bist seit 15 Jahren der feste Rückhalt in meinem Leben, warst auch in schweren Zeiten immer liebend an meiner Seite und hast mir unsere wunderbaren Kinder Maximilian und Greta-Sophie geschenkt. Auch während der Entstehung dieser Arbeit hast du mich nicht nur ertragen, was Grund für Dank genug wäre, sondern hast mich stets großartig unterstützt. Dafür danke ich dir von ganzem Herzen.

Ich danke auch meinen Eltern, die durch ihre Arbeit und ihre Mühen dafür gesorgt haben, dass es mir im Leben nie an etwas gefehlt hat, und mich stets bedingungslos unterstützt haben. Dir, lieber Vater, danke ich, auch wenn du diese Worte nicht mehr lesen kannst. Du fehlst mir sehr.

Die vorliegende Arbeit wurde im Februar 2019 eingereicht und von der Albert-Ludwigs-Universität Freiburg als Dissertation angenommen. Bis zu diesem Zeitpunkt wurden Gesetzgebung, Rechtsprechung und Literatur berücksichtigt.

Stuttgart, im Februar 2020   *Sebastian Vollmer*

Inhaltsverzeichnis

Abkürzungsverzeichnis

a. A.	andere Ansicht
ABB	Allgemeine Bedingungen für Bausparverträge
ABl.	EG Amtsblatt der Europäischen Gemeinschaft
ABl.	EU Amtsblatt der Europäischen Union
Abs.	Absatz
AcP	Archiv für die civilistische Praxis
a. E.	am Ende
AEUV	Vertrag über die Arbeitsweise der Europäischen Union
AGB	Allgemeine Geschäftsbedingung(en)
AGBG	Gesetz zur Regelung des Rechts der AGB
a. M.	am Main
Art.	Artikel
BaFin	Bundesanstalt für Finanzdienstleistungsaufsicht
BauSparkG	Gesetz über Bausparkassen
BB	Betriebs-Berater
Bearb.	Bearbeiter
Beck-OK	Beck'scher Online-Kommentar
Begr.	Begründer
BFH	Bundesfinanzhof
BGB	Bürgerliches Gesetzbuch
BGH	Bundesgerichtshof
BJR	Bonner Rechtsjournal
BKR	Zeitschrift für Bank- und Kapitalmarktrecht
BR-Drucks.	Bundesratsdrucksache
BT-Drucks.	Bundestagsdrucksache
BVerfG	Bundesverfassungsgericht
BVerfGE	Entscheidungen des Bundesverfassungsgerichts
BVerwG	Bundesverwaltungsgericht
bzw.	beziehungsweise
CDU	Christlich Demokratische Union Deutschlands
CSU	Christlich Soziale Union
ders.	derselbe
dies.	dieselben
d. h.	das heißt
DStR	Deutsches Steuerrecht
e. V.	eingetragener Verein
EG	Europäische Gemeinschaft
EGBGB	Einführungsgesetz zum BGB
EU	Europäische Union
EuGH	Europäischer Gerichtshof
EUR	Euro

EUV	Vertrag über die Europäische Union
EWG	Europäische Wirtschaftsgemeinschaft
EWiR	Entscheidungen zum Wirtschaftsrecht
f.	folgende/folgender
ff.	folgende
Fn.	Fußnote
FS	Festschrift
gem.	gemäß
GG	Grundgesetz
ggf.	gegebenenfalls
GOZ	Gebührenordnung für Zahnärzte
GWR	Gesellschafts- und Wirtschaftsrecht
HGB	Handelsgesetzbuch
HK	Handkommentar
h. M.	herrschende Meinung
Hrsg.	Herausgeber
Hs.	Halbsatz
i. S. d.	im Sinne des/der/dem
i. S. v.	im Sinne von
i. V. m.	in Verbindung mit
JA	Juristische Ausbildung
JurisPK	Juris Praxis-Kommentar
JurisPR	Juris Praxis-Report
JuS	Juristische Schulung
JZ	Juristenzeitung
KfW	Kreditanstalt für Wiederaufbau
KWG	Kreditwesengesetz
LBS	Landesbausparkasse
lit.	littera
LMK	Kommentierte BGH-Rechtsprechung
M&A	Mergers and Acquisitions
MaBV	Makler- und Bauträgerverordnung
MMR	MultiMedia und Recht
MüKo	Münchener Kommentar
m. w. N.	mit weiteren Nachweisen
NJOZ	Neue Juristische Online-Zeitschrift
NJW	Neue Juristische Wochenschrift
NJW-RR	NJW-Rechtsprechungs-Report Zivilrecht
NK	Nomos Kommentar
Nr.	Nummer
NZBau	Neue Zeitschrift für Bau- und Vergaberecht
NZM	Neue Zeitschrift für Miet- und Wohnungsrecht
OLG	Oberlandesgericht
p. a.	per annum
PangV	Preisangabenverordnung
r+s	Recht und Schaden
Rdn.	Randnummer
RG	Reichsgericht

RGZ   Sammlung der Entscheidungen des RG in Zivilsachen
RL   Richtlinie
S.   Satz/Seite
s.   siehe
s. o.   siehe oben
sog.   sogenannte
SPD   Sozialdemokratische Partei Deutschlands
st. Rspr.   ständige Rechtsprechung
tlw.   teilweise
u. a.   unter anderem
UKlaG   Unterlassungsklagengesetz
Urt.   Urteil
VerbrKrG   Verbraucherkreditgesetz
vgl.   vergleiche
Vor   Vorbemerkungen
Vorbem.   Vorbemerkungen
VuR   Verbraucher und Recht
VwGO   Verwaltungsgerichtsordnung
WM   Wertpapier-Mitteilungen, Zeitschrift für Wirtschafts- und Bankrecht
WuB   Entscheidungssammlung zum Wirtschafts- und Bankrecht
z. B.   zum Beispiel
ZBB   Zeitschrift für Bankrecht und Bankwirtschaft
ZfPW   Zeitschrift für die gesamte Privatrechtswissenschaft
ZIP   Zeitschrift für Wirtschaftsrecht

A. Einleitung

Über Jahrzehnte verlangten Banken in Darlehensverträgen mit privaten und gewerblichen Kunden als „Bearbeitungsentgelt" oder „Bearbeitungsgebühr" bezeichnete einmalige laufzeitunabhängige Gebühren.[1] Diese formularvertraglich festgelegten Gebühren, die sich meist im Bereich von ein bis drei Prozent der ausgezahlten Darlehenssumme bewegten, entsprachen der üblichen Bankenpraxis und blieben auch von der Rechtsprechung jahrelang unbeanstandet.[2]

Den Anstoß zu einer Diskussion über die mögliche AGB-rechtliche Unzulässigkeit solcher Bearbeitungsentgelte gab ein Aufsatz des damaligen Vorsitzenden des XI. BGH-Senats Gerd Nobbe aus dem Jahr 2008.[3] Nachdem seiner Auffassung folgend bereits zahlreiche Oberlandesgerichte die Erhebung von Bearbeitungsgebühren bei Verbraucherdarlehensverträgen für unwirksam erklärt hatten,[4] dauerte es bis zum Jahr 2014 bis der XI. Senat im Rahmen zweier Verbandsklageverfahren selbst die Gelegenheit bekam, Stellung zu nehmen. Mit den beiden Urteilen vom 13. Mai 2014 gab der Senat seine bisherige Rechtsprechung ausdrücklich auf und entschied, dass die formularmäßige Vereinbarung von Bearbeitungsentgelten bei Verbraucherdarlehensverträgen eine unangemessene Benachteiligung des Verbrauchers i. S. v. § 307 Abs. 1 S. 1, Abs. 2 Nr. 1 BGB darstelle und damit unwirksam sei.[5]

Im Anschluss an diese äußerst kritisch betrachteten Entscheidungen, entbrannte im Schrifttum und der Rechtsprechung der Instanzgerichte eine lebhafte Diskussion, ob dies nun auch für gewerbliche Darlehensverträge gelten solle.[6] Mit seinen Urteilen vom 4. Juli 2017 bejahte der XI. BGH-Senat nicht nur diese Frage, sondern erklärte Bearbeitungsentgelte darüber hinaus auch bei Kontokorrentkrediten für unzulässig.[7] Bereits in seinem Urteil vom 8. November 2016 hatte der BGH die formularmäßige Erhebung von Bearbeitungsgebühren in Bausparverträgen als

---

[1] *Lang/Schulz*, WM 2015 S. 2173 (2175) unter Verweis auf BGH, NJW 1956 S. 1956 S. 705; BGH, NJW 1968 S. 1822; OLG München, NJW 1966 S. 836; ebenso *Koch*, WM 2016 S. 717; *Billing*, WM 2013 S. 1777 (1782).

[2] Vgl. insbesondere BGH, NJW 1979 S. 2089 (2090); BGH, NJW 1981 S. 2181 (2182); BGH, NJW 1990 S. 2250 (2251); BGH NJW-RR 2005 S. 483 (484).

[3] *Nobbe*, WM 2008 S. 185.

[4] Vgl. zur Rechtsprechung der Landes- und Oberlandesgerichte die Übersicht bei BGH, NJW 2014 S. 2420 (2422).

[5] BGH, BKR 2014 S. 415 und NJW 2014 S. 2420; im Folgenden wird jeweils nur auf das letztgenannte Urteil verwiesen.

[6] Vgl. die Übersicht zum Meinungsstand in Rechtsprechung und Literatur bei BGH, BKR 2017 S. 453 (455).

[7] BGH, BeckRS 121112 und BKR 2017 S. 453; im Folgenden wird jeweils nur auf das letztgenannte Urteil verwiesen.

unwirksam angesehen.[8] Dasselbe gilt nach zwei weiteren Entscheidungen vom 17. April bzw. 16. Oktober 2018 auch für die Verwendung in Avalkreditverträgen und Bauträgerkreditverträgen.[9] Billigung fanden Bearbeitungsentgeltklauseln indes im Rahmen von KfW-Förderdarlehen.[10]

Ziel dieser Arbeit ist es, die umfangreiche Rechtsprechung des BGH zur Vereinbarung von Bearbeitungsentgeltklauseln in Darlehensverträgen einer umfassenden und kritischen Würdigung zu unterziehen. Hierfür soll zunächst die Bedeutung von Bearbeitungsentgelten im Kreditgeschäft konkretisiert werden. Im Anschluss werden die allgemeinen gesetzlichen Grundlagen zur Inhaltskontrolle Allgemeiner Geschäftsbedingungen herausgearbeitet, wobei die Frage der Eröffnung der Inhaltskontrolle bei formularmäßig vereinbarten Entgeltregelungen im Mittelpunkt steht. Insbesondere werden die hierzu von der Rechtsprechung entwickelten allgemeinen Grundsätze dargestellt und geprüft. Auf dieser Grundlage wird die Vereinbarung von Bearbeitungsentgeltklauseln in Verbraucher- und Unternehmerdarlehensverträgen sowie in besonderen Darlehensverträgen untersucht. Soweit die Zulässigkeit von Bearbeitungsentgeltklauseln in diesen besonderen Darlehensverträgen noch nicht höchstrichterlich geklärt ist, soll diese Frage auf der Grundlage der bisher ergangenen Rechtsprechung beantwortet werden. Zuletzt wird in Konsequenz der gefundenen Untersuchungsergebnisse ein alternativer Vorschlag zur Frage der Eröffnung der Inhaltskontrolle bei Entgeltklauseln unterbreitet.

---

[8] BGH, NJW 2017 S. 1461.
[9] BGH, BKR 2018 S. 421 und BGH, BeckRS 2018, 27446.
[10] BGH, WM 2016 S. 699.

B. Die Bedeutung von Bearbeitungsentgelten im Kreditgeschäft

Bevor die Frage der rechtlichen Zulässigkeit ihrer Erhebung eingehend erörtert wird, soll zunächst der betriebswirtschaftliche Hintergrund der Erhebung von Bearbeitungsentgelten durch die Kreditinstitute dargelegt werden, ohne dabei bereits rechtliche Wertungen vorzunehmen.

I. Tatsächliche Erscheinungsformen

Die Erhebung von Bearbeitungsentgelten ist jedenfalls seit den 1950er Jahren Bestandteil des Kreditgeschäfts der Banken.[1] Sowohl im Privatkundengeschäft als auch im gewerblichen Bereich wurde in aller Regel ein einmaliges Bearbeitungsentgelt in Höhe von zwei bis drei Prozent der überlassenen Darlehensvaluta verlangt.[2] Dieses Bearbeitungsentgelt war aber üblicherweise nicht sofort vom Darlehensnehmer zu bezahlen, sondern wurde vielmehr mitkreditiert. Das Bearbeitungsentgelt war damit erst über die Vertragslaufzeit verzinslich zu begleichen.[3] Neben dieser Gestaltungsform wurden Bearbeitungsentgelte aber auch als absoluter Betrag festgelegt, der sofort mit der ersten Darlehensrate fällig wurde und dementsprechend nicht mitkreditiert wurde.[4] Diese Variante war vor allem bei der gewerblichen Kreditvergabe gegenüber Großkunden üblich.[5]

II. Bankbetriebswirtschaftlicher Hintergrund

Nach mittlerweile gefestigter Rechtsprechung soll ein in einem Darlehensvertrag als Bearbeitungsentgelt, -gebühr oder -provision bezeichnetes Entgelt die bei der Bank anfallenden Kosten „für die Bearbeitung des Darlehensvertrags einschließlich der Vorbereitung des Vertragsschlusses sowie für Verwaltungsaufwand bei Kreditbearbeitung und -auszahlung decken."[6]

---

[1] *Lang/Schulz*, WM 2015 S. 2173 (2175) unter Verweis auf BGH, NJW 1956 S. 705; BGH, NJW 1968 S. 1822; OLG München, NJW 1966 S. 836.
[2] *Godefroid*, ZIP 2011 S. 947; *Casper/Möllers*, WM 2015 S. 1689.
[3] *Casper/Möllers*, WM 2015 S. 1689.
[4] *Casper/Möllers*, WM 2015 S. 1689.
[5] *Casper/Möllers*, WM 2015 S. 1689.
[6] BGH, NJW 2014, 2420 (2423); BGH, NJW 2017 S. 2986 (2988); BGH, NJW-RR 2018 S. 814 (815).

Diese Auslegung des BGH entspricht auch der bankbetriebswirtschaftlichen Sichtweise.[7] Die Erhebung eines laufzeitunabhängigen Bearbeitungsentgelts ist aus Sicht der Banken gerade dem Umstand geschuldet, dass der wesentliche Aufwand im Rahmen der Kreditvergabe bei der Bank bereits vor Vertragsschluss entsteht.[8] Insbesondere geht es dabei um die Kosten für die Überprüfung der Bonität des Darlehensnehmers und der Werthaltigkeit seiner Sicherheiten sowie die Durchführung von Kundengesprächen.[9] Die weitere Durchführung des Darlehensvertrags erfolgt hingegen überwiegend durch EDV-Technik und erfordert damit keinen erheblichen Verwaltungsaufwand.[10]

Das entscheidende Motiv für die Abgeltung dieses Aufwands durch ein vom Zins gesondertes Entgelt liegt aus Bankensicht jedoch nicht darin, diese Kosten durch einen sofort fälligen Einmalbetrag möglichst schnell zu amortisieren. Dies beweist bereits die Tatsache, dass Bearbeitungsentgelte häufig mitkreditiert wurden und daher erst über die Vertragslaufzeit zu begleichen waren.

Entscheidend ist vielmehr, dass Bearbeitungsentgelte als laufzeitunabhängige Entgelte bei vorzeitiger Vertragsbeendigung nicht anteilig zu erstatten sind.[11] Damit ist es der Bank möglich, sich einen unabhängig von der Laufzeit des Darlehens anfallenden Aufwand auch unabhängig davon vergüten zu lassen. Die Erhebung des Bearbeitungsentgelts schützt die Bank vor dem Risiko, dass sich der ihr entstandene Kostenaufwand aufgrund vorzeitiger Vertragsbeendigung durch die angefallenen Zinsen nicht deckt.[12] Die damit gewährleistete hinreichende Kostendeckung für tatsächlich angefallenen Aufwand entspricht letztlich kaufmännischen Grundsätzen einer vernünftigen Kostenkalkulation.[13]

Die Alternative zur Erhebung eines laufzeitunabhängigen Entgelts, welche der BGH in seinen Entscheidungen ausdrücklich empfiehlt,[14] besteht indes darin, die durch den Bearbeitungsaufwand entstehenden Kosten in den Sollzins einzukalkulieren. Eine solche Quersubventionierung bringt jedoch mehrere Nachteile mit sich. Die Kunden, die das Darlehen vertragsgemäß bis zu seinem Ende durchführen, haben in diesem Fall über die gesamte Laufzeit den erhöhten Sollzins zu bezahlen, auch wenn die durch sie verursachten Kosten der Kreditbearbeitung durch eine Einmalzahlung bereits abgegolten wären.[15] Andererseits zahlen diejenigen Kunden, die das Darlehen vorzeitig zurückführen, eben nur bis zu diesem Zeit-

---

[7] So wurde die vom BGH vorgenommene Auslegung auch in dem Grundsatzurteil zu Bearbeitungsentgelten gegenüber Verbrauchern von der Beklagten nicht in Abrede gestellt, vgl. BGH NJW 2420 (2423).

[8] *Becher/Krepold*, BKR 2014 S. 45 (46); *Wimmer*, WM 2012 S. 1841 (1846).

[9] *Casper/Möllers*, BKR 2014 S. 59; *Berger/Rübsamen*, WM 2011 S. 1877.

[10] BGH, NJW 2001 S. 509 (511); *Wimmer*, WM 2012 S. 1841.

[11] *Casper/Möllers*, BKR 2014 S. 59.

[12] *Placzek*, WM 2011 S. 1066 (1072).

[13] *Becher/Krepold*, BKR 2014 S. 45 (55); *Casper/Möllers*, WM 2015 S. 1689 (1694).

[14] BGH, NJW 2014 S. 2420 (2429); BGH, NJW 2017 S. 2986 (2992).

[15] So schon: *Placzek*, WM 2011 S. 1066.

punkt den erhöhten Zinssatz, auch wenn sich bis dahin der Aufwand der Kredit-bearbeitung noch nicht durch den Zins amortisiert hat. Die von ihnen verursachten Kosten werden letztlich von den Kunden mitfinanziert, die das Darlehen nicht vor-zeitig zurückführen. Eine solche Quersubventionierung der kostenverursachenden Kunden durch die kostensparenden Kunden führt betriebswirtschaftlich zu einer unnötigen Verteuerung der Leistungen.[16] Dies ist bereits deshalb der Fall, weil es kalkulatorisch kaum möglich ist, den laufzeitunabhängigen Kostenaufwand in den laufzeitabhängigen Zins einzurechnen, weil bei Vertragsabschluss nicht bekannt ist, wie viele Verträge vorzeitig beendet werden und nach welchem Zeitraum dies geschieht. Dies kann nur annäherungsweise aufgrund statistischer Daten gesche-hen. Die Bank wird bei einer solchen Berechnung daher stets einen Risikoaufschlag vornehmen müssen, um eine Kostendeckung zu gewährleisten.[17]

Allerdings ist anzumerken, dass auch der bisherigen Praxis der Erhebung von Bearbeitungsentgelten meist eine Quersubventionierung immanent war.[18] Denn Bearbeitungsentgelte wurden in aller Regel in einem bestimmten prozessualen Verhältnis zur Darlehenssumme vereinnahmt. Der Bearbeitungsaufwand der Bank ist jedoch von der Höhe der Darlehenssumme weitestgehend unabhängig.[19] Der Bank wäre es zudem durchaus möglich, den anfallenden Bearbeitungsaufwand eines einzelnen Darlehensvertrags zu berechnen und diesen als absoluten Betrag festzulegen. Möglich ist dies einerseits durch die sogenannte prozessabhängige Kostenrechnung, bei der die Kosten anhand von Standardbearbeitungszeiten auf die Einzelgeschäfte verrechnet werden.[20] Daneben ließen sich die Kosten durch die marktpreisorientierte Kostenrechnung festlegen, bei der die von einem externen Dienstleister für die entsprechenden Leistungen berechneten Kosten herangezogen werden.[21] Der Grund für die relativ zur Darlehenssumme berechneten Bearbei-tungsentgelte liegt jedoch darin, dass die konkrete Berechnung des Bearbeitungs-aufwands für einen einzelnen Darlehensvertrag zu einer starken Verteuerung von Kleinkrediten führen würde.[22] Es handelt sich somit um eine Quersubventionie-rung zu Gunsten von Kleinkrediten und zu Lasten von Krediten, bei denen das prozentual im Verhältnis zur Darlehenssumme berechnete Bearbeitungsentgelt den tatsächlich auf den Vertragsabschluss entfallenden Aufwand übersteigt. Diese Praxis der Banken zu Gunsten von Kleinkrediten wird als verbraucherfreundlich bezeichnet.[23]

---

[16] *Bitter*, ZBB 2007 S. 237 (241 f.); ähnlich: *Casper/Möllers*, WM 2015 S. 1689 (1694).
[17] *Becher/Krepold*, BKR 2014 S. 45 (55); *Placzek*, WM 2011 S. 1066 (1070).
[18] Kritisch hierzu: *Krüger/Bütter*, WM 2005 S. 673 (676).
[19] *Wimmer*, WM 2012 S. 1841 (1849); *Knops*, ZBB 2010 S. 479 (483).
[20] *Wimmer*, WM 2012 S. 1843 (1849) mit näherer Erläuterung; vgl. auch *Früh*, WM 1998 S. 63 (66).
[21] Auch hierzu ausführlich: *Wimmer*, WM 2012 S. 1841 (1843 f.).
[22] *Wimmer*, WM 2012 S. 1841 (1849).
[23] *Wimmer*, WM 2012 S. 1841 (1849).

III. Verhältnis zur Vorfälligkeitsentschädigung

Von wesentlicher Bedeutung ist die Vereinbarung eines Bearbeitungsentgelts nach den Darstellungen oben vor allem bei vorzeitiger Beendigung eines Darlehensvertrags, da es dem Darlehensgeber aufgrund seines laufzeitunabhängigen Charakters auch in diesem Fall vollständig verbleibt. Abzugrenzen ist das Bearbeitungsentgelt daher von der Vorfälligkeitsentschädigung, die diesem bei vorzeitiger Ablösung des Darlehens nach § 490 Abs. 2 S. 3 BGB bzw. § 502 Abs. 1 und 2 BGB grundsätzlich ebenfalls zusteht.

Die Vorfälligkeitsentschädigung ist in § 490 Abs. 2 S. 3 BGB legal definiert. Zu ersetzen ist danach derjenige Schaden, der dem Darlehensgeber aus der vorzeitigen Kündigung entsteht. Aufgrund dieser Formulierung stellt die Vorfälligkeitsentschädigung nach herrschender Meinung einen gesetzlich geregelten Schadensersatzanspruch dar, auch wenn die Rückzahlung des Darlehens nicht pflichtwidrig ist.[24] Im Rahmen dieses Anspruchs wird gem. § 249 BGB eine Wiederherstellung des Zustands geschuldet, welcher ohne die schädigende Handlung in Form der vorzeitigen Darlehensrückzahlung bestehen würde.[25]

Dieser Ausgleichsanspruch stellt eine Kompensation für die Tatsache dar, dass die Umstände, die den Darlehensnehmer nach § 490 Abs. 1 und Abs. 2 S. 1 und 2 BGB zur außerordentlichen Kündigung berechtigen, aus dessen eigener Sphäre stammen.[26]

Ein Verbraucherdarlehensvertrag kann darüber hinaus nach § 500 Abs. 2 S. 1 BGB jederzeit sogar ohne besonderen Grund durch den Verbraucher vorzeitig abgelöst werden. Unter den Voraussetzungen des § 502 Abs. 1 und 2 BGB steht dem Darlehensgeber bei vorzeitiger Rückzahlung daher ebenfalls eine Vorfälligkeitsentschädigung zu.

Inhaltlich umfasst die Vorfälligkeitsentschädigung zunächst den Zinsschaden in Form des Zinsmargen- und Zinsverschlechterungsschadens.[27] Erfasst werden dabei jedoch nur die rechtlich geschützten Zinserwartungen des Darlehensgebers.[28] Denn der Darlehensgeber soll nach den allgemeinen schadensersatzrechtlichen Grundsätzen durch die Vorfälligkeitsentschädigung nicht besser gestellt werden, als er ohne die vorzeitige Rückzahlung stünde. Daher gilt als maßgeblicher Zeitraum für die Schadensberechnung die Zeit bis zur erstmaligen bzw. nächstmöglichen Lösungsmöglichkeit vom Vertrag.[29]

---

[24] *Berger*, in: Jauernig BGB § 502 Rdn. 2; *Krepold*, in: Schimansky/Bunte/Lwowski § 97 Rdn. 126; *Wiese*, in: HK BGB § 490 Rdn. 11; *Möller*, in: BeckOK BGB § 502 Rdn. 3.

[25] *Krepold*, in: Schimansky/Bunte/Lwowski § 97 Rdn. 126.

[26] *Berger*, in: MüKO BGB § 490 Rdn. 30.

[27] BGH, NJW 2016 S. 1382 (1383), zu den Begriffen Zinsmargen-und Zinsverschlechterungsschaden *Rohe*, in: BeckOK BGB § 490 Rdn. 33 ff.

[28] BGH, NJW 1991 S. 1817 (1818).

[29] BGH, NJW 1988 S. 1967 (1969); *Rohe*, in: BeckOK BGB § 490 Rdn. 33 ff.

Bei Verbraucherdarlehen ist die Vorfälligkeitsentschädigung nach § 502 Abs. 3 BGB zudem in doppelter Hinsicht gedeckelt. Sie darf nach dessen Nr. 1 ein Prozent bzw. 0,5 Prozent des vorzeitig zurückgezahlten Betrags nicht überschreiten und nach Nr. 2 auch den Betrag der Sollzinsen, den der Darlehensnehmer in dem Zeitraum zwischen der vorzeitigen und der vereinbarten Rückzahlung entrichtet hätte, nicht überschreiten. Hier muss sich der Darlehensgeber zum Wohle des Verbrauchers daher regelmäßig auf einen nur teilweisen Ausgleich seiner Einbußen beschränken.[30]

Zum angemessenen Ersatz zählt über den Zinsschaden hinaus auch ein angemessenes Entgelt für zusätzlichen Verwaltungsaufwand.[31] Ersatzfähig ist jedoch nur der Verwaltungsaufwand, der dem Darlehensgeber durch die vorzeitige Vertragsbeendigung entsteht.[32]

Damit entspricht der von der Vorfälligkeitsentschädigung umfasste Verwaltungsaufwand gerade nicht dem Aufwand, der durch Bearbeitungsentgelte abgegolten werden soll, da dieser bereits vor Vertragsschluss und unabhängig von einer vorzeitigen Beendigung des Darlehensvertrags anfällt. Als gesetzlicher Schadensersatzanspruch unterscheidet sich die Vorfälligkeitsentschädigung zudem grundlegend von der auf privatautonomer Vereinbarung beruhenden Pflicht zur Zahlung eines Bearbeitungsentgelts.

IV. Abgrenzung von einem Disagio

Ein sogenanntes Disagio, das auch als Damnum bezeichnet wird, ist die Differenz zwischen dem vereinbarten Darlehensnennbetrag und dem im Kreditvertrag prozentual bezifferten Auszahlungsbetrag.[33] Es stellt damit eine sofort in vollem Umfang fällige Einmalzahlung dar, die im Wege der Verrechnung von Darlehensnennbetrag und tatsächlichem Auszahlungsbetrag sofort erfüllt wird.[34]

Aus Sicht der Banken diente das Disagio früher, vergleichbar mit dem Bearbeitungsentgelt, der Abgeltung des einmaligen Verwaltungsaufwandes bei der Kreditbeschaffung und -gewährung, und somit der Deckung laufzeitunabhängiger Kosten. Im Laufe der Zeit nahm das Disagio jedoch eine andere Funktion im Kreditgeschäft ein.[35] In der modernen Bankpraxis stellt das Disagio nunmehr üblicherweise eine Vorauszahlung von Zinsen dar, die einen niedrigeren Nominalzins ermöglicht.[36] Bereits seit dem Jahr 1990 entspricht es daher ständiger Recht-

---

[30] *Schürnbrand*, in: Müko BGB § 502 Rdn. 1.
[31] *Krepold*, in: Schimansky/Bunte/Lwowski § 97 Rdn. 126.
[32] BGH, NJW 1997 S. 2878 (2879); BGH, NJW 2016 S. 1382 (1383).
[33] *Rösler/Wimmer/Lang*, S. 105 Rdn. 43; *Berger*, in: MüKo BGB § 488 Rdn. 202; *Thessinga*, in: Ebenroth/Boujong/Joost/Strohn HGB Rdn. IV 198.
[34] BGH, NJW 1993 S. 3257 (3258).
[35] Vgl. BGH, NJW 1990 S. 2250 (2251).
[36] *Krepold*, in: Schimansky/Bunte/Lwowski § 78 Rdn. 45; *Rösler/Wimmer/Lang*, S. 105 Rdn. 43; *Berger*, in: MüKo BGB § 488 Rdn. 203.

sprechung des BGH, dass ein Disagio *im Zweifel* als laufzeitabhängiger Ausgleich für einen niedrigeren Nominalzins anzusehen ist.[37] Im Einzelfall kann die Vertragsauslegung freilich ergeben, dass das Disagio nach dem Willen der Vertragsparteien einen anderen Zweck erfüllen sollte.[38]

In aller Regel stellt das Disagio aber nicht die Vergütung laufzeitunabhängigen Aufwands dar, sondern ist den laufzeitabhängigen Zinsen zuzuordnen, welche als Gegenleistung für die Kapitalnutzungsmöglichkeit zu zahlen sind.[39] Im Unterschied zum Bearbeitungsentgelt ist das Disagio als laufzeitabhängiges Entgelt daher bei vorzeitiger Vertragsbeendigung anteilig zurück zu erstatten, soweit es noch nicht verbraucht ist.[40] Der Kunde kann den nicht verbrauchten Anteil des Disagios nach § 812 Abs. 1 S. 1 BGB kondizieren, da die Bank bei vorzeitiger Vertragsbeendigung von ihrer Hauptleistungspflicht frei wird und damit der Rechtsgrund für die Zahlung des Disagios entfällt.[41]

Als Teil der Vergütung der Hauptleistung unterliegt ein formularmäßig vereinbartes Disagio nach § 307 Abs. 3 S. 1 BGB auch nicht der Inhaltskontrolle Allgemeiner Geschäftsbedingungen.[42]

V. Vereinbarung in Form Allgemeiner Geschäftsbedingungen

Bearbeitungsentgelte wurden von Banken in aller Regel in Form Allgemeiner Geschäftsbedingungen vereinbart. Nach der Legaldefinition des § 305 Abs. 1 S. 1 BGB sind dies alle für eine Vielzahl von Verträgen vorformulierte Vertragsbedingungen, die eine Vertragspartei (Verwender) der anderen Vertragspartei bei Abschluss eines Vertrags stellt.

1. Ausweisung in allgemeinen Preisverzeichnissen oder im einzelnen Darlehensvertrag

Regelmäßig wurden Bearbeitungsentgelte in allgemeinen Preisverzeichnissen der Banken angegeben.[43] Auch der Entscheidung des BGH zur Erhebung von Bearbeitungsentgelten gegenüber Verbrauchern lag eine solche Regelung in einem Preisaushang der beklagten Bank zugrunde. Hier waren tabellarisch der Nettodar-

---

[37] St. Rspr. seit BGH, NJW 1990 S. 2250 (2251); BGH NJW 1992 S. 2285 (2286); BGH NJW 1993 S. 3257; *Rösler/Wimmer/Lang*, S. 105 Rdn. 43.

[38] *Krepold*, in: Schimansky/Bunte/Lwowski § 78 Rdn. 45.

[39] *Guggenberger*, BKR 2017 S. 1 (4); Vgl. auch BGH, NJW 1993 S. 3257 (3258).

[40] *Rösler/Wimmer/Lang*, S. 105 Rdn. 43.

[41] *Schwab*, in: MüKo BGB § 812 Rdn. 435; *Krepold*, in: Schimansky/Bunte/Lwowski § 78 Rdn. 53.

[42] BGH, NJW 2014 S. 2420 (2424); BGH, NJW 2016 S. 1875 (1877); BGH, BKR 2017 S. 69.

[43] *Becher/Krepold*, BKR 2014 S. 45 (46); *Casper/Möllers*, WM 2015 S. 1689.

lehensbetrag, die Laufzeit, der Sollzinssatz sowie die Formulierung „Bearbeitungs-entgelt einmalig: 1 %" ausgewiesen.[44]

Unstreitig handelt es sich bei Entgeltregelungen im Preisaushang und im Preis- und Leistungsverzeichnis von Banken um AGB im Sinne von § 305 Abs. 1 BGB.[45]

Ebenso üblich war jedoch eine Ausweisung des Bearbeitungsentgelts in einem vorformulierten Darlehensvertrag im Rahmen der Auflistung der anfallenden Kosten als getrennter Posten.[46] Auch in diesem Fall ist ohne Weiteres von AGB auszugehen.

2. Möglichkeit einer Individualvereinbarung i. S. v. § 305 Abs. 1 S. 3 BGB

Insbesondere als Reaktion auf die Rechtsprechung des BGH zu Bearbeitungs-entgelten im Verbraucherdarlehensvertrag wurde versucht, Bearbeitungsentgelte in Form von Individualvereinbarungen i. S. v. § 305 Abs. 1 S. 3 BGB festzulegen und damit der Inhaltskontrolle nach § 307 BGB zu entziehen.

Dies stellt sich aber bereits deshalb als schwierig dar, da Banken aus organisa-torischen und aufsichtsrechtlichen Gründen gehalten sind, rechtlich vorgeprüfte Muster zu verwenden, selbst wenn die Vertragsinhalte später weitgehend indivi-duell verhandelt werden.[47]

Hinzu treten die hohen Anforderungen, die der BGH an das Vorliegen einer Individualvereinbarung stellt. Grundsätzlich ist es hierfür erforderlich, dass der Verwender die betreffende Klausel ernsthaft zur Disposition stellt und sich deut-lich und ernsthaft zur gewünschten Änderung der Klausel bereit erklärt.[48] Bei Ent-geltklauseln ist es nach der Rechtsprechung überdies nicht ausreichend, allein die Höhe des vorgesehenen Entgelts zur Disposition zu stellen. Vielmehr sei die Ent-gelterhebung als gesetzesfremder Kerngehalt einer solchen Klausel dem Grunde nach zur Disposition zu stellen.[49]

Erschwerend kommt hinzu, dass die entsprechenden Umstände einer individu-ellen Vereinbarung vom Verwender nachzuweisen sind.[50]

---

[44] BGH, NJW 2014 S. 2420.

[45] *Fuchs*, in Ulmer/Brandner/Hensen Teil 2 (8) Rdn. 42 ff.; *Schmieder*, WM 2012 S. 2358 (2359); *Hofauer*, BKR 2015 S. 397 (398).

[46] *Casper/Möllers*, WM 2015 S. 1689.

[47] *Van Bevern/Schmitt*, BKR 2015 S. 323 (326); *Müller/Marchant/Eilers*, BB 2017 S. 2243 (2245); *Koch*, WM 2016 S. 717 (725).

[48] St. Rspr., zuletzt: BGH, NJW 2018 S. 857 (860); BGH NJW-RR 2018 S. 814.

[49] BGH, NJW 2013 S. 856 (857); BGH, NZBau 2016 S. 213 (214); *Lammeyer/Singbartl*, GWR 2016 S. 482.

[50] St. Rspr., zuletzt: BGH, NJW 2018 S. 857 (860) und NJW-RR 2018 S. 814.

Vereinzelt wurde versucht, eine Individualvereinbarung dadurch zu schaffen, dass im vorgedruckten Darlehensvertrag allein das Wort „Bearbeitungsentgelt" genannt wurde und der genaue Betrag bzw. prozentuale Anteil erst später handschriftlich ergänzt werden sollte. Diese Gestaltung dürfte bereits deshalb nicht als Individualabrede gelten, weil damit allein die Höhe des Bearbeitungsentgelts offenbleibt und nicht die Vereinbarung eines solchen Entgelts dem Grunde nach. Nach der Rechtsprechung liegen AGB aber auch dann vor, wenn ein Mitarbeiter des Klauselverwenders gehalten ist, bei allen Vertragsabschlüssen eine bestimmte Regelung vorzunehmen.[51] Insbesondere genügt es auch für eine Vorformulierung bereits, wenn die Vertragsbedingung zum Zwecke künftiger wiederholter Einbeziehung in Vertragstexten „im Kopf des Verwenders" gespeichert ist.[52] Es kann daher keinen Unterschied machen, ob die Höhe des Bearbeitungsentgelts bereits im Vordruck enthalten ist oder erst später durch einen Bankmitarbeiter ergänzt wird.[53]

In jüngster Vergangenheit sind Banken vor allem im Geschäftsverkehr mit Unternehmern dazu übergegangen, dem Darlehensnehmer alternative Preismodelle mit und ohne Bearbeitungsentgelt anzubieten.[54] Die Hoffnung, das vereinbarte Bearbeitungsentgelt auf diese Weise einer AGB-Kontrolle entziehen zu können, hat der BGH jedoch kürzlich ebenso genommen. Nach dieser Entscheidung liegt eine Individualvereinbarung auch dann nicht vor, wenn der Kunde zwischen einer Darlehensvariante ohne Bearbeitungsentgelt mit marktüblichen Sollzinssatz und einer vertraglichen Gestaltung mit Bearbeitungsentgelt und reduziertem Sollzinssatz wählen kann. Auch hier sei von einem Stellen Allgemeiner Geschäftsbedingungen i. S. d. § 305 Abs. 1 S. 1 BGB auszugehen. Denn dies sei nur dann nicht gegeben, wenn der Kunde bei der Auswahl der in Betracht kommenden Formulartexte frei ist und insbesondere die Gelegenheit erhält, alternativ eigene Textvorschläge mit der effektiven Möglichkeit ihrer Durchsetzung in die Verhandlungen einzubringen.[55]

Zusammenfassend lässt sich damit sagen, dass eine Vereinbarung von Bearbeitungsentgelten in Form einer Individualvereinbarung zumindest im standardisierten Massengeschäft der Banken aufgrund der vom BGH aufgestellten hohen Hürden kaum möglich sein dürfte.[56]

Die Unwirksamkeit einer Vereinbarung von Bearbeitungsentgelten in AGB führt damit jedenfalls für das Massengeschäft dazu, dass solche Entgelte überhaupt nicht mehr vereinbart werden können.

---

[51] BGH, r + s 1996, S. 122 (123); BGH, NJW 1988 S. 410; *Becher/Krepold*, BKR 2014, S. 45 (48).

[52] St. Rspr., zuletzt: BGH, NJW 2018 S. 857 (860).

[53] So auch: *Becher/Krepold*, BKR 2014, S. 45 (48), *Piekenbrock*, in: Mehringer/Piekenbrock/Becher S. 115 (133).

[54] *Schmid-Burgk*, BB 2018 S. 1799.

[55] BGH, NJW-RR 2018 S. 814 (815); so auch schon: BGH, NJW 2010 S. 1131 (1132f.); BGH, NJW 2017 S. 2346.

[56] So schon: *Lang/Schulz*, WM 2015 S. 2173 (2177); *Müller/Marchant/Eilers*, BB 2017 S. 2243 (2245).

C. Allgemeine Überlegungen
zur Inhaltskontrolle Allgemeiner Geschäftsbedingungen

Der Zulässigkeit von Bearbeitungsentgeltklauseln in Darlehensverträgen wurde in der Literatur große Aufmerksamkeit gewidmet. Ein Großteil der Beiträge lässt jedoch eine tiefergehende Beschäftigung mit den rechtlichen Grundlagen der Kontrolle Allgemeiner Geschäftsbedingungen vermissen. Insbesondere die Frage, ob Bearbeitungsentgeltklauseln überhaupt der Inhaltskontrolle unterfallen, macht jedoch eine solche Auseinandersetzung notwendig.

I. Der Schutzzweck der Inhaltskontrolle nach § 307 BGB

Die Inhaltskontrolle Allgemeiner Geschäftsbedingungen stellt einen Eingriff in die verfassungsrechtlich garantierte Vertragsfreiheit dar. Diese wird allgemein als Teil der durch Art. 2 Abs. 1 GG geschützten allgemeinen Handlungsfreiheit begriffen und umfasst sowohl die Abschluss- als auch die Gestaltungsfreiheit.[1] Im Bereich der beruflichen Tätigkeit, wie bei dem Abschluss von Darlehensverträgen durch Banken, ist die Vertragsfreiheit auf das speziellere Grundrecht der Berufsfreiheit aus Art. 12 Abs. 1 GG (i. V. m. Art. 19 Abs. 3 GG) zu stützen.[2] Wird die Zulässigkeit von Vertragsklauseln eingeschränkt, ist deshalb von einem Eingriff in die Freiheit der Berufsausübung des Unternehmers auszugehen.[3] Die Rechtfertigung des Eingriffs in die Vertragsfreiheit erfordert einen legitimen Zweck, der mit der Inhaltskontrolle verfolgt wird.

1. Die Rechtsprechung des BGH vor Einführung des AGBG

Bereits vor Inkrafttreten des AGBG im Jahr 1977 erfolgte durch die Rechtsprechung eine Inhaltskontrolle Allgemeiner Geschäftsbedingungen. Mangels expliziter gesetzlicher Vorschriften wurde diese auf die Grundsätze von Treu und Glauben aus § 242 BGB gestützt.[4] Zum Zweck der Inhaltskontrolle führte der BGH in einem Urteil aus dieser Zeit aus:

---

[1] *Di Fabio*, in: Maunz/Dürig Art. 2 Rdn. 101; *Jarass*, in: Jarass/Pieroth GG Art. 2 Rdn. 22a.
[2] Vgl. BVerfG, NZM 2016 S. 686 (686); Banken können sich als juristische Personen gem. Art. 19 Abs. 3 GG auf die Berufsfreiheit berufen.
[3] BVerfG, NJW 1990, S. 1469 (1470).
[4] BGH, NJW 1957 S. 17 (18); BGH, NJW 1964 S. 1123; BGH, NJW 1965 S. 246.

„Da Allgemeine Geschäftsbedingungen ihre Rechtswirksamkeit nicht von einer (nicht bestehenden) Privatautonomie, sondern nur von der Unterwerfung des anderen Vertragsteils ableiten können, muss ihnen die Anerkennung versagt werden, soweit die von ihnen für eine unbestimmte Anzahl von Einzelfällen aufgestellte Regel mit den Grundsätzen von Treu und Glauben nicht zu vereinbaren ist."[5]

Der BGH ging also davon aus, die Geltung Allgemeiner Geschäftsbedingungen beruhe nicht auf einer privatautonom geschlossenen Vereinbarung der Vertragsparteien. Die Möglichkeit einer selbstbestimmten Entscheidung im Rahmen der ihm zustehenden Vertragsfreiheit sei dem Verwendungsgegner vielmehr genommen, weil der Verwender allein die Vertragsbedingungen aufstellt. Eindeutig geht diese Ansicht des BGH aus der folgenden Formulierung hervor:

„Wer allgemeine Geschäftsbedingungen aufstellt, nimmt die Vertragsfreiheit, soweit sie die Gestaltung des Vertragsinhalts betrifft, für sich allein in Anspruch."[6]

Dogmatisch knüpfte der BGH damit an die grundlegenden Ausführungen Raisers an, der in den 1930er Jahren der Erste war, der die Einschränkung der Vertragsfreiheit durch die Beschränkung von AGB mit deren immanenten Schranken zu rechtfertigen suchte.[7]

2. Die Gesetzesbegründung zum AGBG

Mit der Einführung des AGBG im Jahr 1977 wurden die von der Rechtsprechung entwickelten Grundsätze zur Inhaltskontrolle Allgemeiner Geschäftsbedingungen in gesetzliche Vorschriften überführt.[8]

Die Gesetzesbegründung zum AGBG ließ auch die Vorteile der Verwendung von AGB nicht unerwähnt. Diese ermöglichten eine rationalisierte und vereinfachte Abwicklung von Massenverträgen. Zudem könne damit für gesetzlich nicht oder nur unzureichend geregelte Lebens- und Sachbereiche eine klare rechtliche Ordnung geschaffen sowie die Kalkulierbarkeit von Geschäftsrisiken erhöht werden.[9]

Allerdings entsprächen AGB nicht dem vom bürgerlichen Vertragsrecht vorausgesetzten Typ des frei ausgehandelten und vereinbarten Vertrags. Sie verdankten ihre rechtliche Wirksamkeit einer weitgehenden Unterwerfung der einen, regelmäßig schwächeren Seite unter die vorformulierten Bedingungen der anderen Seite. Dabei seien sie stark von dem Bestreben ihrer Verwender geprägt, auf Kosten eines gegenseitigen Interessenausgleichs die eigene Rechtsposition zu stärken und die Rechte der anderen Seite durch Überbürdung der Geschäftsrisiken

---

[5] BGH, NJW 1964 S. 1123.
[6] BGH, NJW 1965 S. 246.
[7] *Raiser*, Das Recht der AGB, S. 277 ff.; vgl. auch *Löwe*, in: FS Larenz zum 70. Geburtstag, S. 373 (377).
[8] Vgl. *Bunte*, NJW 1987 S. 921 (923 ff.).
[9] BT-Drucks. 7/3919, S. 9.

zu verkürzen. Dies begründe häufig eine schwer erträgliche Verdrängung oder gar eine elementare Missachtung der Grundsätze der Vertragsfreiheit und Vertragsgerechtigkeit zu Lasten der Vertragspartner. Das vorrangige rechtspolitische Ziel des Gesetzesentwurfs liege daher darin, bei der Verwendung von AGB im rechtsgeschäftlichen Wirtschaftsverkehr dem Prinzip des angemessenen Ausgleichs der beiderseitigen Interessen Geltung zu verschaffen, das nach den Grundvorstellungen des BGB die Vertragsfreiheit legitimiere. Denn deren Funktion bestünde darin, durch freies Aushandeln von Verträgen zwischen freien und zur rechtsgeschäftlichen Selbstbestimmung fähigen Partnern Vertragsgerechtigkeit zu schaffen.[10]

3. Heute herrschende Meinung in Rechtsprechung und Literatur

In Übereinstimmung mit den Ausführungen in der Gesetzesbegründung zum AGBG wird heute in Rechtsprechung und Literatur als Schutzzweck der Inhaltskontrolle der Schutz des Verwendungsgegners vor unangemessenen Ergebnissen einseitig in Anspruch genommener Vertragsgestaltungsfreiheit gesehen.[11] Der Eingriff in die formale Vertragsfreiheit erfolgt im Interesse materieller Vertragsgerechtigkeit.[12] Die Inhaltskontrolle Allgemeiner Geschäftsbedingungen dient damit der Herstellung praktischer Konkordanz zwischen der jeweils grundrechtlich geschützten Privatautonomie des Verwenders und des Verwendungsgegners.[13]

II. Die Rechtfertigung der Inhaltskontrolle

Der so verstandene Schutzzweck der Inhaltskontrolle löst jedoch zwingend die Frage aus, warum die Verwendung Allgemeiner Geschäftsbedingungen einen Missbrauch der Vertragsgestaltungsfreiheit darstellen kann, der einen Eingriff in die formale Vertragsfreiheit der Verwender rechtfertigt.

1. Einseitige Inanspruchnahme der Vertragsgestaltungsfreiheit

Im Ausgangspunkt ist zunächst zu klären, ob bereits das bloße Stellen der Vertragsbedingungen ohne die Bereitschaft über diese zu verhandeln, den Eingriff in die Vertragsfreiheit des Verwenders rechtfertigen kann. Es stellt sich damit die Frage, ob ein Missbrauch der Vertragsfreiheit bereits darin gesehen werden kann,

---

[10] BT-Drucks. 7/3919, S. 9.
[11] St. Rspr., zuletzt: BGH, NJW 2017 S. 2986 (2991); *H. Schmidt*, in: BeckOK BGB § 307 Rn. 1; *Coester*, in: Staudinger BGB § 307 Rdn. 2; *Pfeiffer*, in: Wolf/Lindacher/Pfeiffer § 307 Rdn. 1.
[12] Vgl. BGH, NJW 2017 S. 2986 (2991).
[13] BVerfG, NJW 2011 S. 1339 (1341).

dass dem Vertragspartner keine Vertragsgestaltungsfreiheit, sondern bloße Vertragsabschlussfreiheit eingeräumt wird.

Tatsächlich wird in der Literatur vertreten, hinreichende Vertragsgerechtigkeit könne nur durch die Möglichkeit des Vertragspartners zur Einflussnahme auf die inhaltliche Vertragsgestaltung erreicht werden. Den Schutz der Vertragsfreiheit dürfe daher nur in Anspruch nehmen, wer seinem Vertragspartner auch Vertragsgestaltungsfreiheit einräume.[14] Auch den Ausführungen in zahlreichen Urteilen des BGH liegt erkennbar der Gedanke zugrunde, allein die einseitige Inanspruchnahme der Gestaltungsfreiheit könne einen Eingriff in die Vertragsfreiheit des Verwenders rechtfertigen.[15]

Diese Auffassung findet aber weder im einfachen Recht noch im Verfassungsrecht eine Stütze und ist aus den folgenden Gründen abzulehnen.

a) Vertragsgerechtigkeit durch Konsens der Parteien

Die Rechtsordnung gewährt den Vertragsparteien in den weiten Grenzen insbesondere der §§ 134 und 138 BGB die formale Freiheit, ihre Verträge inhaltlich selbstbestimmt zu gestalten.[16] Dabei erkennt die Rechtsordnung grundsätzlich auch solche Vereinbarungen, die als objektiv ungerecht erscheinen, als richtig an, weil sie auf dem Willen der Vertragsparteien beruhen.[17] Diese Erkenntnis geht unter anderem zurück auf die berühmte Vertragslehre Schmidt-Rimplers, nach der dem Vertragsmechanismus eine Richtigkeitsgewähr innewohne.[18] Danach könne von den Vertragsparteien, auch „ohne hoheitliche Regelung" und „gegen unrichtigen Willen eine richtige Regelung" herbeigeführt werden, weil immer der „durch die Unrichtigkeit Betroffene" zustimmen müsse.[19] Zwar blieb diese Theorie nicht ohne Kritik,[20] im Kern hat sich jedoch die Überzeugung durchgesetzt, dass Vertragsgerechtigkeit vorrangig durch den Konsens der Parteien zu den vereinbarten Bedingungen hergestellt wird.[21] Die Überlegung auch unvernünftige oder unbillig anmutende Regelungen anzuerkennen, solange sie vom Konsens der Parteien umfasst sind, liegt auch dem BGB zugrunde. Konkret lässt sich dies an der beschränkten Beachtung des Irrtums und der hohen Eingriffsschwelle des § 138 BGB feststellen,

---

[14] *Von Westphalen*, NJW 2009 S. 2977 (2981); *ders.* BB 2010 S. 195, 199; wohl auch: *H. Schmidt*, NJW 2011 S. 3329 (3330).

[15] Vgl. etwa: BGH, NJW 2010, S. 1131 (1132); NJW 2015 S. 2412 (2413); NJW 2016 S. 1230 (1231); NJW-RR 2018 S. 814 (815).

[16] *Becker*, JZ 2010 S. 1098 (1099); *Joost*, ZIP 1996 S. 1685 (1690).

[17] *Coester-Waltjen*, AcP 190 (1990) S. 1 (14); *Dauner-Lieb/Axer*, ZIP 2010 S. 309 (312).

[18] *Schmidt-Rimpler*, AcP 147 (1941) S. 130 (149 ff.).

[19] *Schmidt-Rimpler*, AcP 147 (1941) S. 130 (156 ff.).

[20] Vgl. hierzu *Habersack*, AcP 189 (1989) S. 404 (407).

[21] *Canaris*, FS Lerche S. 873 (884); *Coester-Waltjen*, AcP 190 (1990) S. 1 (14 ff.).

die einen Eingriff eben erst bei einer sittenwidrigen und nicht bloß unbilligen Regelung erlaubt.[22]

b) Wertungen des BGB

Der Konsens der Parteien setzt für seine vollwertige Anerkennung auch kein gegenseitiges Aushandeln voraus, das jeder Vertragspartei die Möglichkeit inhaltlicher Einflussnahme auf die vertraglichen Regelungen gewährt. Die Feststellung in der Gesetzesbegründung zum AGBG, das BGB setze den frei ausgehandelten und vereinbarten Vertrags als Grundtypus voraus,[23] ist unzutreffend. Dem BGB lässt sich hierfür nichts entnehmen.

Die Rechtsgeschäftslehre geht davon aus, dass ein Vertragsangebot nach §§ 145 ff. BGB eine Annahmeerklärung mit einem einfachen „Ja" ermöglichen muss.[24] Bereits dies zeigt, dass die Vorformulierung eines Angebots vom Gesetz nicht missbilligt wird.[25] Das BGB sieht zudem insbesondere mit der Vorschrift des § 147 Abs. 2 BGB zum Vertragsschluss unter Abwesenden ausdrücklich die Möglichkeit der Annahme eines schriftlich vorformulierten Angebots vor.[26] Freilich ist damit aber keine Aussage darüber getroffen, ob der Vertragspartner ein vorheriges Angebot abgelehnt hat oder zuvor selbst abändernde Angebote unterbreitet hat (vgl. § 150 Abs. 2 BGB). Richtigerweise ist daher festzustellen, dass sich die §§ 145 ff. BGB überhaupt nicht dazu verhalten, ob der Vertrag frei ausgehandelt wurde oder eine Partei die von der anderen Partei vorformulierten Bedingungen schlicht akzeptiert hat. Damit lässt sich auch nicht eine bestimmte Form des Vertragsabschlusses als Grundtypus des BGB bestimmen. Der frei ausgehandelte Vertrag stellt im Übrigen auch im tatsächlichen Rechtsverkehr nicht den typischen Fall dar, sondern die absolute Ausnahme.[27]

c) Vertragsgestaltungsfreiheit zwischen Privatrechtssubjekten

Die Vertragsgestaltungsfreiheit ist Teil des Schutzbereichs der Vertragsfreiheit.[28] Dies bedeutet jedoch nicht, dass sie auch im Verhältnis von Privatrechtssubjekten der jeweils anderen Partei einzuräumen ist.

---

[22] *Coester-Waltjen*, AcP 190 (1990) S. 1 (15).
[23] BT-Drucks. 7/3919, S. 9.
[24] *Fastrich*, Richterliche Inhaltskontrolle im Privatrecht S. 80.; *Musche*, in: MüKo BGB § 145 Rdn. 6; *Dörner*, in: HK BGB § 145 Rdn. 3; *Mansel*, in: Jauernig BGB § 145 Rdn. 2.
[25] So auch: *Pieroth/Hartmann*, WM 2009 S. 677 (681); *Bunte*, NJW 1987 S. 921 (923).
[26] So bereits: *Habersack*, AcP 189 (1989) S. 404 (418).
[27] *Canaris*, FS Lerche S. 873 (883); *Becker*, JZ 2010 S. 1098 (1099).
[28] *Di Fabio*, in: Maunz/Dürig Art. 2 Rdn. 101; *Jarass*, in: Jarass/Pieroth GG Art. 2 Rdn. 22a.

Es ist zunächst daran zu erinnern, dass Privatrechtssubjekte nicht unmittelbare Bindungsadressaten der Grundrechte sind, wie sich aus dem Umkehrschluss aus Art. 1 Abs. 3 GG ergibt.[29] Vertragsfreiheit ist daher primär im Verhältnis zwischen Bürger und Staat zu gewährleisten. Gegen die Annahme, der anderen Vertragspartei sei Gestaltungsfreiheit einzuräumen, sprechen überdies in entscheidender Weise die folgenden Gründe.

Zunächst geht mit dieser Auffassung ein Zirkelschluss einher. Müsste dem Verwendungsgegner die Möglichkeit eingeräumt werden, den Vertrag inhaltlich nach seinen Vorstellungen mitzugestalten, würde dies unweigerlich die Eingehung von Kompromissen bedeuten. Dem Verwender wäre damit seinerseits die Freiheit genommen, den Vertrag nur unter den von ihm gewählten Bedingungen abzuschließen. Für die Rechtsanwendung würde dies die Frage aufwerfen, in welchem Maße dem Vertragspartner Gestaltungsfreiheit eingeräumt werden muss und die hierfür nötige Einschränkung der eigenen Abschlussfreiheit zu dulden ist. Angesprochen ist damit die Schaffung praktischer Konkordanz zwischen der Vertragsgestaltungsfreiheit und der Abschlussfreiheit.[30] Dies kann jedoch kaum gelingen. Schon dieser Umstand ist Beleg dafür, dass sich die Anwendung von Art. 2 Abs. 1 GG hinsichtlich der Vertragsgestaltungsfreiheit im Verhältnis von Privatrechtssubjekten untereinander nicht eignet.[31]

Noch wichtiger ist jedoch die Erkenntnis, dass jeder Einzelne dazu berechtigt ist, auf den ihm gewährten Schutz der Grundrechte im Rahmen eigenverantwortlicher Entscheidungen zu verzichten. Selbst wenn man daher im Grundsatz davon ausgehen würde, Vertragsgestaltungsfreiheit müsste auch im Verhältnis von Privatrechtssubjekten untereinander eingeräumt werden, so wäre in dem Abschluss eines Vertrags unter Geltung der von der Gegenseite gestellten Bedingungen ein Verzicht auf eben jenes Recht zu sehen.[32] Derjenige, der einen Vertrag unter Geltung Allgemeiner Geschäftsbedingungen abschließt, handelt in dem vollen Bewusstsein, nicht selbst Einfluss auf den Vertragsinhalt zu nehmen und die Regelungen selbst mitzugestalten. Mithin bleibt kein Zweifel daran, dass er auf die ihm vermeintlich einzuräumende Vertragsgestaltungsfreiheit verzichten wollte. Andernfalls verbliebe dem Kunden stets die Möglichkeit auf den Vertragsschluss gänzlich zu verzichten.[33]

Ausdrücklich gegen die Annahme, der anderen Vertragspartei seien hinsichtlich der Vertragsbedingungen tatsächliche Gestaltungsmöglichkeiten einzuräumen,

---

[29] *Zöllner*, AcP 196 (1996) S. 1 (8); *Herdegen*, in: Maunz/Dürig Art. 1 Abs. 3 Rdn. 99; *Hilgruber*, in: BeckOK GG Art. 1 Rdn. 72.

[30] *Zöllner*, AcP 196 (1996) S. 1 (14).

[31] *Zöllner*, AcP 196 (1996) S. 1 (14).

[32] *Zöllner*, AcP 196/1996) S. 1 (13).

[33] *Canaris*, AcP 200 (2000) S. 273 (323); *Habersack*, AcP 189 (1989) S. 403 (414); *Leuschner*, AcP 207 (2007) S. 491 (498).

spricht zudem die Zahnarzthonorarentscheidung des BVerfG.[34] Das Gericht hielt es in dieser Entscheidung für verfassungsrechtlich unbedenklich, dass nach der Rechtsprechung des BGH eine Überschreitung des Gebührenrahmens des § 5 GOZ in AGB unzulässig und im Ergebnis nur als Individualvereinbarung möglich ist.[35] Einen verfassungsrechtlich nicht gerechtfertigten Eingriff in die Berufsfreiheit der Zahnärzte sah es aber darin, dass das zu überprüfende OLG-Urteil zu hohe Anforderungen an das Vorliegen einer Individualvereinbarung stellte. Danach sollte der Zahnarzt das Überschreiten der Gebührenordnung ernsthaft zur Disposition stellen und dem Vertragspartner eine Gestaltungsmöglichkeit zur Wahrung der eigenen Interessen mit der realen Möglichkeit einräumen, die inhaltliche Ausgestaltung der Vertragsbedingungen zu beeinflussen. Hierfür wurde dem Zahnarzt zudem einseitig die Beweislast auferlegt. Das BVerfG hielt damit nicht nur die Anforderungen des BGH an das Vorliegen einer Individualvereinbarung für zu hoch, sondern brachte ebenso deutlich zum Ausdruck, dass es verfassungsrechtlich nicht geboten ist, dem Vertragspartner Gestaltungsfreiheit hinsichtlich der Vertragsbedingungen einzuräumen.[36]

d) Zwischenergebnis:
Rechtfertigung nur bei Beeinträchtigung der Abschlussfreiheit

Allein die einseitige Inanspruchnahme der Vertragsgestaltungsfreiheit kann nach diesen Ausführungen den Eingriff in die Vertragsfreiheit des Verwenders Allgemeiner Geschäftsbedingungen nicht rechtfertigen. Weil die Parteien mit dem für jeden Vertrag erforderlichen Konsens, dessen Bedingungen für richtig und gerecht anerkennen, kann es nicht darauf ankommen, ob diese ausgehandelt oder einseitig von einer Partei festgelegt wurden. Die sogenannte „take-it-or-leave-it"-Situation stellt damit keinen Missbrauch der Vertragsgestaltungsfreiheit dar, da mit ihr keine Verletzung des Selbstbestimmungsrechts der anderen Partei einhergeht.[37] Schließlich bleibt es dem Angebotsempfänger unbenommen, das Angebot eines anderen Anbieters zu wählen oder gänzlich auf den Vertragsschluss zu verzichten.[38] Die fehlende Möglichkeit auf den Inhalt des Vertrages Einfluss zu nehmen, wird daher grundsätzlich durch die negative Abschlussfreiheit kompensiert.[39]

Ein Missbrauch der Vertragsgestaltungsfreiheit kann damit nur in Betracht kommen, wenn der Vertragspartner durch besondere Umstände auch in seiner Ab-

---

[34] So auch: *Leuschner*, JZ 2010 S. 875 (877).

[35] BVerfG, NJW 2005 S. 1036 (1037).

[36] So auch: *Leuschner*, JZ 2010 S. 875 (881).

[37] *Zöllner*, AcP 196 (1996) S. 1 (14); *Canaris*, AcP 200 (2000) S. 273 (323); *Coester-Waltjen*, AcP 190 (1990) S. 1 (22).

[38] *Canaris*, AcP 200 (2000) S. 273 (323); *Coester-Waltjen*, AcP 190 (1990) S. 1 (22); vgl. auch *Koller*, FS Steindorff S. 667 (676).

[39] *Fastrich*, Richterliche Inhaltskontrolle im Privatrecht S. 80; *Canaris*, AcP 200 (2000) S. 273 (323); *Leuschner*, AcP 207 (2007) S. 491 (498); *Becker*, JZ 2010 S. 1098 (1100).

schlussfreiheit zumindest faktisch beeinträchtigt ist,[40] sodass der erklärte Konsens nicht vollumfänglich zu berücksichtigen ist.[41] Davon ist auszugehen, wenn der Vertragspartner rechtlich oder tatsächlich daran gehindert ist, auf den Vertragsschluss zu diesen Bedingungen schlicht zu verzichten. Insbesondere ist dies in Konstellationen gegeben, in denen der Verzicht auf besondere Vertragsleistungen die wirschaftliche oder persönliche Existenz entscheidend berührt.[42] In diesem Fall stellt sich der erklärte Konsens nicht als selbstbestimmte Entscheidung dar, wodurch Zweifel daran aufkommen können, ob die Bedingungen des Vertrages gelten können.[43]

Diese Erkenntnis wird auch durch die Rechtsprechung des BVerfG zur Inhaltskontrolle privatrechtlicher Verträge außerhalb des Rechts der AGB getragen.[44] Diesen Urteilen ist gemein, dass die zu schützende Vertragspartei in ihrer Entscheidung, auf den Vertragsschluss zu verzichten, zwar nicht in rechtlicher aber in tatsächlicher Hinsicht nicht frei war.

In der Handelsvertreterentscheidung wurde die Beeinträchtigung der Abschlussfreiheit des Handelsvertreters in seiner wirschaftlichen Abhängigkeit gesehen.[45] Der Bürgschaftsentscheidung lag zugrunde, dass die Bürgin aufgrund ihrer persönlichen Verbundenheit zu ihrem Vater in der Verzichtsentscheidung nicht frei war.[46] Die Inhaltskontrolle von Eheverträgen wurde mit der Drucksituation der schwangeren Ehefrau gerechtfertigt, die vor der Wahl steht, in Zukunft alleine für das Kind Verantwortung zu tragen oder durch Eheschließung den Kindesvater in die Verantwortung einzubinden.[47] Dabei sah das BVerfG die Verkennung der grundrechtlich gewährleisteten Privatautonomie darin, dass sich der BGH die Frage nicht gestellt hatte, ob die Vertragspartner über den Abschluss und den Inhalt des Vertrages tatsächlich frei entscheiden konnten.[48] Den Fällen lag damit eine Beeinträchtigung der materialen Vertragsfreiheit zugrunde.[49]

---

[40] *Canaris*, AcP 200 (2000) S. 273 (323 f.); *Leuschner*, JZ 2010, S. 875 (877), der zutreffend feststellt, dass über diesen Befund unter all jenen, die sich näher mit dem Zusammenhängen von Vertragsfreiheit und Inhaltskontrolle beschäftigt haben, Einigkeit herrscht.

[41] Im Anschluss an die Vertragstheorie *Schmidt-Rimplers* wird auch von „fehlender Richtigkeitsgewähr" gesprochen, vgl. *Coester-Waltjen*, AcP 190 (1990) S. 1 (16).

[42] *Zöllner*, AcP 196 (1996) S. 1 (33).

[43] *Zöllner*, AcP 196 (1996) S. 1 (8); *Hellwege*, S. 567; *Leuschner*, JZ 2010, S. 875 (877).

[44] So auch: *Leuschner*, JZ 2010 S. 875 (881).

[45] BVerfG, NJW 1990 S. 1469 (1470).

[46] BVerfG, NJW 1994, 36.

[47] BVerfG, NJW 2001, 957 (958).

[48] BVerfG, NJW 1994, 36 (38).

[49] Vgl. zum Begriff der formalen und materialen Vertragsfreiheit *Canaris*, AcP 200 (2000) S. 273 (277).

2. Beeinträchtigung der Abschlussfreiheit durch die Verwendung Allgemeiner Geschäftsbedingungen

Nach den vorstehenden Ausführungen lässt sich die generelle Inhaltskontrolle Allgemeiner Geschäftsbedingungen nur rechtfertigen, wenn damit typischerweise eine Beeinträchtigung des Verwendungsgegners in seiner Abschlussfreiheit verbunden ist. Es ist daher nach den Umständen zu fragen, die den Verwender in die Lage versetzen, die Vertragsfreiheit einseitig für sich in Anspruch zu nehmen, ohne dass der Verwendungsgegner von seinen alternativen Handlungsoptionen Gebrauch macht.

a) Indifferenz in der Rechtsprechung des BGH

Der BGH sieht als wesentliches Charakteristikum der Verwendung Allgemeiner Geschäftsbedingungen die Einseitigkeit ihrer Auferlegung und die gewöhnlich fehlende Möglichkeit des Verwendungsgegners ihre Ausgestaltung zu beeinflussen.[50]

Einheitliche Aussagen auf welchen Umständen dies beruht, lassen sich der Rechtsprechung indes nicht entnehmen. Vielmehr verweist der BGH vereinzelt gar darauf, dass auch der Gesetzgeber dieser Frage ersichtlich keine Bedeutung beigemessen habe.[51]

Die Vorschriften zur Inhaltskontrolle, die sich heute in § 307 BGB finden, verlangen tatsächlich keinen Nachweis einer besonderen Schutzbedürftigkeit. Die Ausführung in der Gesetzesbegründung zum AGB zu einer wirtschaftlichen, intellektuellen oder situativen Unterlegenheit sowie zum „organisatorischen Vorsprung" des Verwenders, lassen jedoch erkennen, dass sich der Gesetzgeber sehr wohl Gedanken darüber gemacht hat, auf welchen Umständen die Beeinträchtigung der Vertragsfreiheit des Verwendungsgegners beruhen könnte.

Freilich setzt der BGH selbst das Bestehen solcher Gründe voraus. Das wird bereits an der häufig verwendeten Formulierung der „einseitigen Auferlegung" Allgemeiner Geschäftsbedingungen deutlich.[52] Denn im Verhältnis selbstbestimmter Vertragspartner werden Regeln nicht „auferlegt", ihre Geltung kann allein durch den Konsens beider Parteien herbeigeführt werden.

Um die Frage in welchen Fällen Anlass zu einer Inhaltskontrolle besteht, richtig beantworten zu können, darf man sich der Frage des durch BGB ausgelösten Schutzbedürfnisses jedoch nicht entziehen.[53]

---

[50] Vgl. etwa: BGH, NJW 2000 S. 2677; BGH, NJW 2014 S. 2708 (2711); BGH, BKR 2017 S. 453 (458).
[51] BGH, NJW 2010, S. 1131 (1132).
[52] Vgl. etwa: BGH, NJW 2010 S. 1131 (1132); BGH, NJW 2016 S. 1230 (1231).
[53] *Hellwege*, S. 567.

b) Die wirtschaftliche, soziale
oder intellektuelle Unterlegenheit des Vertragspartners

Als Schutzgrund der Inhaltskontrolle wurde verbreitet eine Unterlegenheit des Vertragspartners gegenüber dem Verwender Allgemeiner Geschäftsbedingungen angenommen. Seinen historischen Ausgangspunkt hat dieser Ansatz bereits in der Rechtsprechung des Reichsgerichts, das AGB im Falle der Ausnutzung einer Monopolstellung anhand von § 138 BGB einer Inhaltskontrolle unterzog.[54] Ausdrückliche Erwähnung fand dieser Begründungsansatz später in der Gesetzesbegründung zum AGBG, die den Verwendungsgegner als „regelmäßig schwächere Seite" beschreibt. Diese Unterlegenheit sei „nicht selten wirtschaftlicher oder intellektueller Natur".[55]

Die Ansicht, wirtschaftliche Unterlegenheit rechtfertige die Inhaltskontrolle, findet sich auch im aktuellen Koalitionsvertrag wieder. Dort wird zu einer möglichen Reform des Rechts der AGB ausgeführt, das Schutzniveau kleiner und mittelständischer Unternehmen solle erhalten bleiben, da diese die AGB ihrer Vertragspartner „aufgrund der wirtschaftlichen Kräfteverhältnisse faktisch akzeptieren müssen."[56]

Bis heute wird auch in der juristischen Literatur vertreten, im Vordergrund der Inhaltskontrolle stünde der Schutz des Schwächeren.[57] Vorwiegend wird dabei eine intellektuelle oder wirtschaftliche Unterlegenheit angenommen.[58] Selbst in der jüngeren Rechtsprechung des BGH ist vereinzelt zu lesen, die §§ 305 ff. BGB verfolgten den Zweck, Fremdbestimmung durch „soziales und wirtschaftliches Ungleichgewicht" zu bekämpfen.[59] Dies überrascht insoweit, als in der Literatur gerade von denjenigen Autoren, die sich eingehend mit der Frage des durch AGB ausgelösten Schutzbedürfnisses beschäftigt haben, eine Vielzahl überzeugender Argumente gegen diese Theorie dargelegt wurden.

aa) Widerspruch zur Gesetzesbegründung zum AGBG

Die Gesetzesbegründung zum AGBG nennt den Verwendungsgegner zwar die „regelmäßig schwächere Seite" und geht davon aus, dass diese „nicht selten wirt-

---

[54] Vgl. bspw. RGZ 143, 24.

[55] BT-Drucks 7/3919, S. 13.

[56] Koalitionsvertrag für die 19. Wahlperiode zwischen SPD und CDU/CSU vom 07.02.2018; abrufbar unter: https://www.bundestag.de/dokumente/textarchiv/2018/kw11-koalitionsvertrag/546976.

[57] *Stadler*, in: Jauernig BGB § 305 Rdn. 1; *Feldhusen*, WM 2015 S. 1397 (1405 f.); *Herweg/Fürtjes*, ZIP 2015 S. 1261 (1268), *Kessel/Stomps*, BB 2009 S. 2666 (2673); *Leuschner*, JZ 2010 S. 875 (878) spricht gar von einer „Renaissance" dieser Auffassung in der aktuellen Reformdebatte für den Unternehmerbereich.

[58] *Feldhusen*, WM 2015 S. 1397 (1405 f.).

[59] BGH, NJW 2014 S. 1725 (1728).

schaftlicher oder intellektueller Natur" sei.[60] Bei genauer Betrachtung soll dies aber für das angenommene Schutzbedürfnis nicht von entscheidender Bedeutung sein.

Nach der Gesetzesbegründung bestünde eine Überlegenheit des Verwenders nämlich bereits in dem „organisatorischen Vorsprung der vorgefertigten Vertragsgestaltung", also ohne dass es auf eine wirtschaftliche oder intellektuelle Unterlegenheit zwingend ankäme.[61] Dieser Vorsprung würde erreicht, da das eingebrachte Klauselwerk das in sich abgeschlossene Ergebnis einer sorgfältigen Analyse der wirtschaftlichen Geschäftsrisiken sei. Die möglichen rechtlichen Konsequenzen dieser Risiken würden durch die in den AGB getroffenen Bestimmungen bereits im Voraus juristisch bewältigt und – soweit nachteilig – in aller Regel vom Verwender abgewendet.[62]

bb) Keine typische Unterlegenheit

Gegen die Annahme, die Inhaltskontrolle Allgemeiner Geschäftsbedingungen sei in der Unterlegenheit des Vertragspartners begründet, wird angeführt, dass es für deren Anwendbarkeit nach den gesetzlichen Vorgaben nicht auf den Nachweis einer Überlegenheit des Verwenders ankomme.[63]

Dagegen wurde jedoch vorgebracht, dass der Gesetzgeber auf den positiven Nachweis einer Unterlegenheit durch den Verwendungsgegner verzichten dürfe und auch von der Möglichkeit der Erbringung eines Gegenbeweises aus Gründen der Rechtssicherheit absehen dürfe.[64] Der Gesetzgeber sei insoweit zu einem typisierenden Ansatz berechtigt.[65] Allerdings ließe sich nach dieser Ansicht die generelle Inhaltskontrolle Allgemeiner Geschäftsbedingungen mit einer wirtschaftlichen, sozialen oder intellektuellen Unterlegenheit auch nur dann rechtfertigen, wenn diese zumindest typischerweise bestünde. Der Verwender Allgemeiner Geschäftsbedingungen müsste seinem Vertragspartner folglich typischerweise überlegen sein.

Es ist jedoch hinlänglich bekannt, dass auch Großkonzerne die AGB von kleineren, vermeintlich unterlegenen Geschäftspartnern regelmäßig ungeprüft akzeptieren.[66]

Zudem lässt sich die Theorie der typischen Unterlegenheit nicht mit dem häufigen Fall vereinbaren, dass beide Vertragsparteien ihre AGB in den Vertrag ein-

---

[60] BT-Drucks 7/3919, S. 13.

[61] BT-Drucks 7/3919, S. 13.

[62] BT-Drucks 7/3919, S. 13.

[63] *Basedow*, in: MüKo BGB, Vorbemerkungen zu § 305 ff., Rdn. 4.

[64] *Hellwege*, S. 552; *ders.* JZ 2015 S. 1130 (1132).

[65] *Hellwege*, S. 552. *ders.* JZ 2015 S. 1130 (1132).

[66] *Kötz*, JuS 2003 S. 209 (210 f.); *Becker*, JZ 2010 S. 1098 (1100), ähnlich: *Basedow*, in: MüKo BGB, Vorbemerkungen zu § 305 ff., Rdn. 4.; *König*, BRJ 2011 S. 133 (134).

bringen und letztlich unklar bleibt, welche Bedingungen gelten. Polemisch ließe sich hier die Frage stellen, ob sich die Vertragsparteien in diesem Fall gegenseitig unterlegen sind.[67]

Schließlich liefert der Umstand, dass AGB auch auf hoch umkämpften Wettbewerbsmärkten unbesehen hingenommen werden, einen Gegenbeweis. Wo sich Anbieter um ihre Kunden streiten müssen, dürfte kein Raum bleiben, diese aufgrund einer wirtschaftlichen oder sonstigen Überlegenheit mit einem unangemessenen Klauselwerk zu belasten.[68]

Die Theorie der typischen Unterlegenheit des Verwendungsgegners überzeugt letztlich nicht einmal im Bereich der Verbraucherverträge. Jedenfalls heute werden AGB nicht nur von großen Unternehmen verwendet, sondern regelmäßig auch von Kleingewerbetreibenden wie beispielsweise Handwerkern. Die Annahme einer typischen Unterlegenheit des Verwendungsgegners stellt auch für diese Fälle eine nicht zu belegende Behauptung dar.

cc) Widerspruch zum Anwendungsbereich der §§ 305 ff. BGB

Gegen die Theorie der typischen Unterlegenheit spricht des Weiteren der Anwendungsbereich der Inhaltskontrolle Allgemeiner Geschäftsbedingungen wie er in den §§ 305 ff. BGB geregelt ist.

Würde das Bedürfnis nach einer Inhaltskontrolle tatsächlich im Schutz des schwächeren Vertragspartners bestehen, so ließe sich nicht begründen, warum eine solche nur bei der Verwendung von AGB stattfindet und nicht auch bei sonstigen Verträgen, die eine wirtschaftlich überlegene Partei mit einem Anderen abschließt.[69] Das so verstandene Schutzbedürfnis müsste sich in einem individuell ausgehandelten Vertrag gleichermaßen niederschlagen.[70] Dieser Widerspruch lässt sich auch nicht mit dem Argument lösen, man könne aufgrund der Verwendung Allgemeiner Geschäftsbedingungen eine wirtschaftliche Überlegenheit typischerweise vermuten, während bei Individualverträgen ein vergleichbarer Anknüpfungspunkt für diese Vermutung fehle. Denn auch in einem unter Geltung von AGB geschlossenen Vertrag bleibt eine einzelne, individuell ausgehandelte Klausel kontrollfrei. Gemäß § 305 Abs. 1 S. 3 BGB handelt es sich dabei schon gar nicht um AGB, weshalb § 307 BGB nicht zur Anwendung gelangen kann. Wenn aber das bloße Stellen von AGB ein Ungleichgewicht der Parteien vermuten ließe und darin das Schutzbedürfnis des Verwendungsgegners zu sehen wäre, so ließe sich nicht erklären, warum dieses Schutzbedürfnis bezüglich einer individuell ausge-

---

[67] *Zöllner*, AcP 196 (1996) S. 1 (27 Fn. 101).
[68] *Kötz*, JuS 2003 S. 209 (210 f.).
[69] *Maier-Reimer*, NJW 2017 S. 1 (1 f.).
[70] *Leuschner*, JZ 2010 S. 875 (878).

handelten Klausel entfallen sollte. Konsequenterweise müsste man dann auch eine solche Klausel der Inhaltskontrolle unterziehen.[71]

Mit der Theorie eines Machtgefälles ließe sich zudem nicht erklären, warum Preisabreden von einer Inhaltskontrolle nach § 307 Abs. 3 S. 1 BGB grundsätzlich frei bleiben.[72] Der Verwendungsgegner wäre nämlich gerade bezüglich der Preisabreden besonders schutzbedürftig, weil sich wirtschaftliche Ungleichgewichtslagen vor allem in der Preisgestaltung auswirken.[73]

c) Fehlender Konditionenwettbewerb

In der Literatur wird die Schutzbedürftigkeit des Klauselgegners nach einer ökonomischen Betrachtungsweise heute überzeugend mit dem Fehlen eines effizienten Konditionenwettbewerbs begründet.[74] Das durch die Verwendung Allgemeiner Geschäftsbedingungen ausgelöste „partielle Marktversagen" bedeutet eine Einschränkung des Verwendungsgegners in seiner Vertragsabschlussfreiheit.[75]

aa) Fehlende Beachtung Allgemeiner Geschäftsbedingungen

Der Grund für das Entstehen eines partiellen Marktversagens ist zunächst darin zu sehen, dass AGB typischerweise vom Verwendungsgegner nicht zur Kenntnis genommen werden.[76] In aller Regel werden AGB überhaupt nicht gelesen, jedenfalls wird aber nicht der Aufwand erbracht, diese in ihrer rechtlichen Bedeutung zutreffend zu erfassen und über sie zu verhandeln. Darüber hinaus fehlt häufig auch die tatsächliche Möglichkeit, über diese zu verhandeln, insbesondere ist dies beim Vertragsschluss über das Internet die Regel.

---

[71] *Hellwege*, S. 551.

[72] *Hellwege*, S. 550 f.; *Becker*, JZ 2010 S. 1098 (1100).

[73] *Leuschner*, JZ 2010 S. 875 (878); *ders.*, AcP 207 (2007) S. 491 (495); *Becker*, JZ 2010 S. 1098 (1100).

[74] *Basedow*, in: MüKo BGB, Vorbemerkungen zu § 305 Rdn. 5.; *Fuchs*, in: Ulmer/Brandner/Hensen Vorbemerkungen zur Inhaltskontrolle Rdn. 36; *Pfeiffer*, in: Wolf/Lindacher/Pfeiffer § 307 Rdn. 1; *Schlosser*, in: Staudinger BGB, Vorbemerkungen zu §§ 305 ff. Rdn. 3; *Grünenberg*, in Palandt BGB Vor § 305 Rdn. 6; *Stoffels*, AGB-Recht § 5 Rdn. 85 ff.; *Kötz*, JuS 2003 S. 209 (211); *Koller*, FS Steindorff S. 667 (668); *Leyens/Schäfer*, AcP 210 (2010) S. 772 (784); *Leuschner*, JZ 2010 S. 875 (879); *Habersack*, AcP 189 (1989) S. 403 (414 ff.); *ders.*, WM 2008 S. 1857 (1860); *Wackerbarth*, AcP 200 (2000) S. 45 (89); *Maier-Reimer*, NJW 2017 S. 1 (2). *Pieroth/Hartmann*, WM 2009 S. 677 (682); *Gottschalk*, AcP 206 (2006) S. 555 (560 f.); *A. Weber*, BKR 2013 S. 450 (453); aA. *von Westphalen*, BB 2010 S. 195, 200.

[75] Vgl. *Basedow*, AcP 200 (2000) S. 445 (486).

[76] Statt aller: *Koller*, FS Steindorff, S. 667 (676); *Köndgen*, NJW 1989 S. 943 (946); *Becker*, JZ 2010 S. 1098 (1100).

Die Annahme, AGB würden regelmäßig nicht beachtet werden, liegt auch den gesetzlichen Vorschriften zugrunde. Hierfür spricht entscheidend § 305c Abs. 1 BGB.[77] Diese Vorschrift schützt den Verwendungsgegner vor überraschenden Klauseln. Dieser Schutz wäre nicht nötig, würde man dem Verwendungsgegner abverlangen, die AGB tatsächlich zu lesen und zu verstehen. Denn soweit der Verwendungsgegner eine Klausel gelesen und den notwendigen Aufwand erbracht hat ihre Bedeutung zu erfassen, kann diese noch so ungewöhnlich sein, sie wird nicht „überraschen" können. Der Gesetzgeber zeigt mit § 305c Abs. 1 BGB aber nicht nur, dass er davon ausgeht, AGB würden typischerweise nicht gelesen. Vielmehr billigt er die Nichtbeachtung von AGB, indem er dem Verwendungsgegner den Schutz vor überraschenden Klauseln gewährt.

Dagegen nimmt das Gesetz solche Klauseln, die typischerweise Beachtung beim Verwendungsgegner finden, konsequent von der Inhaltskontrolle aus. Nicht kontrollfähig sind daher nach § 305 Abs. 1 S. 3 BGB zum einen individuell ausgehandelte Klauseln. Zum anderen sind Preisregelungen nach § 307 Abs. 3 S. 1 BGB grundsätzlich kontrollfrei, weil diese typischerweise beachtet werden.

Der Gedanke, der Verwendungsgegner würde AGB nicht die nötige Aufmerksamkeit schenken, ist zudem auch der Rechtsprechung des BGH nicht fremd. Er bildet zum einen die notwendige Prämisse für die in einzelnen Entscheidungen erfolgenden Ausführungen des BGH zum Zweck der Inhaltskontrolle. Dieser gehe dahin, den Verwendungsgegner vor einer einseitig vorgeschriebenen, unangemessenen Verkürzung derjenigen Rechte zu schützen, die er nach Gegenstand und Zweck des Vertrages zu erwarten berechtigt ist.[78] Der Verwendungsgegner kann eine solche Erwartungshaltung nicht bilden, wenn er bei Vertragsschluss die in AGB getroffenen abweichenden Regelungen zur Kenntnis genommen hat. Berechtigt kann diese Erwartungshaltung damit auch nur sein, wenn man dem Verwendungsgegner die Beachtung der AGB nicht zumutet.

Noch klarer tritt der Gedanke in zwei älteren Entscheidungen zu Stundungsvergütungen und Tilgungsklauseln in Darlehensbedingungen hervor.[79] Dort führt der BGH aus, das Gesetz gehe davon aus, dass der Durchschnittskunde der Vereinbarung über die Hauptleistung mehr Aufmerksamkeit widme als den Nebenpunkten. So würde der Darlehensnehmer sein Augenmerk in erster Linie auf den vereinbarten Nominalzinssatz richten. Hingegen bestehe die Gefahr, dass ihm eine AGB-Klausel, die erst im Zusammenspiel mit einer anderen Vertragsregelung zu einer Verteuerung des Kredits führt, überhaupt nicht oder nicht in ihrer Bedeutung auffalle. Eine solche Klausel bürge damit für den Kunden gerade die Gefahr, die das AGBG abwenden wolle.

---

[77] *Habersack*, Vertragsfreiheit und Drittinteressen, S. 104; *ders.*, AcP 189 (1989) S. 403 (415) jeweils zum wortgleichen § 3 AGBG; *H.Schmidt*, in: BeckOK BGB § 305c Rdn. 2.
[78] BGH, NJW 1985 S. 3013 (3014).
[79] BGH, NJW 1986 S. 46 (48); NJW 1989 S. 222 (223).

Schließlich zeigt die enorme Praxisrelevanz des oben bereits angesprochenen Problems der sich widersprechenden AGB, dass diese nicht nur im Massenverkehr mit Verbrauchern, sondern auch im Unternehmergeschäft in der Regel nicht beachtet werden.[80] Der Widerspruch der eigenen AGB zu den Klauseln des Geschäftsgegners bleibt wegen der mangelnden Kenntnisnahme von AGB bei Vertragsschluss zunächst unbemerkt. Er wird erst bei Eintritt eines jeweils in den AGB geregelten Falles bemerkt und führt zu dem Streit darüber, welche AGB nun gelten.

bb) Der Grundsatz der Eigenverantwortlichkeit

Nach dem im bürgerlichen Recht geltenden Grundsatz der Eigenverantwortlichkeit kann jedoch allein die fehlende Beachtung der AGB durch den Verwendungsgegner nicht dazu führen, den Vertrag einer Inhaltskontrolle zu unterziehen. Dies würde der grundsätzlichen Wertung des bürgerlichen Rechts widersprechen, dass Rechtsunkenntnis und Rechtsfehler zu eigenen Lasten gehen. Danach wird selbst ein Vertrag, der in Unkenntnis der *essentialia negotii* geschlossen wird, jedenfalls in den Grenzen des § 138 BGB als wirksam anerkannt, da es sich um eine bewusste Risikoerklärung handelt.[81] *A maiore ad minus* kann grundsätzlich nichts anderes für vertragliche Nebenbedingungen gelten. Es stellt sich daher die Frage, ob nicht auch die Nichtbeachtung von AGB einen bewussten Informationsverzicht darstellt, bei dem der Verwendungsgegner das Risiko eines eintretenden Schadens in Kauf nimmt.[82]

Die Frage ist jedoch grundsätzlich zu verneinen, wenn man sich genauer mit den Gründen für die allgemeine Nichtbeachtung von AGB und deren Auswirkungen auseinandersetzt.

(1) Informationsgefälle

Beim Vertragsschluss unter Verwendung von AGB greift der Verwender auf umfangreiche, vorformulierte Regelungen zurück, die er ohne Zeitdruck und in aller Regel mit externer Hilfe getroffen hat.[83]

Demgegenüber befindet sich der Verwendungsgegner zunächst in einer situativen Unterlegenheit, weil er Inhalt und Bedeutung der gestellten AGB nicht sofort

---

[80] Die Problematik beschäftigt allein den BGH seit Jahrzehnten, vgl. nur etwa BGH, MDR 1954 S. 733 ff.; NJW 1963, S. 1248 ff.; WM 1973 S. 1269 ff.; NJW 1985 S. 1838 ff.; NJW 1991 S. 2633 ff.; NJW-RR 2001 S. 484 ff.; vgl. auch *Mann*, BB 2017 S. 2178 (2182).

[81] *Wackerbarth*, AcP 200 (2000) S. 45 (78); *Coester*, in: Staudinger BGB § 307 Rn. 321; *Bunte*, NJW 1987 S. 921 (923 f.).

[82] *Hellwege*, S. 559.

[83] *Becker*, JZ 2010 S. 1098 (1101).

erkennen kann.[84] Diese Situation wurde bereits in der Gesetzesbegründung zum AGBG unter dem Stichwort „Organisationsvorsprung" beschrieben.[85]

Um eine selbstbestimmte Entscheidung über den Vertragsschluss treffen zu können, muss der Verwendungsgegner die AGB seines möglichen Vertragspartners zunächst einmal lesen und die damit verbundenen Rechtsfolgen verstehen und für sich bewerten. Dies wird auch bei einer „transparenten" Formulierung ohne juristischen Sachverstand häufig nicht ohne besonderen Aufwand gelingen. Diesen Aufwand erfordern sämtliche Handlungsoptionen, die neben dem Abschluss des Vertrags unter Geltung der AGB möglich sind. Selbst für die bewusste Entscheidung für einen gänzlichen Verzicht auf den Vertragsabschluss, wäre dieser Aufwand zu erbringen. Weiteren Aufwand muss der Verwendungsgegner treiben, wenn er den Vertrag zwar abschließen will, nicht aber unter Geltung der vom Anbieter gestellten AGB. Um eine Ausweichmöglichkeit zu finden, wären die AGB mindestens eines Wettbewerbers zu prüfen. Dieselben Informationen müssten eingeholt werden, um sie einer Verhandlung über AGB zu Grunde zu legen. Hinzu tritt der Aufwand, den der Versuch über AGB zu verhandeln, hervorruft. Dieser ist nicht zu unterschätzen, weil häufig bereits tatsächliche Hindernisse bestehen. Dies gilt insbesondere im elektronischen Rechtsverkehr über das Internet, da die Programmierung üblicher Internetportale eine Möglichkeit des elektronischen Vertragsschlusses unter Abänderung der AGB schon gar nicht vorsieht.

(2) Motivationsgefälle

Zwischen Klauselverwender und Verwendungsgegner besteht jedoch nicht allein das beschriebene Informationsgefälle, sondern auch ein erhebliches Motivationsgefälle. Die Motivation des Verwendungsgegners sich inhaltlich mit den AGB auseinanderzusetzen, ist erheblich geringer, als die Motivation des Verwenders diese zur Geltung zu bringen.

Die AGB des Verwenders gelten für den Verwendungsgegner zunächst einmal nur in einem einzelnen Vertragsverhältnis. Anders stellt sich die Situation für den Verwender dar. Er nutzt die AGB in der Regel für die Abwicklung seines Massengeschäfts, jedenfalls aber für eine Vielzahl von Verträgen i. S. v. § 305 Abs. 1 BGB. Die AGB erfüllen für ihn den bereits in der Gesetzesbegründung zum AGBG erwähnten Zweck der Rationalisierung und der vereinfachten Abwicklung seiner Geschäfte. Der ihm durch die Vorformulierung der AGB entstehende Aufwand verteilt sich daher auf die Vielzahl der von ihm unter deren Verwendung abgeschlossenen Verträge und wird daher regelmäßig mehr als kompensiert.[86] Hingegen müsste der Verwendungsgegner die Kosten der Prüfung des Vertrags, die

---

[84] *Leuschner,* JZ 2010 S. 875 (879); *Becker,* JZ 2010 S. 1098 (1101).

[85] BT-Drucks 7/3919, S. 13.; s. hierzu bereits oben: C. II. 2. b) aa).

[86] *Habersack,* Vertragsfreiheit und Drittinteresse S. 107.

häufig nicht wesentlich geringer als die Kosten der Erstellung sind, für einen einmaligen Vorgang aufbringen.[87]

Das aus diesen Umständen folgende Motivationsdefizit des Verwendungsgegners, sich mit den AGB inhaltlich auseinanderzusetzen, wird noch dadurch vergrößert, dass AGB vielfach nur hypothetisch eintretende Fälle regeln.[88] Diese Regelungen bleiben für den Verwendungsgegner völlig bedeutungslos, wenn der geregelte Fall nicht eintritt. So ist beispielsweise der Aufwand den der Verwendungsgegner in die Verhandlung über eine Haftungserleichterung zu Gunsten des Verwenders investiert, selbst bei erfolgreicher Verhandlung vergebens, wenn es später nicht zu einem Haftungsfall kommt. Dabei ist der Verwendungsgegner dem Verwender zudem insoweit unterlegen, als er nicht abschätzen kann, mit welcher Wahrscheinlichkeit es zu einem Haftungsfall kommt. Der Verwender wird hingegen jedenfalls im Bereich des Massengeschäfts eine genaue Vorstellung von dieser Wahrscheinlichkeit haben.[89] Für ihn sind daher auch solche AGB von erheblicher Bedeutung, die nur möglicherweise eintretende Fälle regeln. Schließlich ist es bei mehrfacher Verwendung für ihn auch statistisch viel wahrscheinlicher, dass es einmal auf diese Regelungen ankommen wird, als für seinen Vertragspartner.[90]

(3) Legitimes Desinteresse aufgrund Informations- und Motivationsgefälles

Aus dieser Analyse wird zutreffend der Schluss gezogen, dass der Vertragspartner die gestellten Klauseln unbesehen hinnimmt, weil der Aufwand außer Verhältnis zu dem dadurch für ihn erreichbaren Vorteil stünde.[91] Der Kunde mache sich daher typischerweise und sinnvollerweise keine Mühe, auch nur einen Blick auf die AGB zu werfen.[92] Es wird daher in Ausnahme zum Grundsatz der Eigenverantwortlichkeit von einem „rationalen" bzw. „legitimen Desinteresse" ausgegangen.[93]

Überzeugend konnte die Richtigkeit dieser Ausnahme vor allem Habersack begründen. Wie bereits die Gesetzesbegründung zum AGB betont er den durch die Verwendung von AGB erzielten Rationalisierungseffekt. Seitens des Verwenders bewirkt dieser eine Vereinfachung der Organisation, Kalkulierbarkeit von Geschäftsrisiken und damit eine Zeit- und Kostenersparnis. Wollte man dem Kunden das Unterlassen des Konditionenvergleichs daher vorwerfen, so würden die aus-

---

[87] *Maier-Reimer*, NJW 2017 S. 1 (2).

[88] *Habersack*, Vertragsfreiheit und Drittinteresse S. 107.

[89] *Canaris*, AcP 200 (2000) S. 273 (324).

[90] Vgl. auch das anschauliche Beispiel anhand einer Kostentragungsklausel bezüglich des Rücktransports eines defekten Staubsaugers zum Zwecke der Nacherfüllung bei *Basedow*, in: MüKo BGB, Vorbemerkung § 305 Rdn. 5; Kötz, JuS 2003 S. 209 (211); kritisch hierzu: *Hellwege*, S. 558 ff.

[91] *Kötz*, JuS 2003 S. 209 (211); ähnlich schon: *Eith*, NJW 1974 S. 16 (19).

[92] *Koller*, in: FS Steindorff S. 667 (668); ähnlich: *H. Schmidt*, in: BeckOK BGB § 305c Rdn. 2.

[93] *Leyens/Schäfer*, AcP 210 (2010) S. 771 (788); *Maier-Reimer*, NJW 2017 S. 1 (2).

schließlich aufgrund dieses Rationalisierungsinteresses des Verwenders entstehenden Informationskosten einseitig zum Nachteil des Verwendungsgegners verlagert.[94]

Erklärt sich der Verwendungsgegner daher nicht dazu bereit, diese Informationskosten zu übernehmen, wäre es unbillig ihn dafür in die Verantwortung zu nehmen. Deshalb ist es legitim, ihn zumindest vor *unangemessenen* Benachteiligungen zu schützen, die ihm durch die Nichtbeachtung der AGB drohen.

cc) Partielles Marktversagen in Folge fehlender Beachtung von AGB

Man könnte die Rechtfertigung der Inhaltskontrolle nun bereits mit dem legitimen Desinteresse des Verwendungsgegners begründen.[95] Danach wäre eine Schutzbedürftigkeit aber immer dann zu verneinen, wenn AGB ausnahmsweise gelesen und zutreffend erfasst würden. Die entscheidende Beeinträchtigung der Abschlussfreiheit des Verwendungsgegners ist daher erst in einem aus dem legitimen Desinteresse folgenden partiellen Marktversagen zu sehen.

Da der Verwendungsgegner AGB aufgrund des beschriebenen Informations- und Motivationsgefälles in aller Regel nicht beachtet, bleiben diese im Wettbewerb unberücksichtigt. Es findet kein Konditionenwettbewerb statt.[96]

Damit bringt die Verwendung von AGB, die einem angemessenen Interessenausgleich zwischen den Vertragsparteien Rechnung tragen, dem Verwender keinen Marktvorteil.[97] Denn Kunden entscheiden sich nicht für den Anbieter mit dem für sie günstigsten Regelwerk. Hierfür müssten sie die AGB des Anbieters und zusätzlich die AGB mindestens eines Mitbewerbers lesen, in ihrer rechtlichen Bedeutung erfassen und miteinander vergleichen. Da ein solcher Vergleich tatsächlich aber nicht stattfindet, erfährt auch der Verwender eines noch so einseitig belastenden Klauselwerks keinen Wettbewerbsnachteil. Erschwerend tritt hinzu, dass kundenunfreundliche AGB auch nicht aufgrund schlechter Erfahrungen sanktioniert werden.[98] Dies liegt in dem Umstand begründet, dass AGB in aller Regel selten eintretende Fälle regeln. Selbst bei wiederholtem Vertragsschluss eines Kunden mit demselben Anbieter, bleiben unangemessen belastende AGB daher regelmäßig für die Entscheidung zum Vertragsschluss irrelevant, weil eigene schlechte Erfahrungen fehlen.[99]

Im Schrifttum wird daraus zutreffend ein unausweichlicher Anreiz gefolgert, die Fairness der AGB stets unterhalb des von Konkurrenten angebotenen Niveaus

---

[94] *Habersack*, Vertragsfreiheit und Drittinteresse S. 108 f.; *ders.* AcP 189 (1989) S. 403 (415).

[95] Insoweit wird von einem „verdünnten Konsens" ausgegangen: *Kramer*, in FS Canaris 2007 S. 665 (670); *Becker* JZ 2010 S. 1098 (1099).

[96] *Schlosser*, in: Staudinger BGB, Vorbemerkungen zu §§ 305 ff. Rdn. 4.

[97] So auch: *Stadler*, in Jauernig BGB § 307 Rdn. 2.

[98] *Kötz*, JuS 2003, S. 209 (212 f.); *Becker*, JZ 2010 S. 1098 (1102).

[99] *Becker*, JZ 2010 S. 1098 (1102).

anzusetzen.[100] Letztlich führt die fehlende Kontrolle der Vertragsbedingungen durch den Wettbewerb zu dem Ergebnis, dass vielfach auch in einem ansonsten funktionierenden Markt alle Wettbewerber die gleichen, den Verwender maximal belastenden Klauseln verwenden.[101] Selbst wenn ein einzelner Kunde trotz des bestehenden Informations- und Motivationsgefälles den Aufwand treibt, die AGB mehrerer Anbieter zu vergleichen, wird er dadurch in aller Regel keine günstigeren Vertragsbedingungen finden.

dd) Die Kritik Hellweges

Das durch AGB ausgelöste Schutzbedürfnis wird im Schrifttum von denjenigen Autoren, die sich mit dieser Frage näher beschäftigt haben, nahezu einhellig auf das bestehende Informations- und Motivationsgefälle und das daraus resultierende partielle Marktversagen zurückgeführt. Zweifel bezüglich der Alleingültigkeit dieses Begründungsansatzes hat indes Hellwege angemeldet,[102] dessen wichtigste Argumente nicht unberücksichtigt bleiben sollen.

(1) Die Regelung des § 310 Abs. 3 Nr. 2 BGB

Ein zentraler Kritikpunkt Hellweges folgt aus der Regelung des § 310 Abs. 3 Nr. 2 BGB. Diese erweitert den Anwendungsbereich der Inhaltskontrolle bei Verbraucherverträgen auch auf solche Klauseln, die nur zur einmaligen Verwendung bestimmt sind, soweit der Verbraucher aufgrund der Vorformulierung auf ihren Inhalt keinen Einfluss hatte. Diese Ausweitung kann nach Hellwege mit dem Gedanken des partiellen Marktversagens nicht erklärt werden, weil es bei der bloß einmaligen Verwendung an einem Informations- und Motivationsgefälle fehle.[103] Zwar verdient diese Feststellung Zustimmung, allerdings erscheint es nicht überzeugend, daraus grundsätzliche Zweifel am Begründungsansatz des partiellen Marktversagens zu folgern. Richtig ist vielmehr, dass die Regelung des § 310 Abs. 3 Nr. 2 BGB nicht in das gesetzliche System der Inhaltskontrolle Allgemeiner Geschäftsbedingungen passt.

Dies lässt sich primär mit ihrer Entstehungsgeschichte als Umsetzung der sog. Klauselrichtlinie[104] erklären, deren Art. 3 Abs. 2 die Voraussetzung der Vorformulierung für mehrere Verträge nicht vorsieht. Dieser Umstand wird auf eine

---

[100] *Leyens/Schäfer*, AcP 210 (2010) S. 772 (784); ähnlich: *Schlosser*, in: Staudinger BGB Vorbemerkungen zu §§ 305 ff. Rdn. 4.

[101] *Kötz*, JuS 2003, S. 209 (213) spricht insoweit von einem „race to the bottom".

[102] *Hellwege*, S. 554 ff.; *ders.* JZ 2015 S. 1130 (1133).

[103] *Hellwege*, JZ 2015 S. 1130 (1133).

[104] RL 93/13/EWG des Rates vom 05.04.1993 über missbräuchliche Klauseln in Verbraucherverträgen, NJW 1993 S. 1838.

Kompromisslösung zwischen dem an der Serienverwendung der AGB orientierten Anwendungsbereich des deutschen Gesetzes und dem französischen Gesetz von 1978, das sogar für individuell ausgehandelte Einzelverträge eine Kontrolle missbräuchlicher Klauseln vorsieht, zurückgeführt.[105] Dieser Kompromiss besteht darin, dass wie im französischen Recht vorgesehen auch eine Kontrolle von Klauseln stattfinden kann, die nur für einen einzelnen Vertrag vorformuliert wurden, andererseits aber im Einklang mit dem deutschen Recht eine Missbrauchskontrolle bei individuell ausgehandelten Verträgen ausscheidet.[106] Die Regelung stellt damit einen Ausgleich zwischen zwei völlig verschiedenen gesetzlichen Regelungskonzepten dar, denen offensichtlich völlig unterschiedliche Gedanken zum Schutzbedürfnis zugrunde liegen. Schon deshalb taugt § 310 Abs. 3 Nr. 2 BGB nicht, um das partielle Marktversagen als Begründungsansatz in Frage zu stellen.

Die Regelung stellt aber, was Hellwege unerwähnt lässt, zudem eine weitere Anforderung an die Eröffnung der Inhaltskontrolle auf, die im Übrigen nicht vorausgesetzt wird. Danach ist bei nur einmaliger Verwendung die Inhaltskontrolle nämlich auch nur dann eröffnet, wenn der Verbraucher aufgrund ihrer Vorformulierung keinen Einfluss auf ihren Inhalt hatte. Dabei wird überwiegend sogar davon ausgegangen, dass der Verbraucher den Mangel einer Möglichkeit der Einflussnahme nach allgemeinen Beweislastgrundsätzen zu beweisen hat.[107] Bei einer in mehrfacher Verwendungsabsicht vorformulierten Klausel verlangt das Gesetz einen solchen Nachweis indes nicht. Folglich hält der Gesetzgeber den Verbraucher bei einer nur einmalig verwendeten Klausel nicht für gleichermaßen schutzbedürftig, was man freilich mit einem hier fehlenden Informations- und Motivationsgefälle erklären könnte. Bei Lichte betrachtet ließe sich § 310 Abs. 3 Nr. 2 BGB daher sogar als Argument für den Begründungsansatz des partiellen Marktversagens anführen. Die Entstehungsgeschichte spricht indes dafür, die Regelung für derart grundlegende Überlegungen außer Acht zu lassen.

(2) Unerheblichkeit des Umfangs von AGB

Nach Hellwege passe es mit diesem Begründungsansatz auch nicht zusammen, dass der Umfang der AGB nach der Definition des § 305 Abs. 1 S. 2 BGB unerheblich sein soll.

Bei einer einzigen, knapp formulierten Klausel könne sich der Verwendungsgegner nicht auf ein rechtlich erhebliches Motivationsgefälle berufen.[108]

---

[105] *Basedow*, in: MüKo BGB § 310 Rdn. 67.
[106] *Basedow*, in: MüKo BGB § 310 Rdn. 67.
[107] BGH, NJW 2008 S. 2250 (2252); *Basedow*, in: MüKo BGB § 310 Rdn. 72; *Becker*, in: BeckOK BGB § 310 Rdn. 22; *Schulte-Nölke*, in: HK BGB § 310 Rdn. 8.
[108] *Hellwege*, JZ 2015 S. 1130 (1133).

Als konkretes Beispiel nennt er an anderer Stelle hierfür einen Haftungsausschluss an einer Theatergarderobe.[109] Auch hier lässt sich jedoch ein Informations-, jedenfalls aber ein Motivationsgefälle überzeugend darlegen.

Auch wenn das übliche Hinweisschild „Für Garderobe keine Haftung" kurz und klar formuliert ist, wird der Theaterbesucher dieses häufig nicht als erheblich ansehen. Dafür müsste ihm zunächst einmal bekannt sein, dass es sich dabei um eine abweichende Regelung und nicht bloß um einen Hinweis handelt. Er müsste über die Information verfügen, dass mit Abgabe seines Mantels ein Verwahrungsvertrag zustande kommt und damit ohne dieses Hinweisschild eine Haftung des Betreibers nach den gesetzlichen Vorschriften bestünde.[110] Schon dieses Wissen wird dem juristisch nicht vorgebildeten Theaterbesucher aber in aller Regel fehlen. Ein Informationsdefizit besteht überdies wie typischerweise bei Haftungsausschlüssen hier darin, dass der Gast im Gegensatz zum Betreiber keine Vorstellung davon hat, wie häufig es zu Schäden oder Verlusten von Kleidungsstücken kommt. Dies wird auch als strukturelle Informationsasymmetrie beschrieben, die in der wegen ihrer Massenhaftigkeit bestehenden Kalkulierbarkeit der Geschäftsvorfälle seitens des AGB-Verwenders und der fehlenden Einschätzungsmöglichkeit des Verwendungsgegners begründet liegt.[111]

Jedenfalls ist die Wahrscheinlichkeit, dass gerade ein Kleidungsstück des einzelnen Gasts von Schaden oder Verlust betroffen ist, viel geringer als die Wahrscheinlichkeit, dass überhaupt eines aller abgegebenen Kleidungsstücke einen Schaden erleidet. Der Haftungsausschluss hat für den Verwender folglich einen viel höheren Wert, als für den einzelnen Gast. Unabhängig vom Umfang der AGB liegt damit das für einen Haftungsausschluss typische Motivationsgefälle vor.

Trotz dieses eindeutigen Befunds sei ergänzend noch erwähnt, dass in es in dieser Situation insgesamt an der Funktionsfähigkeit des Wettbewerbs fehlt. Dem Theaterbesucher steht als Alternative zum Vertragsschluss nur der gänzliche Verzicht zur Verfügung. Für viele Theaterbesucher wird dies aber aufgrund der sozialen Gepflogenheiten nicht in Betracht kommen.

(3) Verträge von hoher Bedeutung für den Verbraucher

Zuletzt ist Hellwege der Ansicht, der Gedanke des partiellen Marktversagens führe zu nicht hinnehmbaren Schutzlücken bei solchen Verträgen, die für den Verbraucher von hoher Bedeutung sind.[112]

---

[109] *Hellwege*, S. 560.
[110] Vgl. § 690 BGB.
[111] *Canaris*, AcP 200 (2000) S. 273 (324).
[112] *Hellwege*, JZ 2015 S. 1130 (1133).

Bei solchen Verträgen sei es für den Verbraucher ökonomisch sinnvoll, sich mit den Klauseln auseinanderzusetzen und über diese zu verhandeln, weshalb kein rationales Desinteresse vorliege. Aus diesem Grunde dürften die AGB in einem solchen Vertrag nach dem Gedanken des partiellen Marktversagens nicht kontrollfähig sein.[113]

Die hierfür vorgebrachten Beispiele überzeugen indes nicht. Hellwege nennt zum einen den Abschluss einer Berufsunfähigkeitsversicherung. Bei diesem wisse der Verbraucher, dass ihn der Versicherungsschutz über die Jahre viel Geld kosten werde. Zudem wisse er, dass bei Eintritt des Versicherungsfalls seine ökonomische Existenz von den Versicherungsleistungen abhänge und die Zahlungsvoraussetzungen in den AGB geregelt sind. Daher sei es für ihn ökonomisch sinnvoll, die Bedingungen genau zu prüfen und gegebenenfalls darüber zu verhandeln.[114]

Zunächst sei daran erinnert, dass Hellwege selbst darauf abstellt, der Gesetzgeber dürfe hinsichtlich der Schutzbedürftigkeit typisieren.[115] Selbst wenn sich also einzelne Verträge finden lassen, bei denen das typischerweise bestehende Informations- und Motivationsgefälle fehlt, würde dies den hier vertretenen Begründungsansatz nicht grundsätzlich in Frage stellen. In Frage steht dann vielmehr, ob es in solchen Fällen an der Schutzbedürftigkeit des Verwendungsgegners und damit der Rechtfertigung der Inhaltskontrolle fehlt.[116]

Abgesehen hiervon, stellt sich aber die Annahme, es entspräche wirtschaftlicher Vernunft, dass der Verbraucher die Regelungen genauestens prüft, als bloße Behauptung dar. Die Prüfung der Regelungen zahlt sich für diesen doch eben nur im Fall des Eintritts der Berufsunfähigkeit aus. Die Wahrscheinlichkeit berufsunfähig zu werden, liegt für Männer im Alter zwischen 20 und 30 Jahren vergleichsweise am höchsten, aber auch hier deutlich unterhalb von 50 %. Wie wahrscheinlich ist es aber darüber hinaus, dass es in diesem Fall gerade auf die vom Verbraucher nun „wegverhandelte" Klausel ankommt? Der Verbraucher wird dies im Gegensatz zum Versicherer nicht genau einschätzen können, die Wahrscheinlichkeit wird aber jedenfalls gering sein. Auch hier ist daher von einem Informations- und Motivationsdefizit auszugehen.

Daneben bemüht Hellwege eine Schönheitsreparaturklausel in einem Wohnraummietvertrag, um seine Auffassung zu stützen.[117]

Die Annahme, dass der durchschnittliche Mieter einen vom Vermieter gestellten Formularmietvertrag vor Unterzeichnung typischerweise liest, lässt sich nicht so einfach von der Hand weisen. Es handelt sich hierbei nicht um ein Alltagsgeschäft

---

[113] *Hellwege*, JZ 2015 S. 1130 (1133).
[114] *Hellwege*, JZ 2015 S. 1130 (1133).
[115] *Hellwege*, S. 552; *ders.* JZ 2015 S. 1130 (1132).
[116] Vgl. hierzu noch ausführlich für den Unternehmerbereich unter F. I.
[117] *Hellwege*, S 558 f.; *ders.* JZ 2015 S. 1130 (1133).

und die Durchsicht eines gewöhnlichen Wohnraummietvertrags stellt auch angesichts der Bedeutung des Vertrages für den Mieter keinen unverhältnismäßigen Aufwand dar. Schließlich sind die Folgen einer Schönheitsreparaturklausel auch ohne juristische Vorkenntnisse oder aufwändige Nachforschungen verständlich.

Auch für das Vorliegen eines Motivationsgefälles fehlen gute Argumente.

Soweit nicht von einem institutionellen Investor gemietet wird, handelt es sich nicht um ein Massengeschäft, bei dem sich der Verwender typischerweise nicht auf Vertragsverhandlungen einlässt. Daneben trifft die Verpflichtung den Mieter in aller Regel und nicht bloß in einem hypothetischen Fall. Wenn der Mieter die Klausel hier also ohne Verhandlung akzeptiert, dann wird man das kaum auf ein „Informations- und Motivationsgefälle" zurückführen können.

Trotzdem würde nach der ökonomischen Betrachtungsweise das Schutzbedürfnis des Mieters hier aber nicht entfallen. Es wären keine Schutzlücken zu befürchten. Denn auch hier lässt sich das Schutzbedürfnis aus dem Fehlen eines effizienten Konditionenwettbewerbs herleiten. Die fehlende Teilnahme der Vertragsbedingungen am Wettbewerb wäre zwar nicht mit einem Informations- und Motivationsgefälle zu begründen. Im Bereich der Wohnraummiete besteht aber insgesamt kein funktionierender Wettbewerb. Der Gesetzgeber überlässt daher selbst die Preisfindung nicht mehr ausschließlich den Kräften des Wettbewerbs, wie die Einführung der sogenannten Mietpreisbremse zeigt. Aufgrund der fehlenden Funktionsfähigkeit des Marktes ist offensichtlich, dass auch hier kein effizienter Konditionenwettbewerb stattfindet. Vielmehr bedient sich der typische Vermieter auch hier den gängigen Mustermietverträgen, die sämtlich die Schönheitsreparaturpflicht im Rahmen des durch die Rechtsprechung überhaupt noch zulässigen auf den Mieter umwälzen.

d) Zwischenergebnis

Die ökonomische Betrachtungsweise steht nicht nur im Einklang mit den gesetzlichen Vorgaben, sie vermag auch eine die Inhaltskontrolle rechtfertigende tatsächliche Beeinträchtigung der Abschlussfreiheit des Verwendungsgegners zu erklären. Diese besteht in dem durch die Verwendung Allgemeiner Geschäftsbedingungen ausgelösten partiellen Marktversagen.

III. Abgrenzung von Inhalts- und Transparenzkontrolle

Gemäß § 307 Abs. 1 S. 2 BGB kann sich eine unangemessene Benachteiligung auch daraus ergeben, dass eine Vertragsklausel nicht klar und verständlich ist. Die damit angeordnete Transparenzkontrolle spielt hinsichtlich der Vereinbarung von Bearbeitungsentgeltklauseln in Darlehensverträgen keine entscheidende Rolle, da diese in aller Regel transparent formuliert sind. Dennoch ist hier in der gebotenen Kürze auf das Transparenzgebot einzugehen, da in der Diskussion um die Zulässigkeit von Bearbeitungsgebühren immer wieder der Schutzzweck der Inhaltskontrolle mit dem der Transparenzkontrolle vermengt wird.

Das Transparenzgebot war im AGBG nicht ausdrücklich gesetzlich normiert, wurde jedoch vom BGH aus der Vorschrift des § 9 AGBG abgeleitet.[118] Danach verpflichteten die Gebote von Treu und Glauben die Verwender Allgemeiner Geschäftsbedingungen, die Rechte und Pflichten ihrer Vertragspartner eindeutig und verständlich darzustellen, damit diese sich bei Vertragsschluss hinreichend über die rechtliche Tragweite der Vertragsbedingungen klar werden können.[119] Auch die Anwendung der Transparenzkontrolle bei solchen Bestimmungen, die nach dem heutigen § 307 Abs. 3 S. 1 BGB der Inhaltskontrolle entzogen sind, entsprach bereits unter der Geltung des AGBG der Rechtsprechung des BGH.[120] Eine ausdrückliche Regelung wurde erst durch die Klauselrichtlinie und ein entsprechendes Urteil des EuGH erforderlich.[121] Mit § 307 Abs. 3 S. 2 BGB fand diese im Rahmen der Schuldrechtsmodernisierung Eingang in das Gesetz.[122]

Die Regelung verdeutlicht, dass Inhalts- und Transparenzkontrolle unterschiedliche Rechtsinstitute darstellen. Davon geht auch die Begründung des Gesetzesentwurfs aus. Dort wird das Transparenzgebot als „eine ganz eigenständige Prüfungskategorie" bezeichnet.[123] Der Schutzzweck des Transparenzgebots besteht allein darin, dem Verwendungsgegner die Möglichkeit zu verschaffen, den Regelungsgehalt der Klauseln richtig zu erfassen. Ist eine Klausel bereits nicht klar und verständlich abgefasst, kann bereits daraus eine unangemessene Benachteiligung folgen, ohne dass es auf ihren materiellen Regelungsgehalt ankäme.[124]

Demgegenüber verfolgt die Inhaltskontrolle einen anderen, weitergehenden Schutzzweck als das Transparenzgebot.[125] Denn diese unterzieht die Klausel einer Prüfung hinsichtlich ihres materiellen Gerechtigkeitsgehalts, welcher im Rahmen der Transparenzkontrolle nicht zu prüfen ist. Das Transparenzgebot verliert im Übrigen seinen Sinn auch dann nicht, wenn man wie hier davon ausgeht, Allgemeine Geschäftsbedingungen würden bei Vertragsschluss ohnehin nicht beachtet. Denn das Transparenzgebot gilt gerade auch für Regelungen über das Preis- und Leistungsverhältnis, die regelmäßig vom Kunden zur Kenntnis genommen werden.[126]

---

[118] BGH, NJW 1989 S. 222 (224).

[119] BGH, NJW 1989 S. 582 (583).

[120] BGH, NJW-RR 2008 S. 251 (252); BGH, NJW 2006 S. 996 (997); BGH NJW 1988 S. 1726 (1728).

[121] BT-Drucks. 14/7052 S. 188; EuGH, NJW 2001 S. 2244.

[122] *Wurmnest*, in: MüKo BGB § 307 Rdn. 56.

[123] BT-Drucks. 14/6040 S. 153.

[124] *H.Schmidt*, in: BeckOK § 307 Rdn. 92; *Wurmnest*, in: Müko BGB § 307 Rdn. 58.

[125] BGH, NJW 2014 S. 2420 (2427).

[126] *Wurmnest*, in: MüKo BGB § 307 Rdn. 56; vgl. hierzu ausführlich unten: D. I.

Die Notwendigkeit transparenter Regelungen besteht zudem auch in dem Zeitpunkt, in dem es auf sie ankommt. Das Transparenzgebot zielt daher zumindest auch auf die Verständlichkeit der Nebenbedingungen bei der Vertragsabwicklung und die Vermeidung übermäßiger Kosten bei Verwirklichung eines Risikos ab.[127]

---

[127] Vgl. *Leyens/Schäfer*, AcP 210 (2010) S. 772 (799).

D. Die Eröffnung der Inhaltskontrolle
bei Entgeltklauseln

Durch § 307 Abs. 3 BGB sind der Inhaltskontrolle Allgemeiner Geschäftsbedingungen Grenzen gesetzt. Danach unterliegen nur solche Vertragsbedingungen der Inhaltskontrolle, die von Rechtsvorschriften abweichen oder diese ergänzen. Nach allgemeiner Ansicht verfolgt § 307 Abs. 3 S. 1 BGB zwei Ziele.[1]

Die Vorschrift nimmt zunächst rein deklaratorische Regelungen von der Inhaltskontrolle aus und stellt damit sicher, dass gesetzliche Regelungen keiner richterlichen Angemessenheitsprüfung unterzogen werden. Dies ist vor dem Hintergrund der in Art. 20 GG verbürgten Gewaltenteilung erforderlich.

I. Keine richterliche Kontrolle
von Preisen und Leistungsangeboten

Nicht allein für das hier bearbeitete Thema ist der darüber hinaus von § 307 Abs. 3 S. 1 BGB bezweckte Schutz der Vertragsfreiheit von größerer Bedeutung.[2] Die Regelung nimmt Vertragsbedingungen vom Anwendungsbereich der Inhaltskontrolle aus, die Preise oder Leistungsangebote regeln. Dieser Schutzzweck ergibt sich nicht unmittelbar aus § 307 Abs. 3 S. 1 BGB, wird jedoch in der Gesetzesbegründung zum AGBG ausdrücklich genannt.[3] Zweifelsfrei kommt er in Art. 4 Abs. 2 der Klauselrichtlinie zum Ausdruck. Danach betrifft die Beurteilung der Missbräuchlichkeit der Klauseln weder den Hauptgegenstand des Vertrages noch die Angemessenheit zwischen dem Preis bzw. dem Entgelt und den Dienstleistungen bzw. den Gütern, die die Gegenleistung darstellen.

Trotz dieser klaren Formulierung hielt es der Gesetzgeber nicht für notwendig, den Wortlaut des früheren § 8 AGBG im Zuge der Schuldrechtsmodernisierung anzupassen. Vielmehr ging er davon aus, dass bereits der Wortlaut des heutigen § 307 Abs. 3 S. 1 BGB eine Kontrolle von Preisen und Leistungsangeboten ausschließe.[4] Dies war berechtigt, da das System der freien Marktwirtschaft auf dem Grundsatz der freien Preisbildung basiert. Grundsätzlich sieht der Gesetzgeber kein Bedürfnis, Preisgestaltungen zu kontrollieren. Er verzichtet daher für diesen

---

[1] BT-Drs. 7/3919 S. 22; *Wurmnest*, in: MüKo BGB § 307 Rdn. 1; *Fuchs*, in: Ulmer/Brandner/Hensen § 307 Rdn. 14.

[2] *Canaris*, AcP 200 (2000) S. 273 (327); *ders.*, NJW 1987 S. 609 (613).

[3] BT-Drucks 7/3919, S. 22.

[4] *Stoffels*, JZ 2001 S. 843 (845).

Bereich bewusst auf den Erlass von Vorschriften und überlässt das Äquivalenzverhältnis zwischen Preis und Leistung vielmehr den Kräften des Marktes.[5] Preisregelungen werden hingegen nur ausnahmsweise erlassen, wenn kein ausreichender Wettbewerb besteht.

Der Ausschluss von Preisen und Leistungsbeschreibungen ist schließlich auch vor dem Hintergrund des Schutzgrundes der Inhaltskontrolle folgerichtig und geboten.[6] Der Umfang der Hauptleistungspflicht und der dafür zu entrichtende Preis nehmen üblicherweise am Wettbewerb teil. Diesbezüglich existiert weder ein Informations- noch ein Motivationsgefälle, das zu einem Marktversagen führen kann. Es besteht damit keine Kontrollbedürftigkeit, weil die Vertragsfreiheit des Verwendungsgegners nicht durch ein Versagen der Wettbewerbskräfte eingeschränkt wird.[7]

Dies entspricht auch der Auffassung des BGH, soweit dieser ausführt, das Gesetz gehe davon aus, dass der Kunde der Preisvereinbarung besondere Aufmerksamkeit widme und sein Interesse an einem angemessenen, marktgerechten Preis selbst wahre.[8]

Der mit der Inhaltskontrolle verbundene Eingriff in die Vertragsfreiheit des Verwenders ließe sich in diesen Fällen nicht rechtfertigen.

Allgemeine Geschäftsbedingungen die den Preis oder das Leistungsangebot regeln, weichen damit nicht im Sinne von § 307 Abs. 3 S. 1 BGB von gesetzlichen Regelungen ab, weil solche in einer freien Marktwirtschaft grundsätzlich nicht bestehen. Aufgrund der gesetzgeberischen Entscheidung für das System einer freien Marktwirtschaft fehlt für Preisregelungen zudem ein gesetzlicher Maßstab für eine richterliche Kontrolle. Preisregelungen sind mithin nicht kontrollbedürftig und grundsätzlich auch nicht kontrollfähig.[9]

II. Kontrollfähigkeit von Entgeltklauseln nach der Rechtsprechung

Im Folgenden sollen die vom BGH allgemein zur Inhaltskontrolle von Entgeltklauseln entwickelten Grundsätze einer kritischen Würdigung unterzogen werden.

---

[5] *Canaris*, NJW 1987, S. 609 (610); *Joost*, ZIP 1996 S. 1685 (1688); *Casper/Möllers*, BKR 2014 S. 59 (60).

[6] Vgl. *Canaris*, AcP 200 (2000) S. 273 (324).

[7] Vgl. *Coester*, in: Staudinger BGB § 307 Rdn. 320.

[8] BGH, NJW 1990 S. 2383.

[9] Vgl. *Stoffels*, JZ 2001 S. 843 (844), der zu Recht darauf hinweist, dass es sich bei der fehlenden Kontrollfähigkeit nur um eine Konsequenz der marktwirtschaftlichen Gestaltung der Rechtsordnung handelt und nicht um einen eigenständigen Grundgedanken von § 8 AGBG (heute § 307 Abs. 3 S. 1 BGB).

1. Rechtsvorschriften i. S. v. § 307 Abs. 3 S. 1 BGB

Nach ständiger Rechtsprechung des BGH sind Rechtsvorschriften i. S. v. § 307 Abs. 3 S. 1 BGB nicht nur die Gesetzesbestimmungen selbst, sondern auch alle ungeschriebenen Rechtsgrundsätze, die Regeln des Richterrechts sowie die auf Grund ergänzender Auslegung nach §§ 157, 242 BGB und aus der Natur des jeweiligen Schuldverhältnisses zu entnehmenden Rechte und Pflichten.[10] Dieses weite Begriffsverständnis entspricht auch der herrschenden Ansicht im Schrifttum.[11] Hierfür spricht bereits, dass ansonsten eine Inhaltskontrolle bei gesetzlich nicht geregelten Verträgen per se ausscheiden müsste, was der Gesetzgeber nicht gewollt haben kann.[12]

Die Erstreckung der Inhaltskontrolle auf vertragstypische Rechte und Pflichten ergibt sich zudem aus § 307 Abs. 2 Nr. 2 BGB. Würde man vertragstypische Rechte und Pflichten, wie sie § 307 Abs. 2 Nr. 2 BGB ausdrücklich nennt, vom Begriff der Rechtsvorschriften ausschließen, bliebe für eine Inhaltskontrolle nach § 307 Abs. 2 Nr. 2 BGB praktisch kaum Raum.[13] Überdies legt der EuGH ebenfalls eine entsprechend weite Auslegung des Begriffs der Rechtsvorschriften an und bemüht hier auch den Grundsatz von Treu und Glauben.[14]

In der juristischen Debatte um Bearbeitungsentgeltklauseln wurde jedoch insbesondere die Einbeziehung ungeschriebener Rechtsgrundsätze sowie des Richterrechts kritisiert. Der BGH erlange durch diese Gleichsetzung mit geschriebenem Recht im Rahmen von § 307 BGB Entscheidungsbefugnisse wie auf Legislativebene.[15] Die Justiz setze somit selbst Recht, um dann in der AGB-Kontrolle festzustellen, ob dieses auch eingehalten werde, wodurch die grundrechtlich geschützte Vertragsfreiheit durch den BGH empfindlich eingeschränkt werde.[16]

Das BVerfG hat in einer Entscheidung aus dem Jahr 2000 eine Verletzung des Grundsatzes der Gewaltenteilung durch die Einbeziehung ungeschriebener Rechtsgrundsätze und des Richterrechts bei der Anwendung von § 307 Abs. 3 S. 1 BGB indes im Grundsatz zutreffend verneint.[17] Auch die Zulässigkeit richterlicher Rechtsfortbildung gewährt der Rechtsprechung keine Legislativbefugnisse. Denn der Richter darf sich nach der Rechtsprechung des BVerfG bei der Wahrnehmung

---

[10] BGH, NJW 1985 S. 3013 (3014); BGH, NJW 2002, S. 1950 (1951).

[11] *Wurmnest*, in: MüKo BGB § 307 Rdn. 7; *Coester*, in: Staudinger BGB § 307 Rdn. 234; *Schulte-Nölke*, in: HK BGB § 307 Rdn. 16; *Pfeiffer*, in: Wolf/Lindacher/Pfeiffer § 307 Rdn. 282.; kritisch zur Einbeziehung der ergänzenden Vertragsauslegung: *Stoffels*, JZ 2001 S. 843 (846).

[12] BGH, NJW 1985 S. 3013; *Nobbe*, WM 2008 S. 185 (187).

[13] *Pfeiffer*, in: Wolf/Lindacher/Pfeiffer § 307 Rdn. 282; *Niebling*, in: AnwaltKommentar AGB § 307 Rdn. 8.

[14] EuGH, NJW 2000 S. 2571 (2572).

[15] *Kropf/Habl*, BKR 2012 S. 141 (145); *Hofauer*, BKR 2015 S. 397 (398).

[16] *Krepold*, in: Schimansky/Bunte/Lwowski § 78 Rdn. 110; *Becher/Krepold*, BKR 2014 S. 45.

[17] BVerfG, NJW 2000 S. 3635 (3636).

dieser Aufgabe nicht dem vom Gesetzgeber festgelegten Sinn und Zweck des Gesetzes entziehen. Vielmehr beschränke sich seine Funktion darauf, diesen unter gewandelten Bedingungen möglichst zuverlässig zur Geltung zu bringen.[18]

Es ist daher nicht bereits die weite Auslegung des § 307 Abs. 3 S. 1 BGB abzulehnen. Stattdessen ist jeweils zu prüfen, ob die von der Rechtsprechung angenommenen ungeschriebenen Rechtsgrundsätze tatsächlich existieren, d. h. ob sie sich auch unter Berücksichtigung des jeweiligen Schutzzwecks nach den allgemeinen Auslegungsmethoden aus den gesetzlichen Vorschriften gewinnen lassen.

2. Die Abgrenzung von Preishauptabrede und Preisnebenabrede

Die Rechtsprechung unterscheidet hinsichtlich der Eröffnung der Inhaltskontrolle zwischen kontrollfreien Preishauptabreden und kontrollfähigen Preisnebenabreden. Dabei handelt es sich aber schlicht um eine Subsumtion unter § 307 Abs. 3 S. 1 BGB, wobei den Begriffen Preishaupt- und Preisnebenabrede keine eigenständige, über den Regelungsgehalt dieser Norm hinausgehende Bedeutung zukommt. Der vereinzelt in der Literatur geäußerten Kritik, es handele sich dabei um eine Sonderdogmatik zur AGB-rechtlichen Kontrollfähigkeit von Entgeltklauseln,[19] kann daher nicht gefolgt werden. Dieser Eindruck mag auf den ersten Blick zwar leicht entstehen, erweist sich aber bei näherer Betrachtung als unzutreffend.

a) Preishauptabreden

In jüngeren Urteilen des BGH findet sich für kontrollfreie Preishauptabreden in aller Regel die folgende Formulierung:

„Da die Vertragsparteien nach dem im Bürgerlichen Recht geltenden Grundsatz der Privatautonomie Leistung und Gegenleistung grundsätzlich frei bestimmen können, sind Klauseln kontrollfrei, die Art und Umfang der vertraglichen Hauptleistungspflicht und die dafür zu zahlende Vergütung unmittelbar bestimmen. Neben den Bestimmungen über den Preis der vertraglichen Hauptleistung sind auch solche Klauseln nicht kontrollfähig, die das Entgelt für eine zusätzlich angebotene Sonderleistung festlegen, wenn hierfür keine rechtlichen Regelungen bestehen."[20]

Aus dieser Definition allein geht zumindest für die Hauptleistungspflichten nicht ausdrücklich hervor, dass sich die Kontrollfreiheit aus dem fehlenden Abweichen oder Ergänzen von Rechtsvorschriften i. S. v. § 307 Abs. 3 S. 1 BGB ergibt. Der erste Halbsatz liefert indes die Begründung dafür, warum das Bürgerliche Recht grundsätzlich keine Regelungen enthält, von denen Klauseln, die Art und Umfang

---

[18] BVerfG, NJW 2000 S. 3635 (3636).
[19] So: *Haertlein*, BKR 2015 S. 505 (507).
[20] Statt aller: BGH, NJW-RR 2011 S. 257 (258).

der vertraglichen Hauptleistungspflichten regeln, abweichen könnten. Dafür dass auch der BGH nur die von § 307 Abs. 3 S. 1 BGB aufgeworfene Frage zu beantworten sucht, spricht aber eindeutig, dass er Preisabreden richtigerweise für kontrollfähig hält, wenn ausnahmsweise gesetzliche Preisregelungen, wie etwa Gebührenordnungen, bestehen.[21]

b) Echte Preisnebenabreden

Nicht kontrollfähig sind nach der Rechtsprechung des BGH dagegen sogenannte Preisnebenabreden. Als solche versteht der BGH zunächst Abreden, die zwar mittelbare Auswirkungen auf Preis und Leistung haben, an deren Stelle aber, wenn eine wirksame vertragliche Regelung fehlt, dispositives Gesetzesrecht treten kann.[22] Mit dem letztgenannten Kriterium setzt diese Definition die Vorgaben von § 307 Abs. 3 S. 1 BGB um. Nur wenn eine Regelung von Rechtsvorschriften abweicht oder ergänzt, kann an ihre Stelle dispositives Recht treten.

Unter diese Definition fallen sodann Klauseln, die selbst keine Preisbestimmung enthalten, deren Regelungsgehalt also nur mittelbar die im Vertrag getroffenen Preisvereinbarungen beeinflusst. Hierzu zählen insbesondere Klauseln, die Zahlungsmodalitäten regeln.[23] Im Bereich des Bankrechts hatte sich der BGH vor allem mit Klauseln auseinanderzusetzen, die die Zinszahlungspflichten modifizierten oder die Zinsberechnung betrafen.[24]

Zutreffend hat der BGH als eine solche Regelung auch eine Wertstellungsklausel angesehen, die nicht die Höhe der Zinsen, sondern den Zeitpunkt regelte, zu dem die Kontobewegung für die Zinsberechnung in den jeweils zu bildenden Zwischensaldo einging. Zwar hält das BGB hierfür keine ausdrückliche gesetzliche Regelung bereit, von der abgewichen wird. Der BGH sah darin jedoch ein Abweichen von dem gewohnheitsrechtlich anerkannten Grundsatz, dass die Zinsberechnung auf Girokonten durch Bildung von Zwischensalden erfolgt. Danach seien Schuldzinsen vom Kunden nur zu entrichten, soweit dieser Zwischensaldo negativ ist. Durch Bareinzahlungen auf das Konto entstünden aber bereits mit der Einzahlung – nicht erst mit der Gutschrift oder der Wertstellung – Forderungsrechte des Kunden gegen die Bank.[25]

---

[21] BGH, NJW 1981 S. 2351 (2352), betreffend die Gebührenhöhe der von der HOAI vorgegebenen Gebührensätze; BGH, NJW 2000 S. 577 (579), zu einer Mindestvergütung für die Übernahme von Stromversorgungsanlagen.

[22] Z. B.: BGH, NJW 1998 S. 383; BGH, NJW 1989 S. 222; NJW 1992 S. 688 (689); BGH, NJW 1985 S. 3013; BGH, NJW 1992 S. 688 (689), BGH, NJW 1992 S. 2752 (2753).

[23] Vgl. u. a.: BGH, NJW 1996 S. 988; BGH, NJW 2003 S. 1237 (1238); BGH, NJW 2010 S. 2719 (2720).

[24] Vgl. u. a.: BGH, NJW 1989 S. 582; BGH, NJW 1989 S. 222 (223). BGH, NJW 2009 S. 2051 (2053).

[25] BGH, NJW 1989 S. 582.

Als kontrollfähige Preisnebenabrede sah der BGH auch eine Klausel an, nach der sich der vereinbarte Zinssatz jeweils für das ganze Jahr – ohne Rücksicht auf die während des Jahres erbrachten Tilgungsleistungen – nach dem Kontostand am Schluss des Vorjahres berechnete.[26]

Auch hier fehlte zwar eine ausdrückliche gesetzliche Regelung von der diese Klausel abwich. Nachvollziehbar entnahm der BGH aber dem Rechtscharakter des Darlehens als gegenseitigem Vertrag den Grundsatz, dass die vereinbarten Zinsen als Gegenleistung für die Kapitalnutzung nur für die Nutzungsdauer nach Maßgabe der noch offenen Kapitalschuld zu entrichten sind.

c) Unechte Preisnebenabreden

Daneben bezeichnet der BGH aber auch solche Klauseln als Preisnebenabreden,

> „die keine echte Gegenleistung zum Gegenstand haben, sondern mit denen der Klauselverwender allgemeine Betriebskosten, Aufwand für die Erfüllung gesetzlich oder nebenvertraglich begründeter eigener Pflichten oder für sonstige Tätigkeiten auf den Kunden abwälzt, die der Verwender im eigenen Interesse erbringt."[27]

Hierunter fallen nach seiner Rechtsprechung auch die hier im Zentrum stehenden Bearbeitungsentgeltklauseln in Darlehensverträgen.[28]

Tatsächlich handelt es sich hierbei um Regelungen, die sich erheblich von den oben dargestellten, ebenfalls als Preisnebenabreden bezeichneten Klauseln unterscheiden. In der Literatur wird daher zwischen „echten Preisnebenabreden" und „unechten Preisnebenabreden" differenziert.[29]

Die unechten Preisnebenabreden lassen sich gerade nicht unter die oben dargestellte Definition der Preisnebenabreden (echte Preisnebenabreden) subsumieren. Dies gelingt schon deshalb nicht, weil sie den Preis nicht bloß mittelbar beeinflussen, indem sie die Voraussetzungen der Preisbestimmungen oder die Zahlungsmodalitäten modifizieren.[30] Sie legen vielmehr selbst einen Preis für eine bestimmte Tätigkeit des Verwenders fest. Aus diesem Umstand ergäbe sich nur dann kein Widerspruch, wenn man unter dem Begriff der Preisnebenabrede all diejenigen Klauseln verstehen würde, die neben der Preisabrede über die vertraglich geschuldete Hauptleistung bestehen. Denn dies trifft auf echte und unechte Preis-

---

[26] BGH, NJW 1989 S. 222 (223).
[27] St. Rspr., u. a.: BGH, NJW 1998, S. 383; BGH, NJW 2014, S. 2420; BGH, NJW S. 2986 (2987).
[28] BGH, NJW 2014 S. 2420 (2422 ff.); BKR 2017 S. 453 (455 ff.).
[29] *Pfeiffer*, in Wolf/Lindacher/Pfeiffer § 307 Rdn. 314; *Horn*, WM 1997 Sonderbeilage Nr. 1 S. 3 (13) differenziert zwischen sekundären und primären Entgeltbestimmungen; *Linker*, S. 55 f. differenziert zwischen „echten Preisnebenabreden" und primären Entgeltregelungen als Preisnebenabreden; ebenso: *Fuchs*, in: Ulmer/Brandner/Hensen § 307 Rdn. 76.
[30] So auch: *Linker*, S. 55.; *Früh*, WM 1998 S. 63 (64).

nebenabreden gleichermaßen zu. Nach diesem Verständnis müssten aber auch Entgeltklauseln für gesetzlich nicht geregelte Sonderleistungen, die neben die Hauptleistungspflichten treten, als Preisnebenabreden bezeichnet werden. Freilich handelt es sich nach der Rechtsprechung des BGH dabei aber um kontrollfreie Preishauptabreden.

Die undifferenzierte Verwendung des Begriffs Preisnebenabrede sowohl für echte und unechte Preisnebenabreden ist damit logisch nicht erklärbar. Jedenfalls der III. und der VI. BGH-Senat haben dies daher selbst bereits als „etwas missverständlich" bezeichnet.[31] Der Begriff der Preisnebenabrede taugt damit allein als Oberbegriff für Klauseln mit einem gewissen Preisbezug, die der BGH für kontrollfähig hält. Zur Lösung der Frage, ob eine Klausel kontrollfähig ist, trägt die Verwendung dieses Begriffs jedoch nichts bei.[32]

Problematisch ist dabei insbesondere, dass der BGH jedenfalls in jüngeren Urteilen für die Eröffnung der Inhaltskontrolle allein auf die Einordnung als Preisnebenabrede abzustellen scheint. In aller Regel findet sich hierzu folgende Formulierung:

> „Hat die Regelung hingegen kein Entgelt für eine Leistung zum Gegenstand, die dem Kunden auf rechtsgeschäftlicher Grundlage erbracht wird, sondern wälzt der Verwender durch die Bestimmung allgemeine Betriebskosten, Aufwand zur Erfüllung eigener Pflichten oder für Tätigkeiten, die im eigenen Interesse liegen, auf den Kunden ab, so ist sie kontrollfähig. Solche (Preis-)Nebenabreden werden durch § 307 III 1 BGB nicht der AGB-Kontrolle entzogen."[33]

Man gewinnt damit zunächst den Eindruck, eine Klausel sei kontrollfähig, weil sie eine Preisnebenabrede darstellt. Richtig ist nach den bisherigen Ausführungen aber lediglich die Aussage, dass eine Klausel eine Preisnebenabrede darstellt, weil sie kontrollfähig ist. Dem BGH kann aber lediglich der Vorwurf einer missverständlichen Formulierung gemacht werden, nicht etwa der Begründung einer Sonderdogmatik.[34] Denn bei der Begründung der Indizwirkung von § 307 Abs. 2 Nr. 1 BGB im Rahmen der Angemessenheitskontrolle, zeigt sich, dass die Einordnung als kontrollfähig auch hier einer schlichten Subsumtion unter § 307 Abs. 3 S. 1 BGB entspringt. Hier wird ausgeführt, dass es zu den wesentlichen Grundgedanken des dispositiven Rechts gehöre, dass für Tätigkeiten im eigenen Interesse kein gesondertes Entgelt erhoben werden dürfe. Unechte Preisnebenabreden sind nach dem BGH kontrollfähig, da sie diesem ungeschriebenen Rechtsgrundsatz widersprechen und damit i. S. v. § 307 Abs. 3 S. 1 BGB von Rechtsvorschriften abweichen.

Im weiteren Verlauf der Untersuchung werden Regelungen, die wie „unechte Preisnebenabreden" neben die Abrede über den Hauptpreis treten und unmittelbar

---

[31] BGH, NJW 2002 S. 2386; BGH, NJW 1999, 2276 (2277); so auch: *Krüger/Bütter*, WM 2005 S. 673 (674).

[32] Kritisch zur Verwendung der Begriffe bereits: *Früh*, WM 1998 S. 63 (64); *Joost*, ZIP 1996 S. 1685 (1688).

[33] BGH, NJW 2013 S. 995 m. w. N.

[34] So aber: *Haertlein*, BKR 2015 S. 505 (507).

einen Preis festlegen, unabhängig von ihrer Kontrollfähigkeit zur besseren Verständlichkeit schlicht als „Entgeltklauseln" bzw. „Entgeltregelungen" bezeichnet.

d) Zwischenergebnis

Die Unterscheidung zwischen Preishaupt- und Preisnebenabrede ist nicht von vornherein abzulehnen. Die Rechtsprechung folgt letztlich nur den Vorgaben des § 307 Abs. 3 S. 1 BGB. Mit der Verwendung dieser Begriffe wird jedoch auch nichts gewonnen. Auch wenn es sich bei einer Klausel um eine Preishauptabrede handelt, steht damit ihre Kontrollfreiheit nicht fest. Denn auch solche Klauseln sind kontrollfähig, wenn sie von ausnahmsweise geltenden gesetzlichen Preisregelungen abweichen.

Der Begriff der Preisnebenabrede wird uneinheitlich verwendet und stiftet damit Verwirrung.[35] Für den Bereich der unechten Preisnebenabreden lenkt er zudem von der entscheidenden Frage ab, ob dem dispositiven Recht tatsächlich der für die Einordnung als kontrollfähige Preisnebenabrede entscheidende Grundsatz entnommen werden kann. Dies wird im Folgenden untersucht.

3. Grundsatz: Keine gesonderte Entgelterhebung ohne echte Gegenleistung

Nach der Rechtsprechung des BGH ist es ein Grundgedanke des dispositiven Rechts, dass für Tätigkeiten im eigenen Interesse ein gesondertes Entgelt nicht verlangt werden dürfe.

a) Vorüberlegungen

Die Prüfung, ob ein solcher Grundgedanke tatsächlich existiert, erfordert zunächst zwei Feststellungen von grundlegender Bedeutung.

aa) Zulässigkeit der Preisaufspaltung

Die Aufspaltung eines Preises in verschiedene Teilentgelte wird richtigerweise allgemein für zulässig erachtet. Dies lässt sich unmittelbar auf die verfassungsrechtlich garantierte Vertragsfreiheit stützen. Diese umfasst nicht nur die Freiheit die Höhe des Preises privatautonom festzulegen, sondern gewährt auch eine Preisgestaltungsfreiheit dergestalt, dass der Preis in verschiedene Entgelte aufgeteilt

---

[35] Ähnlich bereits: *Linker*, S. 66.

werden kann.[36] Diese Freiheit ist auch in der Rechtsprechung des BGH ohne jeden Zweifel anerkannt. Nach ständiger Rechtsprechung ist der Klauselverwender in der konkreten Ausgestaltung seines Preisgefüges grundsätzlich frei und kann seine Leistung entweder zu einem Pauschalpreis anbieten oder den Preis in mehrere Preisbestandteile oder Teilentgelte aufteilen.[37] Die Zulässigkeit einer Preisaufspaltung lässt sich überdies auch dem einfachen Recht entnehmen. Sie ergibt sich insbesondere aus den verschiedenen in Art. 246 ff. EGBGB geregelten vorvertraglichen Informationspflichten.[38]

bb) Zulässigkeit der Einpreisung von Kosten für eigenen Aufwand

Die Einpreisung im eigenen Interesse anfallenden Aufwands in den Preis der Hauptleistung ist ebenfalls keinen rechtlichen Bedenken ausgesetzt. Auch dies entspricht der Preisgestaltungsfreiheit. Zudem handelt es sich aber schlicht um eine betriebswirtschaftliche Notwendigkeit, dass in den Preis einer angebotenen Leistung sämtliche Kosten einberechnet werden, die im Zusammenhang mit dem Angebot einer Leistung anfallen. Dazu zählen folglich auch alle Kosten die nach der Rechtsprechung unter das zweifelhafte Kriterium des „eigenen Interesses" fallen. Freilich stellt auch der BGH dies nicht in Abrede, denn auch nach seiner Rechtsprechung ist es ausdrücklich zulässig, solche Aufwendungen in den Preis für die Hauptleistung einzukalkulieren.[39] Dies hat er unlängst in der Entscheidung zu Bearbeitungsentgelten in Unternehmerdarlehensverträgen betont, indem er den Banken erneut die Einpreisung des Bearbeitungsaufwands in den Zins nahe gelegt hat.[40]

b) Herleitung des Grundsatzes aus Wortlaut und Systematik des Gesetzes

Nach den vorstehenden Feststellungen ist es zulässig, einen Preis in verschiedene Teilentgelte aufzuspalten. Gleichermaßen zulässig ist es, den Aufwand für Tätigkeiten im eigenen Interesse in den Preis der Hauptleistung einzupreisen. Hingegen müsste sich nach der Rechtsprechung dem dispositiven Recht der Grundgedanke entnehmen lassen, dass man Aufwand für Tätigkeiten im eigenen Interesse jedoch nicht *gesondert* als Teilentgelt verlangen könne. Ausdrückliche Regelungen, die ein bestimmtes Entgelt aus einem bestimmten Entgeltgrund ausschließen, enthält das dispositive Recht nicht.[41]

---

[36] Vgl. *Horn*, WM 1997 Sonderbeilage Nr. 1 S. 3 (22).
[37] BGH, NJW 1998 S. 38; so zuletzt auch in der Entscheidung zu Bearbeitungsentgelten im Verbraucherdarlehensvertrag: BGH, NJW 2014 S. 2420 (2424).
[38] *Servatius*, ZIP 2017 S. 745 (746).
[39] BGH, NJW 1998 S. 309 (310).
[40] BGH, NJW 2017 S. 2986 (2292).
[41] Vgl. *Horn*, WM 1997 Sonderbeilage Nr. 1 S. 3 (23).

aa) Rückschluss aus dem Fehlen einer Anspruchsgrundlage

Die Ausführungen des BGH zur Herleitung des in Rede stehenden Grundgedanken fallen überaus sparsam aus.[42] Tatsächlich findet sich ein über den Verweis auf die ständige Rechtsprechung hinausgehender Begründungsversuch nur in einem Urteil.

Dabei handelt es sich um die Entscheidung des BGH zur Unwirksamkeit der Erhebung eines Entgelts für eine Löschungsbewilligung.[43] Der BGH stellt dabei auf die gesetzliche Verpflichtung der Bank zur Erteilung der Löschungsbewilligung aus § 1144 BGB ab. Da die Bank gesetzlich zur Erteilung der Löschungsbewilligung verpflichtet ist, stelle diese Tätigkeit keine Dienstleistung für den Kunden dar.

Die beanstandete Entgeltklausel weiche damit von dem Grundsatz des BGB ab, dass jedermann seine gesetzlichen Verpflichtungen zur Ausstellung von Urkunden zu erfüllen habe, ohne dafür ein gesondertes Entgelt verlangen zu können. Ein Anspruch bestünde, soweit im Gesetz vorgesehen, nur auf Ersatz der Kosten (vgl. §§ 369, 403, 798, 799, 800, 897 BGB). Dieser Grundsatz beruhe nicht auf bloßen Zweckmäßigkeitserwägungen. Er sei vielmehr Ausdruck des Gerechtigkeitsgebots und gehöre damit zu den wesentlichen Grundgedanken der gesetzlichen Regelung. Arbeiten zur Erfüllung seiner eigenen gesetzlichen Verpflichtungen führe ein Schuldner nach der Wertung des Gesetzes im eigenen Interesse durch. Dafür ein gesondertes Entgelt zu erheben, sei grundsätzlich sachlich nicht gerechtfertigt.

Prima facie ergibt sich aus den genannten Vorschriften jedoch nur, dass es keinen gesetzlichen Anspruch auf ein Entgelt für die Erfüllung dieser gesetzlichen Pflicht gibt. Die hieraus erfolgende Ableitung des in Rede stehenden Grundsatzes erfordert zunächst eine Verallgemeinerung von der Tätigkeit der Erfüllung einer gesetzlichen Verpflichtung zu sämtlichen Tätigkeiten im eigenen Interesse. Diesem Schluss liegt freilich der Gedanke zugrunde, dass gesetzliche Verpflichtungen im eigenen Interesse erfüllt werden.[44] Wenn hierfür kein gesondertes Entgelt verlangt werden könne, könne man auch für sämtliche andere Tätigkeiten im eigenen Interesse ein solches nicht verlangen. Schon dieser gedankliche Schluss erscheint stark begründungsbedürftig, ohne dass der BGH einen entsprechenden Versuch aber je unternommen hätte.

Aus der fehlenden Regelung eines Kostenerstattungsanspruchs müsste zudem aber auch geschlossen werden können, dass ein gesondertes Entgelt nicht erhoben werden darf. Dabei handelt es sich nicht bloß um einen Umkehrschluss.[45] Denn dieser würde lediglich das freilich zutreffende Ergebnis liefern, dass der Gesetz-

---

[42] Auch der Richter am BGH *van Gelder* geht in einem wissenschaftlichen Beitrag völlig ohne dogmatische Herleitung von der Existenz eines solchen Grundsatzes aus, WM 2000, S. 101 ff; ebenso: *Joost*, ZIP 1996 S. 1685 (1691).

[43] BGH, NJW 1991 S. 1953 (1954).

[44] Dies ablehnend: *Früh*, WM 1998 S. 63 (65).

[45] So aber: *Horn*, WM 1997 Sonderbeilage Nr. 1 S. 3 (14).

geber bewusst keinen gesetzlichen Anspruch auf ein Entgelt regeln wollte. Indes geht der hier zu untersuchende vermeintliche Grundgedanke des dispositiven Rechts darüber hinaus, denn der BGH schließt aus dem Fehlen einer gesetzlichen Anspruchsgrundlage auf ein grundsätzliches Verbot einen solchen Anspruch vertraglich zu begründen. Auch in der Kommentarliteratur wird vertreten, § 1144 BGB setze unter Berücksichtigung der Regelungen in §§ 369, 897 BGB selbstverständlich voraus, die Erteilung der Urkunden erfolge unentgeltlich.[46]

Dies ist jedoch bereits im Ansatz verfehlt. Denn § 1144 BGB setzt wie auch sämtliche weitere vom BGH angeführte Regelungen ein bestehendes Vertragsverhältnis voraus, weshalb der Verpflichtete keineswegs unentgeltlich handelt. Diesem steht jedenfalls der aus dem Vertrag geschuldete (Haupt-)Preis zu. Damit ist auch die Behauptung unzutreffend, das Gesetz ginge davon aus, dass der Verpflichtete, die ihm durch die Erfüllung seiner dem Staat gegenüber bestehenden Pflichten erwachsenden Kosten, als Teil seiner Gemeinkosten selbst zu tragen habe.[47] Denn wie oben dargelegt, stellt es eine rechtlich unbedenkliche, wirtschaftliche Notwendigkeit dar, dass in den Preis einer angebotenen Leistung sämtliche Kosten einberechnet werden, die im Zusammenhang mit dem Angebot einer Leistung notwendig werden. Dazu zählen folglich auch alle Kosten, die nach der Rechtsprechung unter das zweifelhafte Kriterium des „eigenen Interesses" fallen. Der vernünftige Vertragspartner, der um die durch den Vertragsschluss begründeten gesetzlichen Pflichten weiß, wird diese Kosten in seinen Preis einkalkulieren.

Da sich dies als Selbstverständlichkeit erweist, schließt sich die Frage an, aus welchem Grund der Gesetzgeber einen eigenen gesetzlichen Vergütungs- bzw. Aufwendungsersatzanspruch für solche Tätigkeiten hätte regeln sollen. Mit einem solchen Anspruch würde er regeln, dass diese stets gesondert, d. h. neben dem vereinbarten Hauptpreis zu vergüten wären. Darin wäre ein unnötiger und ungerechtfertigter Eingriff in die grundsätzlich privatautonome Entscheidung über die Preis- und Kostenstruktur einer angebotenen Leistung zu sehen. Der Leistungsanbieter könnte dann seinen eigenen Aufwand neben dem am Wettbewerb gebildeten Preis für die Hauptleistung verlangen, ohne dass sich der Vertragspartner hiermit vertraglich einverstanden erklären müsste. Freilich hätte der Unternehmer in diesem Fall keinen Anreiz seine eigenen Kosten möglichst gering zu halten.[48]

Der Gesetzgeber enthält sich vor dem Hintergrund der Vertragsfreiheit und dem System der freien Marktwirtschaft solchen Regelungen daher bewusst. Wenn aber kein Grund ersichtlich ist, vielmehr sogar entscheidende Gründe dagegen sprechen, einen solchen Anspruch positiv zu regeln, kann daraus nicht der Wille des Gesetzgebers geschlossen werden, auch die vertragliche Vereinbarung eines gesonderten Entgelts auszuschließen.[49]

---

[46] *Rohe*, in: BeckOK BGB § 1144 Rdn. 6.
[47] So aber: BGH, NJW 1997 S. 2752 (2753).
[48] *Köndgen*, ZBB 1997 S. 117 (130).
[49] So im Ergebnis schon: *Canaris*, AcP2 200 (2000) S. 273 (333).

Im Ergebnis lässt sich festhalten, dass aus dem Fehlen eines gesetzlichen Anspruchs nicht geschlossen werden kann, dass die Erhebung eines Entgelts dem dispositiven Recht widerspräche. Vielmehr stellt das bloße Fehlen einer Regelung keine negative, sondern überhaupt keine Regelung dar.[50] Das Fehlen dispositiven Rechts bedeutet daher nicht, dass eine entsprechende Regelung nicht vereinbart werden dürfte.[51]

Soweit der BGH in der dargestellten Entscheidung zudem anführt, es sei sachlich nicht gerechtfertigt, für Leistungen im eigenen Interesse ein Entgelt zu erheben, so ist ihm entgegenzuhalten, dass sich die Rechtfertigung aus dem Konsens der Vertragsparteien ergibt. Völlig verfehlt ist es daher auch, wenn im Kontext der Erhebung eines Entgelts in AGB vom Fehlen einer Ermächtigungsgrundlage gesprochen wird.[52]

bb) Die Tätigkeit im eigenen Interesse als untaugliches Differenzierungskriterium

Gegen die Annahme ein solcher Grundgedanke läge dem dispositiven Recht zugrunde, spricht neben der dogmatisch nicht überzeugenden Herleitung auch das Differenzierungskriterium der Tätigkeit im eigenen Interesse. Dieses erweist sich im Rahmen von Vertragsverhältnissen als untauglich.

Die Differenzierung zwischen Tätigkeiten im eigenen Interesse und Tätigkeiten im Drittinteresse erfordert zunächst festzulegen, was unter dem Begriff des Interesses zu verstehen ist. Allerdings lassen sich der Rechtsprechung keine näheren Ausführungen hierzu entnehmen. Zutreffend wurde hingegen im Schrifttum darauf hingewiesen, dass das für das Vorliegen einer Leistung maßgebliche Interesse an der Tätigkeit des Klauselverwenders nicht mit dessen Motiven identisch ist.[53] Es ist vielmehr darauf abzustellen, wem die Tätigkeit objektiv nützt.[54] Dies entspricht der Auslegung gesetzlicher Vorschriften, die auf das Interesse einer Person an einer Tätigkeit abstellen. Konkret unterscheidet § 677 BGB zwischen dem objektiven Interesse und dem subjektiven Willen des Geschäftsherrn.[55] Das von § 677 BGB und § 683 BGB vorausgesetzte Interesse besteht, wenn diesem die Geschäftsführung in der konkreten Situation objektiv nützlich ist.[56] Entsprechendes

---

[50] *Canaris*, AcP 200 (2000) S. 273 (333); *Horn*, WM 1997 Sonderbeilage Nr. 1 S. 12 (23); *Köndgen*, ZBB 1997 S. 117 (135); *Früh*, WM 1998 S. 63 (65).

[51] *Coester*, in: Staudinger § 307 Rdn. 323.

[52] So aber: *Strube/Fandel*, BKR 2014 S. 133 (137).

[53] *Cahn*, WM 2010 S. 1197 (1202); *Casper/Möllers*, BKR 2014 S. 59 (66); *Hanke/Adler*, WM 2015 S. 1313 (1314).

[54] *Cahn*, WM 2010 S. 1197 (1202); *Casper/Möllers*, BKR 2014 S. 59 (66); *Hanke/Adler*, WM 2015 S. 1313 (1314).

[55] *Schäfer*, in: MüKo BGB § 677 Rdn. 114; *Bergmann*, in: Staudinger BGB § 677 Rdn. 16.

[56] *Schulze*, in: HK BGB § 683 Rdn. 3.

gilt für die Auslegung von § 354 Abs. 1 HGB. Diese Regelung verlangt, dass der Kaufmann „einem anderen" Geschäfte besorgt oder Dienste leistet. Auch hier soll es entscheidend darauf ankommen, ob die Tätigkeit für den Schuldner objektiv nützlich ist.[57]

Auf den objektiven Nutzen muss schließlich deshalb abgestellt werden, weil im Rahmen von Austauschverträgen letztlich jede Tätigkeit durch eigene Vermögens-interessen motiviert ist.[58] Würde man nämlich auf die Motivation des Handelnden abstellen, so würde sowohl die Erfüllung einer gesetzlichen als auch einer ver-traglichen Verpflichtung stets im eigenen Interesse erfolgen. Selbst die Übergabe des Kaufgegenstands würde nach dieser Logik nicht im Interesse des Käufers erfolgen, sondern im Interesse des Verkäufers, der damit von seiner Pflicht aus § 433 Abs. 1 S. 2 BGB frei zu werden sucht und einen durchsetzbaren Anspruch auf die Kaufpreiszahlung erhalten möchte. Letztlich ließe sich mit einem pauschalen Hinweis auf die Eigennützigkeit einer Tätigkeit in nahezu allen Grenzfällen das Vorliegen einer Leistung verneinen.[59]

In der Rechtsprechung des BGH wird jedoch nicht klar zwischen dem objek-tiven Nutzen und der Motivation für die Vornahme einer Handlung differen-ziert. Dies lässt sich an der Entscheidung des BGH zur Unwirksamkeit einer von einem Autohändler erhobenen „Werbemittel- und Platzmietpauschale" veranschau-lichen.

Hier hat der III. BGH-Senat ausgeführt:

> „Ungeachtet des Umstands, dass der beauftragte Autohändler vertraglich verpflichtet ist, sich um den Verkauf des Fahrzeugs zu bemühen, so ist es doch im Wesentlichen seine Sa-che, darüber zu befinden, welchen Aufwand er für die Bereitstellung und Bewerbung des Fahrzeugs auf seinem Firmengelände im Einzelnen erbringen will. Diesen Aufwand betreibt er nach der vertraglich vorausgesetzten Interessenlage vornehmlich im eigenen Interesse an alsbaldiger Erzielung einer möglichst hohen Provision; er wäre daher nach dem Zweck des Vermittlungsvertrags und den gesetzlichen Regelungen von ihm selbst und nicht von seinem Auftraggeber zu tragen."[60]

Diese Ausführungen klingen zunächst nachvollziehbar. Der Händler betreibt den beschriebenen Aufwand um den Provisionsanspruch zu erhalten. Allerdings nimmt der Händler nach dieser Argumentation sämtliche Handlungen im Zu-sammenhang mit diesem Vertrag vor, um die Vergütung zu erhalten. Betrachtet man hingegen die Interessenlage des Vertragspartners, lässt sich gleichermaßen überzeugend das Gegenteil vertreten. Dieser verfolgt durch den Vertrag mit dem

---

[57] *Häublein/Hoffmann-Theinert*, in: BeckOK HGB § 354 Rdn. 15.; *Cahn*, WM 2010 S. 1197 (1202).

[58] Vgl. *Guggenberger*, BKR 2017 S. 1 (4); *Casper/Möllers*, BKR 2014 S. 59 (66).

[59] *Casper/Möllers*, BKR 2014 S. 59 (66); *Becher/Krepold*, BKR 2014 S. 45 (54) bezeichnen das Kriterium daher als wenig trennscharf und als „Einfallstor für eine Interessenjurisprudenz" im Entgeltbereich.

[60] BGH, NJW 2011 S. 1726 (1727).

Händler das Interesse sein Auto zu verkaufen. Der Aufwand für Bereitstellung und Bewerbung ist ihm also objektiv nützlich, wenn das Auto tatsächlich verkauft wird. Das Beispiel zeigt mithin, dass eine saubere Differenzierung nach dem Interesse in einem Vertragsverhältnis nicht gelingt.[61] Dies ist der einem gegenseitigen Vertrag immanenten Interessenverknüpfung geschuldet.[62] Aus diesem Grund macht ein schlichter Wechsel des Bezugspunkts einer Tätigkeit aus einem der Inhaltskontrolle unterliegenden, unangemessenen Entgelt eine kontrollfreie Vereinbarung.[63] Placzek spricht daher zutreffend von einer „selektiven Hervorhebung angeblich einseitiger Interessen einer Vertragspartei".[64]

In jüngeren Entscheidungen lässt der BGH es nunmehr sogar ausreichen, dass die Tätigkeit „vorwiegend" im eigenen Interesse erfolgt.[65] Dies verdeutlicht einerseits die Problematik, dass eine im Rahmen eines Vertragsverhältnisses vorgenommene Tätigkeit regelmäßig den Interessen beider Parteien dienlich ist. Zum anderen muss man sich aber fragen, ob tatsächlich objektiv bestimmt werden kann, welches Interesse überwiegt.

Die dargestellte Problematik stellt sich indes auch bei Tätigkeiten aufgrund gesetzlicher oder nebenvertraglicher Verpflichtungen, weil diese in aller Regel gerade die Interessen des Vertragspartners schützen. Auch hier lässt sich ein Beispiel aus der Rechtsprechung heranziehen. Bei der Nichteinlösung einer Lastschrift mangels Deckung hat der BGH eine Verpflichtung der Schuldnerbank angenommen, den Kunden hiervon in Kenntnis zu setzen, um diesem die Möglichkeit zu geben, nachteilige Folgen der Nichteinlösung durch entsprechende Dispositionen abzuwenden.[66] Entsprechendes soll für die Nichteinlösung von Schecks mangels Deckung und unter Umständen auch für die Nichtausführung von Überweisungen bzw. Daueraufträgen gelten.[67] Dabei ließ der BGH offen, ob diese Verpflichtung aus den gesetzlichen Informationspflichten des Beauftragten nach §§ 666, 675 Abs. 1 BGB oder aus der Konkretisierung der auf § 242 BGB gestützten giro- bzw. scheckvertraglichen Schutz- und Treuepflichten der Bank abzuleiten ist. Zweifelsfrei besteht die Verpflichtung aber zum Schutze der Kundenbelange.[68] Die Erfüllung dieser Verpflichtung liegt daher im Interesse des Kunden. Nach der Auffassung des BGH ist dies jedoch rechtlich bedeutungslos. Die Bank handle im eigenen Interesse, weil sie eine eigene Verpflichtung erfüllt.[69] Allerdings liegt darin nur die

---

[61] So auch: *Becher/Krepold*, BKR 2014 S. 45 (54).
[62] *Placzek*, WM 2011 S. 1066 (1070).
[63] *Placzek*, WM 2011 S. 1066 (1070).
[64] *Placzek*, WM 2011 S. 1066 (1070).
[65] BGH, NJW 2009 S. 2051 (2052).
[66] BGH, NJW 1989 S. 1671; BGH, NJW 2001 S. 1419 (1420).
[67] BGH, NJW 2001 S. 1419 (1420).
[68] So auch die Entscheidung zur Unzulässigkeit der Erhebung von gesonderten Gebühren für die Führung eines Girokontos, in der der BGH auf die den Schuldnerschutz bezweckende gesetzliche Verpflichtung aus § 850k Abs. 7 BGB abgestellt hat: BGH, NJW 2013 S. 995 (997).
[69] BGH, NJW 2001 S. 1419 (1420).

Motivation der Bank, tatsächlich bedeutet die Tätigkeit jedoch einen objektiven Nutzen für den Bankkunden.

Die Untauglichkeit des Kriteriums der Differenzierung zwischen Tätigkeiten im eigenen und im Interesse des Vertragspartners wird auch am Beispiel der Bearbeitungsentgeltklauseln im Darlehensrecht deutlich, wie noch gezeigt wird.[70]

c) Teleologische Betrachtung

Als „wesentlicher Grundgedanke" des dispositiven Rechts müsste das Verbot der Erhebung von Entgelten für Tätigkeiten im eigenen Interesse zumindest einen legitimen Schutzzweck aufweisen. Davon ist auszugehen, weil mit einem solchen Grundsatz die Vertragsgestaltungsfreiheit eingeschränkt wird. Das Verbot müsste folglich der Wahrung schutzwürdiger Interessen des Vertragspartners dienen.

Ein über reine Zweckmäßigkeitserwägungen hinausgehender Gerechtigkeitsgehalt ist zudem deshalb zu fordern, weil der BGH das Verbot der Erhebung eines gesonderten Entgelts nicht nur im Rahmen des § 307 Abs. 3 S. 1 BGB heranzieht, sondern damit auch die Indizwirkung des § 307 Abs. 2 Nr. 1 BGB begründet. Nach den Gesetzesunterlagen zum AGBG kommt es dabei gerade auf den Gerechtigkeitsgehalt der gesetzlichen Regelung an, der als Richtschnur dient.[71] Zutreffend ist es daher auch nach der Rechtsprechung des BGH hier von maßgeblicher Bedeutung, ob die dispositive gesetzliche Regelung nur auf Zweckmäßigkeitserwägungen beruht oder eine Ausprägung des Gerechtigkeitsgebots darstellt.[72]

Wenn es sich tatsächlich um einen „wesentlichen Grundgedanken" des dispositiven Rechts handeln sollte, wäre zudem zu fordern, dass das Schutzbedürfnis nicht allein durch die Verwendung Allgemeiner Geschäftsbedingungen hervorgerufen wird. Das Verbot der Erhebung eines gesonderten Entgelts müsste einen Schutzzweck von allgemeiner Bedeutung verfolgen. Würde der „Grundgedanke" allein das Recht der Allgemeinen Geschäftsbedingungen betreffen, wäre schwer nachvollziehbar, warum dieser in den §§ 305 ff. BGB nicht ausdrücklich geregelt wurde. Schließlich hätte dies bei Einführung des AGBG oder im Rahmen der Schuldrechtsmodernisierung erfolgen können. Zudem enthält auch die Rechtsprechung des BGH keine Einschränkung, nach der es sich lediglich um einen Grundgedanken des Rechts der Allgemeinen Geschäftsbedingungen handeln soll.

---

[70] S. unten: E.I.2.
[71] BT-Drucks. 7/3919 S. 22.
[72] St. Rspr. bereits vor Einführung des AGBG, vgl. BGH, NJW 1964 S. 1123.

aa) Kein Gerechtigkeitsgehalt von allgemeiner Bedeutung

Weder die Preisaufspaltung in mehrere Entgeltkomponenten noch die Einpreisung eigenen Aufwands sind für sich genommen rechtlichen Bedenken ausgesetzt.[73] Das hier zu untersuchende Schutzbedürfnis kann sich folglich nur daraus ergeben, dass Aufwand im eigenen Interesse *gesondert* bepreist wird. Wenn diesem zudem allgemeine Bedeutung zukommen soll, sind die bei Allgemeinen Geschäftsbedingungen vorliegenden Informations- und Motivationsassymetrien und das dadurch ausgelöste partielle Marktversagen für diese Betrachtung außer Acht zu lassen. Es ist daher die vollkommene Information des Vertragspartners zu unterstellen.

Diese Situation sei an einem Beispiel dargestellt: Der Verkäufer eines Autos verlangt in einem Fall einen Kaufpreis von EUR 10.000,–. Darin hat er den Wert des Autos und seine Gewinnmarge sowie eigenen Aufwand in Höhe von EUR 500,– einkalkuliert. In dem zu vergleichenden Fall lautet das Angebot des Verkäufers: Kaufpreis EUR 9.500,– zuzüglich eines Entgelts für eigenen Aufwand in Höhe von EUR 500,–. Aus der einmal verdeckten und einmal offenen Abwälzung eigenen Aufwands ergibt sich hier für die Interessen des Vertragspartners offensichtlich keinerlei Unterschied, wenn dieser vollständig über die Preisstruktur informiert ist. Das Verbot der gesonderten Erhebung würde in diesem Fall damit keinen legitimen Zweck verfolgen.

Daneben gibt es aber Fälle, bei denen nicht bereits zu Beginn feststeht, dass das gesonderte Entgelt überhaupt anfällt. Man könnte eine Beeinträchtigung der Interessen des Vertragspartners darin sehen, dass das Risiko einer späteren Verteuerung durch im Laufe des Vertrages entstehenden Mehraufwand gänzlich der anderen Vertragspartei zugewiesen wird. Dagegen spricht aber entscheidend die bereits dargestellte Rechtsprechung des BGH, wonach die Vertragsschließenden in der Ausgestaltung des Preisgefüges frei sind. Sie können frei wählen zwischen einer Pauschalgebühr und Einzelpreisen oder einer Kombination zwischen beidem.[74] Diese Rechtsprechung bezieht sich freilich auf echte Leistungen des Vertragspartners. Die Ausgangssituation ist aber dieselbe: Bei der Vereinbarung von Einzelpreisen für nur eventuell zu erbringende Leistungen weiß der Vertragspartner bei Vertragsabschluss noch nicht, welche Kosten ihn aus dem Vertrag treffen. Auch der denkbare Einwand, im Unterschied zur Erfüllung gesetzlicher Pflichten habe es der Vertragspartner bei der Beauftragung zusätzlich zu vergütender Handlungen selbst in der Hand, höhere Kosten auszulösen oder eben nicht, verfängt nicht. Denn viele der gesetzlich vermeintlich ohne gesondertes Entgelt zu erfüllenden Verpflichtungen werden ebenfalls erst durch das Verhalten des Vertragspartners ausgelöst. In beiden Konstellationen entspricht es damit der Privatautonomie, dass zwischen Pauschalgebühr und Einzelpreisen oder einer Kombination gewählt werden kann. Der vollständig informierte Vertragspartner erklärt sich schließlich mit

---

[73] S. o.: D. II. 3. a) aa) und D. II. 3. a) bb).
[74] BGH, NJW 1998 S. 383.

dem Abschluss des Vertrages und der darin geregelten Risikoverteilung einverstanden. Wenn die Entgeltstruktur individualvertraglich vereinbart wurde, besteht auch kein Grund von einer gestörten Abschlussentscheidung auszugehen, wie dies bei AGB der Fall sein kann.

Tatsächlich lässt sich auch den Ausführungen des BGH entnehmen, dass ein Verbot der gesonderten Erhebung eines Entgelts für Tätigkeiten im eigenen Interesse nur eine Reaktion auf das von AGB ausgelöste Schutzbedürfnis darstellt. Dies zeigt sich insbesondere in den folgenden Ausführungen des BGH:

> „Nach dispositivem Gesetzesrecht hat jeder Rechtsunterworfene die Aufwendungen, die ihm durch die Erfüllung seiner dem Staat gegenüber bestehenden Pflichten erwachsen, als Teil seiner Gemeinkosten selbst zu tragen. Er kann sie nicht unter Berufung auf das Verursacherprinzip offen auf Dritte abwälzen, indem er die ihm durch staatliche Organe aufgebürdeten Verwaltungsaufgaben in AGB zu individuellen Dienstleistungen gegenüber denjenigen erklärt, die unmittelbar oder mittelbar daraus Nutzen ziehen. Vielmehr muss er wie jeder andere diese Gemeinkosten durch die im freien Wettbewerb erzielbaren Leistungspreise erwirtschaften."[75]

Der letzte Satz dieses Zitats lässt erkennen, dass das Verbot der gesonderten Erhebung eines Entgelts für Tätigkeiten im eigenen Interesse nur für die Beurteilung Allgemeiner Geschäftsbedingungen von Bedeutung ist.[76] Es ist bei individualvertraglichen Vereinbarungen nicht zu erklären, warum es sich bei gesondert vereinbarten Entgelten nicht um „im freien Wettbewerb erzielbare Leistungspreise" handeln soll. Grundsätzlich macht es für die Teilnahme eines Preises am Wettbewerb keinen Unterschied, ob ein Entgelt gesondert, oder einkalkuliert in einen Gesamtpreis erhoben wird. Der vollständig informierte Vertragspartner wird die Preise vergleichen und sich für oder gegen die Annahme des Angebots entscheiden. Diese sind damit dem Wettbewerb ausgesetzt.

Dagegen ist bei der Verwendung Allgemeiner Geschäftsbedingungen typischerweise davon auszugehen, dass diese aufgrund mangelnder Kenntnisnahme durch den Verwendungsgegner nicht am Wettbewerb teilnehmen. Genau dieser Umstand liegt den oben zitierten Ausführungen des BGH auch hinsichtlich unechter Preisnebenabreden in AGB zugrunde. Der Grundsatz des Verbots der Erhebung eines gesonderten Entgelts für Tätigkeiten im eigenen Interesse stellt sich daher allein als Resultat des durch AGB ausgelösten Schutzbedürfnisses dar. Ein darüberhinausgehender Gerechtigkeitsgehalt ist diesem Grundsatz indes nicht zu entnehmen.

---

[75] BGH, NJW 1997 S. 2752 (2753).
[76] Ähnlich bereits: *A. Weber*, BKR 2013 S. 450 (453).

bb) Schutzzweck bei der Verwendung Allgemeiner Geschäftsbedingungen

Bei genauer Betrachtung wird deutlich, dass der vermeintliche Grundsatz des dispositiven Rechts durch den BGH allein für die Frage der Eröffnung der Inhaltskontrolle entwickelt wurde. Dies bleibt in der Rechtsprechung des BGH jedoch unerwähnt, da dies eindeutige Aussagen zum Schutzzweck und -grund der Inhaltskontrolle erfordern würde, die der BGH aber bedauerlicherweise meidet.

Die Trennung von Leistungen im eigenen Interesse des Verwenders und kontrollfreien Sonderleistungen stellt allein auf die Erwartungshaltung des Verwendungsgegners ab. Dabei geht es im Ausgangspunkt überhaupt nicht um eine Frage der gerechten Bepreisung, wie dies aufgrund der unklaren Formulierungen des BGH angenommen werden kann. Es geht nicht um die Frage, für welche Tätigkeiten ein Entgelt verlangt werden darf. Dies wäre unter der Geltung der Privatautonomie auch schon im Ansatz verfehlt, weshalb sich der Grundsatz des BGH wie bereits gezeigt auch nicht aus dem Gesetz ableiten lässt.

Vielmehr liegt dem vom BGH angenommenen Grundsatz die Überlegung zugrunde, der Verwendungsgegner könne erwarten, dass alle auf einer gesetzlichen oder nebenvertraglichen Verpflichtung beruhenden Tätigkeiten bzw. sonstigen im eigenen Interesse erbrachten Tätigkeiten mit dem Preis der Hauptleistung abgegolten seien.

Wenn dies allerdings in AGB abweichend geregelt wird, so müsste der Verwendungsgegner diese zutreffend erfasst haben, um eine freie Abschlussentscheidung unter Berücksichtigung der damit einhergehenden möglichen Erhöhung des Preises treffen zu können.[77] Anders stellt sich dies bei sogenannten Sonderleistungen dar. Hier müsste der Vertragspartner auch bei fehlenden Regelungen in AGB davon ausgehen, dass er für eine Leistung die üblicherweise nicht unter die (Neben-)Leistungspflichten des jeweiligen Vertrags fällt, ein separates Entgelt zu entrichten hätte. Es wird daher für zumutbar gehalten, dass er das Entgelt entrichten muss, obwohl er die AGB nicht zur Kenntnis genommen hat. Der vom BGH hypostasierte[78] Grundsatz ist daher nur eine Antwort auf das Problem, dass AGB grundsätzlich nicht gelesen bzw. zutreffend erfasst werden. Das Ziel der Rechtsprechung besteht insoweit darin, zu verhindern, dass sich der vom Kunden zur Kenntnis genommene Hauptpreis der Leistung durch unbemerkt bleibende Entgeltregelungen in AGB erhöht.[79]

Die Anwendung dieses Grundsatzes stellt sich jedoch auch abgesehen von der fehlenden dogmatischen Grundlage hier als problematisch dar. Denn dieser setzt

---

[77] Vgl. zu dieser Problematik bereits: *Köndgen*, ZBB 1997 S. 117 (125); *Habersack*, WM 2008 S. 1857 (1860); *Peterek*, in: Kümpel/Wittig Rdn. 6.365; *Guggenberger*, BKR 2017 S. 1 (5).

[78] *Canaris*, AcP 200 (2000) S. 273 (334).

[79] *Bitter*, ZIP 2008 S. 1095; *ders.*, ZIP 2008 S. 2155 (2158); *Lentz*, BKR 2009 S. 214; *Becher/Krepold*, BKR 2014 S. 45 (51); *Mehringer*, in: Mehringer/Piekenbrock/Becher S. 34.

für seine Berechtigung bereits voraus, dass unechte Preisnebenabreden typischerweise nicht zur Kenntnis genommen werden und daher nicht am Wettbewerb teilnehmen. Zwar geht der Gesetzgeber davon aus, dass dies bei Allgemeinen Geschäftsbedingungen typischerweise der Fall ist. Etwas anderes gilt jedoch nach der Schrankenbestimmung des § 307 Abs. 3 S. 1 BGB bei Preisregelungen.[80] Der allgemein anerkannten Auslegung dieser Vorschrift lässt sich vielmehr der Grundsatz entnehmen, dass bei Preisregelungen davon ausgegangen werden kann, dass diese zur Kenntnis genommen werden und den regulierenden Kräften des Wettbewerbs ausgesetzt sind.

Soweit man nun Entgeltregelungen dennoch der Inhaltskontrolle unterwerfen möchte, wäre daher aus teleologischer Sicht zunächst zu fragen, ob die konkret zur Prüfung stehende Regelung – entgegen der von § 307 Abs. 3 S. 1 BGB festgelegten gesetzlichen Ausgangslage – kontrollbedürftig ist. Die hierfür zu stellende Frage ist daher, ob die konkrete Entgeltklausel typischerweise zur Kenntnis genommen wird und damit am Wettbewerb um die Hauptleistung teilnimmt.[81]

Diese Frage wird durch die Rechtsprechung jedoch nicht gestellt und auch durch den entwickelten Grundsatz des Verbots der gesonderten Entgelterhebung für Tätigkeiten im eigenen Interesse nicht beantwortet. Dieser vermag allein für die nachstehende Frage, ob Entgeltklauseln, die nicht am Wettbewerb teilnehmen und daher kontrollbedürftig sind, der Angemessenheitskontrolle standhalten, eine tendenziell richtige Lösung aufzuzeigen. Dabei bleibt jedoch völlig unberücksichtigt, dass es Entgeltklauseln gibt, die vom Verwendungsgegner üblicherweise erfasst werden und daher dem Wettbewerb ausgesetzt sind. Dies wird gerade am Beispiel von Bearbeitungsentgeltklauseln noch zu zeigen sein.

4. Zwischenergebnis

Der vom BGH angenommene „wesentliche Grundgedanke des dispositiven Rechts", der es verbiete für Tätigkeiten im eigenen Interesse ein gesondertes Entgelt vertraglich zu vereinbaren, lässt sich aus dem Gesetz nicht dogmatisch überzeugend herleiten.[82] Allein aus dem Fehlen eines gesetzlichen Anspruchs lässt sich das Verbot einer entsprechenden vertraglichen Vereinbarung nicht gewinnen. Vielmehr stünde ein solches Verbot im Widerspruch zu der ansonsten vom Gesetzgeber der privatautonomen Entscheidung der Vertragsparteien überlassenen

---

[80] Hierzu bereits ausführlich oben: D. I.

[81] *Fastrich*, Richterliche Inhaltskontrolle im Privatrecht S. 265; *Habersack*, WM 2008 S. 1857 (1860); *Stoffels*, JZ 2001 S. 843 (847); *ders.* BKR 2010 S. 359 (365); *Coester*, in: Staudinger BGB § 307 Rdn. 324.

[82] So auch: *Haertlein*, BKR 2015 S. 505 (507); *ders.* WM 2014 S. 189 (198); *Servatius*, ZIP 2017 S. 745 (750); *Edelmann*, FS Schütze S. 57 (64); zumindest zweifelnd: *Pfeiffer*, NJW 2017 S. 913 (917); *Mehringer*, in: Mehringer/Piekenbrock/Becher S. 36; *Kollmann*, in: NK-BGB § 307 Rdn. 68; a. A. *Steppeler*, WM 2001 S. 1176 (1182 ff.).

Preisgestaltung. Das Differenzierungskriterium der Tätigkeit im *eigenen Interesse* erweist sich zudem im vertraglichen Bereich als untauglich. Der Grundsatz erfüllt überdies auch keinen allgemeinen Schutzzweck, sondern wurde von der Rechtsprechung entwickelt, um die Eröffnung der Inhaltskontrolle bei Entgeltklauseln begründen zu können. Die hierfür entscheidende Frage, ob eine Entgeltregelung dem Wettbewerb ausgesetzt ist, bleibt dadurch jedoch unberücksichtigt. Die Eröffnung der Inhaltskontrolle unter Verweis auf ein Abweichen von diesem Grundsatz ist daher abzulehnen.

E. Bearbeitungsentgeltklauseln
in Verbraucherdarlehensverträgen

Mit den beiden Entscheidungen vom 13. Mai 2014 gab der XI. BGH-Senat seine bisherige Rechtsprechung ausdrücklich auf und erklärte die formularmäßige Vereinbarung von Bearbeitungsentgelten in Verbraucherdarlehensverträgen gem. § 307 Abs. 1 S. 1, Abs. 2 Nr. 1 BGB für unwirksam.[1] Im Folgenden soll dies kritisch gewürdigt werden.

I. Eröffnung der Inhaltskontrolle

Auch wenn man der oben dargestellten Rechtsprechung des BGH zur Eröffnung der Inhaltskontrolle – entgegen der hier vertretenen Auffassung – grundsätzlich folgen möchte, steht damit noch nicht fest, ob Bearbeitungsentgeltklauseln in Darlehensverträgen der Inhaltskontrolle unterfallen. Ob nach den Grundsätzen der Rechtsprechung eine kontrollfreie Preishauptabrede oder eine kontrollfähige Preisnebenabrede vorliegt, hängt von dem durch Auslegung zu ermittelnden Inhalt der jeweiligen Klausel ab. Diese hat sich, ausgehend von den Verständnismöglichkeiten eines rechtlich nicht vorgebildeten Durchschnittskunden, nach dem objektiven Inhalt und typischen Sinn der Klausel einheitlich danach zu richten, wie ihr Wortlaut von verständigen und redlichen Vertragspartnern unter Abwägung der Interessen der regelmäßig beteiligten Verkehrskreise verstanden wird.[2]

Der BGH hält Bearbeitungsentgeltklauseln danach in nunmehr gefestigter Rechtsprechung für kontrollfähig.[3]

Zu untersuchen ist zunächst, ob das Bearbeitungsentgelt als Teil des Preises für die Hauptleistung angesehen werden kann, und damit als kontrollfreie Preishauptabrede zu bewerten ist. Von einer solchen Preishauptabrede wäre nach den oben dargestellten Grundsätzen auszugehen, wenn das Bearbeitungsentgelt im synallagmatischen Verhältnis zur Hauptleistung des Darlehensvertrages stünde oder die damit abgegoltenen Tätigkeiten als gesondert zu vergütende Sonderleistungen anzusehen wären.

---

[1] BGH, BKR 2014 S. 415 und NJW 2014 S. 2420.

[2] BGH, NJW 2014 S. 2420 (2422).

[3] BGH, NJW 2014 S. 2420 (2422); BGH, BKR 2017 S. 453 (455); BGH, BKR 2018 S. 421 (422).

1. Bearbeitungsentgelt als Teil
der synallagmatischen Hauptleistungspflicht

Die typischen Hauptleistungspflichten des Darlehensvertrags sind in § 488 Abs. 1 BGB beschrieben: Der Darlehensgeber ist verpflichtet dem Darlehensnehmer die Valuta auszuzahlen und ihm über die Vertragslaufzeit zu überlassen; der Darlehensnehmer schuldet neben der Rückzahlung der Darlehenssumme bei Fälligkeit den vereinbarten Zins.

a) Wortlaut und Zweck des Bearbeitungsentgelts

Nach Auffassung des BGH spricht bereits der Wortlaut „Bearbeitungsentgelt" in aussagekräftiger Art und Weise gegen die Annahme, es handle sich dabei um ein Entgelt für die Darlehensauszahlung bzw. -überlassung. Ein Bearbeitungsentgelt stelle nach dem allgemeinen Sprachgebrauch üblicherweise ein Entgelt für die Bearbeitung eines Antrags dar. Auch im Darlehensrecht sei allgemein anerkannt, dass ein Bearbeitungsentgelt der Abgeltung des Verwaltungsaufwands der darlehensgebenden Bank bei der Kreditbearbeitung und -auszahlung diene. Daneben spreche der Sinn und Zweck eines Bearbeitungsentgelts gegen ein synallagmatisches Verhältnis zur Hauptleistungspflicht des Darlehensgebers. Dieser bestünde in der Abgeltung vorvertraglichen Aufwands und möglicherweise auch nach Vertragsschluss erforderlichen Aufwands weitergehender Abwicklungs-, Prüfungs- und Überwachungstätigkeiten.[4] Wie bereits oben dargestellt, entspricht diese Auslegung des BGH auch der betriebswirtschaftlichen Sichtweise.[5] Nach anderer Ansicht soll die Hauptleistung des Darlehensgebers aber auch diese mit dem Vertragsabschluss verbundene Tätigkeit des Darlehensgebers in der Phase der Vertragsvorbereitung und Vertragserstellung einschließlich der Bonitätsprüfung umfassen, da ohne diese Tätigkeit das Darlehen nicht gewährt und ausgezahlt werden könne.[6]

Der BGH konnte seine Entscheidung aber ohnehin nicht allein auf diese Argumentation am Wortlaut der Entgeltklausel stützen. Dies hätte den Banken in der zukünftigen Vertragsgestaltung die Möglichkeit belassen, durch eine andere Bezeichnung ein laufzeitunabhängiges Entgelt der Inhaltskontrolle zu entziehen. Es wäre zu befürchten gewesen, dass die Banken das Bearbeitungsentgelt in ihren AGB fortan schlicht als „laufzeitunabhängiges Teilentgelt für die Darlehensgewährung" bezeichnet hätten. Zwar ist allein die Bezeichnung einer Entgeltklausel für ihre Einordnung als kontrollfreie oder kontrollfähige Klausel nicht maßgeblich,[7] das hier dargestellte Wortlautargument wäre dann aber jedenfalls hinfällig

---

[4] BGH, NJW 2014 S. 2420 (2423).

[5] S. o.: B. II.

[6] *Godefroid*, ZIP 2011 S. 947 (949); ähnlich: *Casper/Möllers*, BKR 2014, S. 59 (64).

[7] BGH, NJW 2014 S. 2420 (2422 f.).

gewesen. Von deutlich größerer Bedeutung sind daher die weiteren Argumente des BGH, nach denen ein laufzeitunabhängiges Entgelt nicht Teil der synallagmatischen Gegenleistung sein könne.

b) Das gesetzliche Leitbild des § 488 Abs. 1 S. 2 BGB

Der BGH unterstellt der Vorschrift des § 488 Abs. 1 S. 2 BGB einen leitbildprägenden, preisrechtlichen Charakter. Danach stelle der Zins den Preis für die Kapitalnutzung dar und nur dieser könne im synallagmatischen Verhältnis zur Überlassung der Darlehenssumme stehen.[8] Da als Zins nach § 246 BGB die laufzeitabhängige Vergütung für den Gebrauch eines auf Zeit überlassenen Kapitals verstanden wird,[9] ergäbe sich daraus die Konsequenz, dass ein laufzeitunabhängiges Entgelt beim Darlehensvertrag nicht im synallagmatischen Verhältnis zur Hauptleistungspflicht stehen könne. Ganz deutlich hat dies das OLG Bamberg formuliert, nach dem in § 488 Abs. 1 BGB die Leistungspflichten des gesetzlich geregelten Vertragstypus Darlehen ausdrücklich und abschließend aufgeführt seien. Hauptleistungspflicht des Darlehensnehmers sei – außer der Rückerstattung des Darlehens – die Zinszahlung, nichts anderes.[10] Daraus folgt nach Ansicht des BGH, dass das laufzeitunabhängige Bearbeitungsentgelt kein Entgelt für die vom Darlehensgeber zu erbringende Hauptleistung sein könne und daher nicht bereits aus diesem Grund der Inhaltskontrolle entzogen sei.

Es ist jedoch fraglich, ob § 488 Abs. 1 S. 2 BGB tatsächlich ein leitbildprägender Charakter zu entnehmen ist. Dies ist durch Auslegung der Norm zu ermitteln.

aa) Wortlaut und Genese

Der BGH untermauert seine Auslegung mit zwei auf den Wortlaut des § 488 BGB gestützten Argumenten. Danach spreche für ein solches gesetzliche Leitbild zum einen der Wortlaut der amtlichen Überschrift, nach der durch § 488 BGB die vertragstypischen Pflichten beim Darlehensvertrag festgelegt wurden.

Dieser Argumentation lässt sich zunächst entgegenhalten, dass der Wortlaut der amtlichen Überschrift *mutatis mutandis* dem der amtlichen Überschrift vieler im BGB geregelter Vertragstypen entspricht.[11] Diese Überschrift kann daher nicht für einen besonderen Regelungsgehalt des § 488 BGB streiten. Die Auslegung des BGH lässt sich dem Wortlaut der Überschrift aber auch nicht entnehmen. Die

---

[8] BGH, NJW 2014 S. 2420 (2425); so auch: *Tiffe*, VuR 2012 S. 127 (128); dem zustimmend: *Guggenberger*, BKR 2017 S. 1 (4); *Strube/Fandel*, BKR 2014 S. 133 (137).

[9] *Grüneberg*, in: Palandt BGB § 246 Rdn. 2; *Casper/Möllers*, BKR 2014, S. 59 (61).

[10] OLG Bamberg, WM 2010 S. 2072 (2073), so auch: *Strube/Fandel*, BKR 2014 S. 133 (137).

[11] Vgl. nur etwa §§ 433, 631 und vor allem 607 BGB.

Bezeichnung als „vertragstypische Hauptleistungspflichten" untermauert allein die völlig zutreffende Feststellung, dass die im Synallagma stehenden Hauptleistungspflichten beim Darlehensvertrag *typischerweise* in der Auszahlung und Überlassung der Valuta sowie der Zinszahlung stehen. Damit ist aber für die Behauptung, zur Hauptleistungspflicht des Darlehensgebers könne ausschließlich der Zins als laufzeitabhängiges Entgelt im Synallagma stehen, nichts gewonnen. Selbiges gilt für das weitere, dem Wortlaut bzw. der Gesetzgebungshistorie zu entnehmende Argument des BGH. Aus dieser sei zu erkennen, dass der Gesetzgeber mit der Neufassung des § 488 BGB im Rahmen der Schuldrechtsreform nicht nur bezweckt habe, das entgeltliche Darlehen in Einklang mit der Lebenswirklichkeit als gesetzlichen Regelfall einzuordnen.[12] Er habe vielmehr die charakteristischen Hauptleistungspflichten beim Darlehen besonders herausgestellt.[13]

In der zugehörigen Gesetzesbegründung wird hierzu ausgeführt:

„Absatz 1 lehnt sich an den bisherigen § 1 Abs. 2 VerbrKrG, soweit dort der Kredit in Form des Darlehens betroffen ist, an. Die dort sehr knapp gehaltene Definition wird an die Diktion des Bürgerlichen Gesetzbuchs angepasst, welche die besonderen Vertragstypen in der Weise beschreibt, dass die Hauptpflichten herausgestellt werden."[14]

Der Gesetzgeber wollte den Wortlaut damit schlicht dem üblichen Gesetzeswortlaut vergleichbarer Vorschriften anpassen, die sämtlich die „Hauptpflichten herausstellen". Aus dieser Formulierung lässt sich nicht der Schluss ziehen, die synallagmatischen Hauptpflichten seien damit abschließend geregelt worden.[15] Das gilt insbesondere deshalb, weil dies ansonsten konsequenterweise für sämtliche im BGB geregelten Vertragstypen zutreffen müsste. Das Zitat des Gesetzesentwurfs ist vielmehr irreführend, weil es einen Zusammenhang zwischen der Gesetzesänderung und der Frage der Zulässigkeit laufzeitunabhängiger Entgelte suggeriert.[16] Diese Frage war jedoch überhaupt nicht Gegenstand der Debatte um gesetzliche Änderungen im Rahmen der Schuldrechtsreform.[17]

Der Wortlaut des § 488 Abs. 1 S. 2 BGB spricht auch im Übrigen nicht für den Zins als ausschließliches Entgelt der Hauptleistung. Zu Recht wurde darauf hingewiesen, dass es hierfür bei der Verpflichtung des Darlehensnehmers den geschuldeten Zins zu zahlen, das Wort „nur" fehlt.[18]

---

[12] So aber zutreffend: *Bitter/Linardatos*, ZIP 2018 S. 2249 (2251).
[13] BGH, NJW 2014 S. 2420 (2428).
[14] BT-Drucks. 14/6040 S. 253.
[15] So schon: *Piekenbrock/Ludwig*, WM 2012 S. 2349 (2350); im Ergebnis ebenso: *Godefroid*, ZIP 2011 S. 947 (949); *Salger*, jurisPR-BKR 11/2017 Anmerkung 3.
[16] *Bitter/Linardatos*, ZIP 2018 S. 2249 (2251).
[17] *Bitter/Linardatos*, ZIP 2018 S. 2249 (2251).
[18] *Becher/Krepold*, BKR 2014 S. 45 (52).

bb) Systematische Auslegung

Gegen die Auffassung des BGH sprechen zudem gewichtige, aus der Systematik des BGB folgende Argumente.

(1) Bedeutung der Vertragstypen des BGB

Zutreffend wird in der im vorangegangenen Absatz zitierten Gesetzesbegründung ausgeführt, die Diktion des Bürgerlichen Gesetzbuchs *beschreibe* die besonderen Vertragstypen in der Weise, dass die Hauptpflichten herausgestellt werden. Speziell § 488 Abs. 1 BGB wird vom Gesetzgeber als „allgemeine Darlehensbeschreibung" bezeichnet.[19] Diese Vorschriften regeln nicht, was die Hauptpflichten eines Vertragstyps seien können, sondern beschreiben lediglich welche das typischerweise sind.[20] Dies allein entspricht ihrem Zweck.

Esser/Schmidt haben hierzu zutreffend ausgeführt, der Zweck der typenmäßigen Generalisierung durch die im BGB geregelten Vertragstypen liege darin, eine Qualifikation zu ermöglichen, um bei einer unvollständigen individuellen Regelung ein von Gesetzes wegen vorgehaltenes Reserveprogramm „nachzuschieben". Das BGB nähme sich dieser Aufgabe in seinem bekannt isolierenden und abstrahierenden Denkstil an. In dieser Manier kenne es nur den „reinen Vertrag" in seinen „klassischen Formen", und auch diese noch reduziert auf die jenen identifizierenden Hauptleistungspflichten. Dies sei auch der praktischen Erwägung zu verdanken, dass ohne Beschränkung auf das „Wesentliche" – sprich: auf die hauptsächlichen Erkennungsmerkmale – ein in seiner Vielfalt kaum mehr überschaubares Gesetzeswerk hervorgebracht worden wäre.[21]

Mit anderen Worten soll die möglichst knappe gesetzliche Darstellung der Hauptleistungspflichten allein die Zuordnung eines Vertrages zu einem gesetzlichen Vertragstypen ermöglichen, um in einem zweiten Schritt im Vertrag ungeregelte Punkte durch die gesetzlichen Wertungen ersetzen zu können. Freilich ermöglicht die Zuordnung zu einem Vertragstyp auch die Entscheidung, ob zwingende gesetzliche Vorschriften auf einen Vertrag Anwendung finden oder nicht. Die gesetzlich geregelten Vertragstypen haben damit nur „Modellcharakter", sie zwingen die Vertragsparteien aber nicht in ihre gesetzesreinen Formen.[22] Dies folgt aus dem Prinzip der Vertragsfreiheit nach dem es im Schuldrecht keinen Typenzwang gibt.[23] Danach ist es auch nicht Sache des Gesetzgebers festzulegen, welche Leistungen in einem Vertragsverhältnis zueinander im Synallagma stehen.

---

[19] BT-Drucks. 16/11643 S. 75.

[20] Ähnlich: *Becher/Krepold*, BKR 2014 S. 45 (52), *Bitter/Linardatos*, ZIP 2018 S. 2249 (2252).

[21] *Esser/Schmidt*, Schuldrecht AT I/1, 8. Aufl. 1995, § 12, S. 210 f.

[22] *Larenz*, § 4 II S. 52; *Sorge*, JA 2017 S. 801.

[23] *Larenz/Canaris*, § 63 S. 41; *Placzek*, WM 2011 S. 1066 (1068).

Darunter versteht man die Verknüpfung der Leistungspflicht eines jeden mit der Gegenleistungspflicht des anderen „im rechtsgeschäftlichen Willen der Parteien".[24] Entscheidend für die Qualifikation als synallagmatische Hauptleistungspflicht kann danach nur sein, ob der durch Vertragsauslegung zu ermittelnde Wille der Vertragsparteien dahin geht, dass die in Rede stehende Verpflichtung nur in Abhängigkeit von dem Erhalt der Gegenleistung eingegangen werden sollte. Ergibt sich, dass eine nicht im gesetzlich normierten Vertragstyp erwähnte Pflicht in diesem Gegenseitigkeitsverhältnis stehen sollte, stellt das keinen Widerspruch zu der gesetzlichen Regelung dar. Es handelt sich dann schlichtweg um einen atypischen Vertrag.

Wenn hingegen der Gesetzgeber tatsächlich beschränkend in das vertragliche Austauschverhältnis eingreifen wollte, müsste hierfür ein legitimer Zweck bestehen, der jedoch nicht ersichtlich ist.

Insgesamt lässt sich mit den vorstehenden Überlegungen die Ansicht des BGH, der Gesetzgeber habe mit § 488 Abs. 1 BGB abschließend die Hauptleistungspflichten regeln wollen, nicht vereinbaren.[25] Aus § 488 Abs. 1 BGB lässt sich vielmehr allein entnehmen, dass das Entgelt für die Hauptleistung des Darlehensgebers typischerweise in einem (laufzeitabhängigen) Zins besteht, nicht aber dass ein laufzeitunabhängiges Entgelt per se nicht im Synallagma stehen könnte oder vom Gesetzgeber generell missbilligt würde.

(2) Vergleich mit anderen Gebrauchsüberlassungsverträgen

Der BGH stützt seine Auffassung daneben auch auf das Wesen des Darlehens als gegenseitigen Gebrauchsüberlassungsvertrag. Aus diesem folge, dass das darlehensvertragliche Entgelt im Interesse eines ausgewogenen Verhältnisses von Leistung und Gegenleistung grundsätzlich von der Laufzeit des Vertrags abhängig sei.[26] Vom Schrifttum vorgebrachte Beispiele aus der Rechtsprechung, nach denen auch bei Gebrauchsüberlassungsverträgen laufzeitunabhängige Leistungen als Teil des Entgelts für die Hauptleistung angesehen wurden, spricht der BGH indes jede Bedeutung ab. Insoweit verweist der BGH pauschal darauf, dass es für die Frage ob ein der Inhaltskontrolle entzogenes Teilentgelt vorliege, allein der jeweilige Vertragstypus, das insoweit maßgebliche dispositive Recht und die Tätigkeit ausschlaggebend sei, für die das Teilentgelt verlangt wird.[27]

Dies kann jedoch nicht dazu führen, dass das vom BGH angenommene Leitbild des § 488 BGB nicht anhand eines Vergleichs mit anderen Gebrauchsüberlassungs-

---

[24] *Larenz*, § 15 I S. 203.
[25] So schon: *Placzek*, WM 2011 S. 1066 (1068); auch: *Herresthal*, LMK 2017 386901.
[26] BGH, NJW 2014 S. 2420 (2428).
[27] BGH, NJW 2014 S. 2420 (2425).

verträgen zu prüfen wäre.[28] Die Problematik der Veränderung des Verhältnisses von Leistung und Gegenleistung bei einem laufzeitunabhängigen Entgelt je nach Vertragsdauer, ist jedem Gebrauchsüberlassungsvertrag gemein. Gerade deshalb stützt der BGH seine Auffassung selbst auf das Wesen des Darlehensvertrags als Gebrauchsüberlassungsvertrag.

(a)   Sachdarlehensvertrag nach § 607 BGB

Der Gesetzgeber geht jedoch nicht bei jedem Gebrauchsüberlassungsvertrag von einer laufzeitabhängigen Vergütung aus. Dies gilt insbesondere für den in § 607 BGB geregelten Sachdarlehensvertrag. Sowohl bei Gelddarlehen als auch bei Sachdarlehen handelt es sich um Dauerüberlassungsverträge, die aufgrund des endgültigen rechtlichen Übergangs des überlassenen Gegenstands in das Vermögen des Darlehensnehmers eine identische Risikostruktur aufweisen.[29] In § 607 Abs. 1 S. 2 BGB findet jedoch der hinsichtlich einer Laufzeitabhängigkeit neutrale Begriff „Darlehensentgelt" Verwendung.

Man könnte dies allein darauf zurückführen, dass die Bezeichnung „Zins" hier nicht zuträfe, da es nicht um ein laufzeitabhängiges Entgelt für eine Kapital-nutzung, sondern um ein Entgelt für die Nutzung der vom Darlehensgeber über-lassenen Sache handelt.[30] Zum einen beweist jedoch der früher sogar vom Gesetz und heute noch in der juristischen Sprache verwendete Begriff „Mietzins", dass als Zins auch das Entgelt für die Gebrauchsüberlassung einer Sache beschrieben werden kann. Zum anderen hätte der Gesetzgeber, hätte er dies tatsächlich gewollt, die Laufzeitabhängigkeit des Entgelts bei der Neufassung der Norm im Rahmen der Schuldrechtsmodernisierung in anderer Weise klarstellen können. Das gilt vor allem vor dem Hintergrund, dass mit der Aufnahme des eigenständigen Ver-tragstyps des Sachdarlehens in das BGB, gerade die Grundprinzipien geregelt werden sollten, um für Rechtssicherheit und einen AGB-rechtlichen Standard zu sorgen.[31] Der Verzicht auf eine solche Klarstellung stellt daher ein weiteres Indiz dafür dar, dass die Laufzeitabhängigkeit des Entgelts beim Darlehensvertrag kein gesetzliches Leitbild darstellt, welches ein laufzeitunabhängiges Entgelt als synal-lagmatische Hauptleistungspflicht ausschließt oder gar unmittelbar zu Eröffnung der Inhaltskontrolle nach § 307 Abs. 3 S. 1 BGB führt.[32]

---

[28] So auch: *Bitter/Linardatos*, ZIP 2018 S. 2249 (2253), die zutreffend auf eine fehlende Be-gründung für die vom BGH angenommene fehlende Vergleichbarkeit verweisen.

[29] *Freitag*, in: Staudinger BGB § 488 Rdn. 16.

[30] So: *Berger*, in MüKo BGB § 607 Rdn. 32.

[31] BT-Drucks. 14/6040 S. 258 f.; *Freitag*, in: Staudinger BGB § 488 Rdn. 16.

[32] So auch: *Casper/Möllers*, BKR 2014 S. 59 (62); im Ergebnis ebenso: *Hertel*, jurisPR-BKR 10/2012 Anm. 4.

(b) Mietvertrag nach § 535 BGB

In überzeugender Weise lässt sich ein vermeintliches Leitbild des § 488 Abs. 1
S. 2 BGB auch mit einem Vergleich zur Regelung des Mietvertrags in § 535 BGB
in Zweifel ziehen. Bitter und Linardatos haben kürzlich den jeweiligen Wortlaut
von § 488 BGB und § 535 BGB gegenübergestellt. Auch § 535 BGB enthält eine
Gegenüberstellung der in der amtlichen Überschrift als Hauptpflichten des Mietvertrags bezeichneten, im synallagmatischen Verhältnis zueinanderstehenden Gebrauchsüberlassung und der (Miet-)Zinszahlung.[33] Konsequenterweise müsste
dann auch für den Mietvertrag ein gesetzliches Leitbild angenommen werden,
nach dem laufzeitunabhängige Entgelte nicht als Gegenleistung für die Gebrauchsüberlassung anzusehen wären. Damit wäre insbesondere die Zulässigkeit von End-
reinigungspauschalen bei Ferienwohnungen oder Mietwagen der Inhaltskontrolle
unterworfen.[34] Freilich wird ein solches Leitbild von § 535 BGB aber auch von der
Rechtsprechung bislang nicht angenommen.

(3) Die Definition des Verbraucherdarlehensvertrag in § 491 BGB

In § 491 Abs. 2 S. 1 BGB wird der Allgemein-Verbraucherdarlehensvertrag als
entgeltlicher Darlehensvertrag definiert, ohne dass der Begriff Zins Verwendung
findet. Nach einigen Stimmen in der Literatur lasse sich auch hieraus schließen,
dass § 488 Abs. 1 S. 2 BGB nicht ausschließlich einen Zins als Vergütung der
Hauptleistung zulasse.[35]

Der Aussage, der Gesetzgeber sage damit deutlich, dass ein Bearbeitungsentgelt auch eine Hauptleistungspflicht sein könne,[36] kann jedoch nicht zugestimmt
werden. Zutreffend geht der BGH davon aus, dass § 491 BGB nur den Anwendungsbereich der §§ 491 ff. BGB festlegt, ohne dabei eine Aussage über die Hauptleistungspflichten des Darlehensvertrags zu treffen. Das gilt einerseits bereits
deshalb, weil dies eine nach dem Willen der Parteien durch Vertragsauslegung zu
bestimmende Frage ist, die nicht das Gesetz regelt.[37] Die Ansicht des BGH lässt
sich jedoch auch mit der Gesetzesbegründung belegen, nach der mit dem Erfordernis „entgeltlich" zinslose und gebührenfreie Darlehen aus dem Verbraucherdarlehensrecht ausgenommen werden.[38] Dies entspricht Artikel 2 Abs. 2 lit. f) der

---

[33] *Bitter/Linardatos*, ZIP 2018 S. 2249 (2253).
[34] *Casper/Möllers*, BKR 2014 S. 59 (62); *Piekenbrock/Ludwig*, WM 2012 S. 2349 (2351);
Bitter/Linardatos, ZIP 2018 S. 2249 (2253).
[35] *Piekenbrock/Ludwig*, WM 2012 S. 2349 (2351); *Casper/Möllers*, BKR 2014 S. 59 (62);
Becher/Krepold, BKR 2014 S. 45 (49).
[36] Vgl. *Becher/Krepold*, BKR 2014 S. 45 (49); *Casper/Möllers*, BKR 2014 S. 59 (62); *Pie-
kenbrock/Ludwig*, WM 2012 S. 2349 (2351).
[37] S. o.: E. I. 1. b) bb) (1).
[38] BT-Drucks. 16/11643 S. 75.

Verbraucherkreditrichtlinie[39], nach dem nur zins- und (auch) gebührenfreie Kreditverträge nicht unter die verbraucherschützenden Vorschriften fallen sollen. Der Schluss des BGH, die Vorschrift verfolge nur das Ziel, die Anwendung dieser verbraucherschützenden Regelungen auch auf solche Darlehen zu erstrecken, bei denen der Darlehensgeber auf die Vereinbarung von Zinsen verzichtet, dies aber durch die Vereinbarung hoher Kosten wieder ausgleicht,[40] erweist sich daher als zutreffend. Dieser Gedanke wird auch durch die Gesetzesbegründung zu § 491 Abs. 2 Nr. 3 BGB bestätigt.[41]

Dennoch ergibt sich hieraus ein Argument gegen den unterstellten Regelungsgehalt des § 488 Abs. 1 S. 2 BGB. Sowohl die Gesetzesbegründung als auch der BGH gehen von dem aufgrund der Geltung der Vertragsfreiheit auch fraglos möglichen Abschluss eines Darlehensvertrages aus, der keinen Zins, sondern allein ein laufzeitunabhängiges Entgelt vorsieht. Nach der Auffassung des BGH müsste man in diesem Fall ein Abweichen vom Leitbild des § 488 Abs. 1 S. 2 BGB annehmen, mit der Folge, dass die Entgeltvereinbarung der Inhaltskontrolle unterworfen wäre, obwohl es sich eindeutig um den Preis für die Hauptleistung handelt und dieser nach den gesetzlichen Vorgaben kontrollfrei bleiben soll. Dieses laufzeitunabhängige Entgelt wäre weder kontrollbedürftig, noch würde ein gesetzlicher Maßstab für die richterliche Kontrolle desselben bestehen.

(4) Gesetz nennt neben Zinsen auch Kosten

Um die These des BGH zu widerlegen wurde vielfach auf verschiedene gesetzliche Regelungen verwiesen, die neben dem Zins ausdrücklich auch weitere Kosten erwähnen. Bezug genommen wird dabei auf die Vorschriften der §§ 358 Abs. 4 S. 2, 491, 494 Abs. 4, 501, 504 Abs. 2 S. 2, 505 Abs. 3 BGB, § 6 PAngV, Art. 247 § 3 Abs. 1 und § 17 EGBGB.[42] Teilweise wurde mit Hinweis auf diese Vorschriften argumentiert, der Gesetzgeber zeige damit, dass neben den Zinsen auch weitere, laufzeitunabhängige Kosten hinzukommen können.[43] Diese könnten daher auch im synallagmatischen Verhältnis zur Hauptleistungspflicht des Darlehensgebers stehen. Vereinzelt wurde diesen Vorschriften auch eine Legitimationswirkung zugeschrieben, die jedenfalls dazu führe, dass laufzeitabhängige Entgelte keine unangemessene Benachteiligung i. S. v. § 307 Abs. 1 S. 1 BGB darstellen könnten.[44]

---

[39] RL 2008/48/EG des Europäischen Parlaments und des Rates vom 23.04.2008 über Verbraucherkreditverträge und zur Aufhebung der RL 87/102/EWG des Rates.

[40] BGH, NJW 2014 S. 2420 (2423).

[41] BT-Drucks. 16/11643 S. 76 f.

[42] *Casper/Möllers*, BKR 2014 S. 59 (63), *Becher/Krepold*, BKR 2014 S. 45 (49); *Billing*, WM 2013 S. 1829 (1830), *Placzek*, WM 2011 S. 1066 (1071).

[43] *Casper/Möllers*, BKR 2014 S. 59 (63); *Billing*, WM 2013 S. 1829 (1830); *Berger/Rübsamen*, WM 2011 S. 1877 (1881); *Godefroid*, ZIP 2011 S. 947 (949).

[44] *Billing*, WM 2013 S. 1829 (1838); *Placzek*, WM 2011 S. 1066 (1071); *van Bevern/Schmitt*, BKR 2015 S. 323 (327); *Becher/Krepold* BKR 2014 S. 45 (51).

(a)   Die Regelung des § 501 BGB

Die Regelung in § 501 BGB setzt die Vorgaben von Art. 16 Abs. 1 S. 2 der Verbraucherkreditrichtlinie um.[45] Danach vermindern sich die in § 6 Abs. 3 der PAngV genannten Gesamtkosten um die Zinsen und sonstigen laufzeitabhängigen Kosten, die bei gestaffelter Berechnung auf die Zeit nach der Fälligkeit oder Erfüllung entfallen, wenn der Darlehensvertrag vorzeitig beendet wird.

Auch der BGH geht davon aus, dass das Gesetz damit im Umkehrschluss die Existenz „laufzeitunabhängiger Kosten", die dem Kunden bei vorzeitiger Rückzahlung nicht anteilig erstattet werden, für möglich hält.[46] Im Schrifttum wurde daher argumentiert, der Gesetzgeber erkenne Bearbeitungsentgelte damit an. Untermauert wurde dies mit dem Hinweis auf die explizite Nennung von Bearbeitungsgebühren in der Gesetzesbegründung zu § 501 BGB und § 504 Abs. 2 S. 2 BGB.[47]

Allerdings konnte der BGH überzeugend begründen, dass dies nicht gegen das angenommene Leitbild des § 488 Abs. 1 S. 2 BGB spricht.[48] Zum einen handelt es sich bei § 501 BGB nach der Gesetzesbegründung nicht um eine Anspruchsgrundlage, sondern um einen Rechnungsposten, der bei Feststellung von Schadensersatzansprüchen oder Ansprüchen aus ungerechtfertigter Bereicherung heranzuziehen ist.[49] Aus diesem Grund lässt sich bereits bezweifeln, ob der Norm überhaupt ein materieller Regelungsgehalt zukommt. Entscheidend ist jedoch das Argument des BGH, dass sich die Norm überhaupt nicht dazu verhält, ob Bearbeitungsentgelte Teil der gesetzlich geschuldeten Hauptleistung des Darlehensgebers sind.[50] Aus der Feststellung, dass die Norm die Existenz laufzeitunabhängiger Entgelte voraussetzt, lässt sich zutreffender Weise nichts dafür gewinnen, in welchem Verhältnis diese zur Hauptleistung stehen.

(b)   Weitere auf der PAngV beruhende Regelungen

Mit derselben Begründung lässt sich auch die auf weitere Regelungen im BGB, welche auf der PAngV beruhen, gestützte Argumentation entkräften. Gegen einen darin zu sehenden materiellen Regelungsgehalt spricht überdies der Schutzzweck der PAngV, durch eine sachlich zutreffende und vollständige Verbraucherinformation Preiswahrheit und Preisklarheit zu gewährleisten und durch optimale Preisvergleichsmöglichkeiten die Stellung der Verbraucher gegenüber Handel und Gewerbe zu stärken und den Wettbewerb zu fördern.[51]

---

[45] *Möller*, in: BeckOK BGB § 501 Rdn. 1.
[46] BGH, NJW 2014 S. 2420 (2424); so auch: *Billing*, WM 2013 S. 1829 (1836).
[47] *Billing*, WM 2013 S. 1829 (1838); *Placzek*, WM 2011 S. 1066 (1071).
[48] A.A.: *Becher/Krepold*, BKR 2014 S. 45 (50); *Billing*, WM 2013 S. 1829 (1835).
[49] BT-Drucks. 16/11643; BGH, NJW 2015 S. 2420 (2424).
[50] BGH, NJW 2014 S. 2420 (2424).
[51] BGH, NJW 2008 S. 1384 (1386 f.); BGH, NJW-RR 2014 S. 725 (726).

Nach zutreffender Ansicht des BGH werden durch die genannten Bestimmungen weder die vertraglichen Hauptleistungspflichten festgelegt noch wird darin ein Recht der darlehensgebenden Bank zur Entgelterhebung begründet.[52] Die Vorschriften der Art. 247 § 3 Abs. 1 Nr. 3, Nr. 10, Abs. 2 S. 3 EGBGB i. V. m. § 6 PAngV begründeten danach allein die aus dem Transparenzgebot abgeleitete Plicht, das Bearbeitungsentgelt als Teil der Gesamtkosten anzugeben. Die PAngV treffe dabei weder eine materielle Unterscheidung zwischen Haupt- und Nebenleistungen noch könne ihr als Verbraucherschutzvorschrift eine generelle Billigung von neben dem Zins anfallenden Entgelten entnommen werden. Ein solcher materieller Aussagegehalt ergebe sich auch nicht aus dem Verweis auf die PAngV in materiell-rechtlichen Vorschriften (§ 491 a Abs. 1 i. V. m. Art. 247 § 3 Abs. 2 S. 3 EGBGB, § 492 Abs. 2 i. V. m. Art. 247 § 6 Abs. 1 Nr. 1 i V. m. § 3 Abs. 1 Nr. 3). Diese Verweisungen ließen den Charakter der PAngV als lediglich formelles Preisrecht unberührt.

Nichts anderes ergebe sich aus den auf europarechtlichen Vorgaben beruhenden Vorschriften der §§ 491a Abs. 1, 492 Abs. 2, 505 BGB, nach denen laufzeitunabhängige Entgelte in die Berechnung des effektiven Jahreszinses einzubeziehen sind. Auch diese Regelungen dienten allein dem Zweck der Information des Bankkunden über seine tatsächliche Gesamtbelastung.

Letztlich lasse sich auch aus der Regelung des § 312 a Abs. 3 BGB vergleichbares nicht ableiten.[53] Danach kann eine Vereinbarung, die auf eine über das vereinbarte Entgelt für die Hauptleistung hinausgehende Zahlung des Verbrauchers gerichtet ist, nur ausdrücklich getroffen werden. Der Gesetzgeber habe aber auch damit lediglich die formalen Anforderungen an die Vereinbarung von „Extrazahlungen" verschärft, ohne eine Aussage über die materiell-rechtliche Wirksamkeit solcher Entgelte zu treffen.[54]

(5) Teleologische Auslegung

Nach Auffassung des BGH bedeutet die laufzeitabhängige Ausgestaltung des Entgelts für die Darlehensgewährung durch § 488 Abs. 1 S. 2 BGB einen an der Gerechtigkeit orientierten Ausgleich der Interessen, weshalb die Norm eine Ausprägung des Gerechtigkeitsgebots sei.[55] Dieser Interessenausgleich durch § 488 Abs. 1 S. 2 BGB wird freilich darin erblickt, dass sich die Höhe der Vergütung der Leistung (Darlehensgewährung) an deren Dauer zu orientieren habe. Liegt stattdessen eine Vereinbarung vor, nach der das vom Darlehensnehmer zu entrichtende Entgelt nicht von der konkreten Laufzeit abhängig ist, kann dies zu einer gegebenenfalls

---

[52] BGH, NJW 2014 S. 2420 (2423 f.).
[53] A. A.: *van Bevern/Schmitt*, BKR 2015 S. 323 (327); *Becher/Krepold*, BKR 2014 S. 45 (51).
[54] BGH, NJW 2014 S. 2420 (2428).
[55] BGH, NJW S. 2420 (2427).

extremen Verteuerung bzw. Verbilligung des gewährten Kredits führen.[56] Daraus folgert auch Freitag, dass es sich bei der synallagmatischen Verknüpfung von Leistung und Gegenleistung im Darlehensvertrag um ein gesetzliches Leitbild handle.

Ein solches Leitbild würde aber allein den Zweck verfolgen, einen je nach Vertragslaufzeit vermeintlich zu hohen oder zu niedrigen Preis für die Darlehensgewährung zu verhindern. Der § 488 Abs. 1 S. 2 BGB unterstellte Gerechtigkeitsgehalt würde damit einen unmittelbaren Eingriff in das vertragliche Äquivalenzverhältnis von Leistung und Gegenleistung bedeuten. Es wurde aber bereits festgestellt, dass eben jenes im System der freien Marktwirtschaft vom Gesetzgeber grundsätzlich nicht geregelt wird. Soweit der Gesetzgeber in diesem zum Kernbereich der Vertragsfreiheit gehörenden Bereich ausnahmsweise eingreift, tut er dies aus zwingenden Gründen, insbesondere im Fall von Marktversagen. Für ein solches gibt es indes bei der Darlehensvergabe keine Hinweise, vor allem wären aber in der Gesetzesbegründung diesbezügliche Ausführungen zu erwarten gewesen. Darauf, dass sich aus dieser keine Anhaltspunkte für eine solche Auslegung des § 488 Abs. 1 S. 2 BGB ergeben, wurde bereits hingewiesen.[57]

So stellt dann auch Freitag fest, es sei nicht per se ausgeschlossen, dass die Parteien ganz bewusst das Risiko der Veränderung des Verhältnisses von Leistung und Gegenleistung in Abhängigkeit von der Vertragslaufzeit eingehen wollen, wobei § 138 BGB die Grenze des Zulässigen bleibe.[58] Es lässt sich daher auch nicht die Aussage treffen, nur eine laufzeitabhängige Entgeltgestaltung führe für die Parteien eines Darlehensvertrags zu einem gerechten Preis. Für denjenigen, der den Vertrag bis zu seinem Ende durchführt, stellt sich die Kombination aus Zins und laufzeitunabhängigen Entgelt schließlich als günstigerer Preis dar. Die vom BGH ausdrücklich in Konsequenz seiner Auslegung des § 488 Abs. 1 S. 2 BGB empfohlene Quersubventionierung durch einen höheren Zins würde hingegen von diesem Darlehensnehmer als ungerecht empfunden. Es gilt daher auch hier der Grundsatz, dass die Vertragsgerechtigkeit primär aus dem Konsens der Parteien gewonnen wird.[59]

Daher ist das Verhältnis von Leistung und Gegenleistung von der Privatautonomie geschützt und wird nicht vom Gesetzgeber – auch nicht durch ein gesetzliches Leitbild – vorgegeben.

---

[56] *Freitag*, in: Staudinger BGB § 488 Rdn. 209.
[57] S. o.: E. I. 1. b) aa).
[58] *Freitag*, in: Staudinger BGB § 488 Rdn. 209.
[59] Vgl. bereits oben: C. II. 1. a).

c) Richtlinienkonforme Auslegung des Begriffs
der kontrollfreien Hauptleistung

Zutreffend ist der BGH davon ausgegangen, dass eine Einordnung als kontroll-freie Preishauptabrede nicht wie in dem zu entscheidenden Fall von der Revision vorgetragen, aufgrund einer richtlinienkonformen Auslegung der Klauselrichtlinie geboten ist. Gemäß Art. 4 Abs. 2 dieser Richtlinie betrifft die Beurteilung der Miss-bräuchlichkeit der Klauseln weder den Hauptgegenstand des Vertrages noch die Angemessenheit zwischen dem Preis bzw. dem Entgelt und den Dienstleistungen bzw. den Gütern, die die Gegenleistung darstellen.

Die Revision hatte angeregt, dem EuGH die Frage vorzulegen, ob kontrollfreier Preis in diesem Sinne jedes Element des in Art. 3 lit. i) der Verbraucherkreditricht-linie definierten effektiven Jahreszinses sei.[60] Da auch Bearbeitungsentgelte Teil des effektiven Jahreszinses sind, wären nach den europarechtlichen Vorgaben in diesem Fall auch diese kontrollfrei. Der BGH wies aber zu Recht daraufhin, dass es auf die Entscheidung dieser Frage nicht entscheidend ankomme. Denn nach Art. 8 der Klauselrichtlinie bleibt es den Mitgliedsstaaten unbenommen, strengere Bestimmungen zu erlassen, um ein höheres Schutzniveau für die Verbraucher zu gewährleisten. Die Klauselrichtlinie enthält damit nur eine Mindestharmonisie-rung, die eine strengere Kontrolle von AGB nach nationalem Recht nicht verbietet. Der BGH stellte daher fest, dass selbst wenn der Begriff des kontrollfreien Preises trotz der gebotenen engen Auslegung der Ausnahmevorschrift europarechtlich weiter zu fassen wäre, eine Inhaltskontrolle der Bearbeitungsentgeltklauseln nicht ausgeschlossen wäre.[61]

Zwischenzeitlich hat der EuGH aber ohnehin entschieden, dass die genaue Trag-weite der Begriffe „Hauptgegenstand" und „Preis" im Sinne von Art. 4 Abs. 2 der Klauselrichtlinie nicht durch den Begriff der „Gesamtkosten des Kredits für den Verbraucher" im Sinne von Art. 3 lit. i) der Verbraucherkreditrichtlinie bestimmt werden könne.[62] Dies wurde überzeugend damit begründet, dass der letztgenannte Begriff mit Blick auf das mit dieser Richtlinie verfolgte Hauptziel der Transpa-renz besonders weit definiert wird. Dieser umfasst daher den Gesamtbetrag aller Kosten und Gebühren, die der Verbraucher zu tragen hat und die mit Zahlungen zusammenhängen, die er sowohl an den Kreditgeber als auch an Dritte leistet. Dagegen sei Art. 4 Abs. 2 der Klauselrichtlinie als Ausnahmevorschrift zur ver-braucherschützenden Inhaltskontrolle eng auszulegen.

---

[60] BGH, NJW 2014 S. 2420 (2427).
[61] BGH, NJW 2014 S. 2420 (2427).
[62] EuGH, WM 2016 S. 14.

d) Zwischenergebnis

Ausgehend vom Wortlaut und Zweck der üblicherweise verwendeten Bearbeitungsentgeltklauseln ließe sich vertreten, dass Bearbeitungsentgelte nicht als (Teil-)Entgelt für die Hauptleistung gelten. Indes ist es dem BGH nicht gelungen unabhängig davon überzeugend zu begründen, dass laufzeitunabhängige Entgelte beim Darlehensvertrag per se nicht als Teil der synallagmatischen Gegenleistung angesehen werden können und damit der Inhaltskontrolle nicht entzogen seien. Das insoweit angeführte Leitbild des § 488 Abs. 1 S. 2 BGB lässt sich nicht dogmatisch überzeugend begründen. Die auf den Wortlaut, insbesondere der amtlichen Überschrift, sowie die Ausführungen in der Gesetzesbegründung gestützte Argumentation erweist sich bei näherer Betrachtung als nicht tragfähig. Gegen ein solches Leitbild sprechen hingegen entscheidend die Systematik des BGB und insbesondere die Bedeutung der Regelung der Vertragstypen. Die im BGB erfolgende Nennung von Hauptleistungspflichten verfolgt nicht den Zweck, diese verbindlich festzulegen. Vielmehr kommt diesen Vorschriften ein beschreibender Charakter zu, der die Zuordnung eines Vertrages zu einem gesetzlich geregelten Vertragstyp ermöglichen soll. Daneben spricht auch der Vergleich mit anderen Gebrauchsüberlassungsverträgen gegen die These, nur ein laufzeitabhängiges Entgelt könne Teil der synallagmatischen Gegenleistungspflicht sein. Schließlich wurde gezeigt, dass die Annahme eines solchen Leitbilds auch aus teleologischer Sicht nicht überzeugt.

2. Bearbeitungsentgelt als zu vergütende Sonderleistung

Da Bearbeitungsentgeltklauseln nach der Rechtsprechung nicht als Vergütung der Hauptleistung angesehen werden können, könnten sie nur als sogenannte Sonderleistung kontrollfrei bleiben.

Um derartige Sonderleistungen soll es sich nach der Rechtsprechung handeln, wenn eine echte Gegenleistung vergütet werden soll, die der Klauselverwender nicht bereits aufgrund einer nebenvertraglichen oder gesetzlichen Pflicht oder im eigenen Interesse erbringt.[63] Klarstellend sei an dieser Stelle nochmals darauf verwiesen, dass die Abgrenzung zwischen Leistungen im eigenen Interesse und Leistungen im Interesse des Vertragspartners innerhalb eines Vertragsverhältnis nach hier vertretener Auffassung bereits kein taugliches Kriterium ist.[64]

---

[63] BGH, NJW 2014, S. 2420 (2422).
[64] S. o.: D. II. 3. b) bb).

aa) Bonitätsprüfung

Nach Ansicht des BGH erfolgt die Bonitätsprüfung allein im Interesse des Kreditinstituts und im öffentlichen Interesse der Kreditwirtschaft, Forderungsausfälle zum Schutz der Einleger zu vermeiden. Hinzu trete, dass Kreditinstitute gem. § 18 Abs. 2 KWG aufsichtsrechtlich zur Durchführung der Bonitätsprüfung verpflichtet sind und daher in Erfüllung einer eigenen gesetzlichen Verpflichtung handeln.[65] Für derartige Tätigkeiten kann nach der Rechtsprechung ebenfalls keine gesonderte Vergütung verlangt werden. Letztlich handelt es sich aber auch hier um dasselbe Argument, da die Erfüllung einer gesetzlichen Verpflichtung im eigenen Interesse erfolge.

Zwischenzeitlich besteht eine entsprechende Verpflichtung auch nach dem BGB. Der seit dem 21.03.2016 gültige § 505a Abs. 1 S. 1 BGB regelt die Pflicht des Kreditgebers, bei einem Verbraucherdarlehensvertrag die Kreditwürdigkeit des Darlehensnehmers zu prüfen.[66] Der Schutzzweck dieser Vorschrift belegt, dass die Bonitätsprüfung nach der Ansicht des Gesetzgebers nicht allein im Interesse der Bank erfolgt.

Die Vorschriften der §§ 505a ff. wollen verhindern, dass der Verbraucher eine Kreditverbindlichkeit eingeht, die seine finanzielle Leistungsfähigkeit übersteigt.[67]

Die Kreditwürdigkeitsprüfung erfolgt damit im Interesse des Darlehensnehmers. Bestätigt wird dies durch die Gesetzesbegründung, in der ausgeführt wird:

> „Der Entwurf geht von einem gewandelten Verständnis des Zwecks der Kreditwürdigkeitsprüfung aus: Sie wird nicht mehr als eine primär im öffentlichen Interesse liegende Pflicht, sondern gleichwertig dazu auch als Schutzpflicht gegenüber dem Verbraucher verstanden."[68]

Der durch die Kreditwürdigkeitsprüfung bewirkte Individualschutz steht damit gleichwertig neben der Verhinderung der volkswirtschaftlich negativen Folgen einer massenhaft verantwortungslosen Kreditvergabe.[69] Dieses gewandelte Verständnis wird auf die Entscheidung des EuGH zur Verpflichtung zu einer Datenabfrage für den Kreditvertragsabschluss zurückgeführt. Nach dieser Entscheidung bezweckt die Verpflichtung zur Kreditwürdigkeitsprüfung den Schutz der Verbraucher vor der Gefahr der Überschuldung und der Zahlungsunfähigkeit.[70] Nur ergänzend sei vor diesem Hintergrund erwähnt, dass bereits die bankaufsichtsrechtliche Regelung des § 18 Abs. 2 KWG nicht allein dem öffentlichen Interesse sondern auch dem Verbraucherschutz dient.[71]

---

[65] BGH, NJW 2014 S. 2420 (2426).
[66] *Guggenberger*, BKR 2017 S. 1 (4).
[67] *Schürnbrand*, in: MüKo BGB § 505a Rdn. 1.
[68] BT-Drucks. 359/15 S. 117.
[69] *Schürnbrand*, in: MüKo BGB § 505a Rdn. 1.
[70] EuGH, MMR 2014 S. 384.
[71] Vgl. RL 2008/48/EG, 26. Erwägungsgrund, S. 66 ff.

Der Ansicht des BGH, die Bonitätsprüfung erfolge im ausschließlichen Interesse der Bank, lässt sich daher spätestens unter Verweis auf Sinn und Zweck des § 505a Abs. 1 S. 1 BGB mit gutem Grund widersprechen. Dieser Widerspruch wurde in der Literatur auch vielfach erhoben.[72] Freilich würde der BGH dem entgegnen, dass ein gesondertes Entgelt für die Erfüllung einer gesetzlichen Verpflichtung ohnehin nicht verlangt werden könne. Zum einen besteht eine solche gesetzliche Verpflichtung aber im Unternehmerbereich nicht. Zudem kann dieses Argument bereits deshalb nicht überzeugen, weil dieses gerade auf dem Gedanken beruht, dass eine Erfüllung einer gesetzlichen Verpflichtung stets im eigenen Interesse erfolge. Dieser Gedanke ist aber, soweit man das objektive Interesse im Einklang mit dem sonstigen Verständnis dieses Begriffs im Privatrecht als objektiven Nutzen definiert,[73] kaum haltbar.

Die Bonitätsprüfung müsste zugegebener Maßen aber auch dann von objektivem Nutzen für den Bankkunden sein, wenn sie zu einem positiven Ergebnis führt. Nur in diesem Fall wird die Bank den Darlehensvertrag abschließen, wodurch das Bearbeitungsentgelt überhaupt anfällt. Betrachtet man die Konsequenzen des Unterlassens einer Bonitätsprüfung durch die Bank, lässt sich aber auch für diesen Fall begründen, dass diese dem Bankkunden objektiv nützlich ist. Cahn hat hierzu zutreffend ausgeführt, dass die Bank ohne eine Bonitätsprüfung entweder zum Ausgleich für das nicht einschätzbare Ausfallrisiko einen entsprechenden Zinsaufschlag verlangen oder eine Kreditgewährung gänzlich verweigern müsste.[74]

Hinsichtlich des letztgenannten Punkts vertritt der BGH die Auffassung, die Prüfung, ob und zu welchen Bedingungen ein Vertrag geschlossen werden könne, läge allein im Interesse desjenigen, der die Abgabe einer auf den Vertragsschluss gerichteten Willenserklärung erwägt.[75] Diese Aussage ist ein weiterer Beleg dafür, dass der BGH entgegen dem sonstigen Verständnis das Interesse als Motivation versteht. Freilich ist das Motiv der Bonitätsprüfung aus Sicht der Bank allein in eigenen Vermögensinteressen zu sehen. Darin liegt aber das Motiv für sämtliche Handlungen eines wirtschaftlich handelnden Unternehmens im Rahmen eines Vertragsverhältnisses begründet,[76] weshalb nochmals zu betonen ist, dass das so verstandene Interesse kein taugliches Differenzierungskriterium ist.[77] Anders liegt der Fall jedoch, wenn man auf den objektiven Nutzen abstellt. Wenn die Abgabe einer Willenserklärung von einer solchen Prüfung abhängt, dann erfolgt diese auch im Interesse des anderen Teils, da diesem die dadurch gegebene Möglichkeit des Vertragsschlusses objektiv nützlich ist.[78]

[72] Vgl. *van Bevern/Schmitt*, BKR 2015 S. 323 (326); *Berger/Rübsamen*, WM 2011 S. 1877 (1879); *Becher/Krepold*, BKR 2014 S. 45 (54).
[73] S. o.: D. II. 3. b) bb).
[74] *Cahn*, WM 2010 S. 1197 (1203).
[75] BGH, NJW 2014 S. 2420 (2426).
[76] *Casper/Möllers*, BKR 2014 S. 59 (66).
[77] Vgl. schon oben: D. II. 3. b) bb).
[78] So wohl auch: *Becher/Krepold*, BKR 2014 S. 45 (54).

Da die Bank aufgrund der durchgeführten Bonitätsprüfung keinen Risikoaufschlag verlangen muss, ist diese dem Kunden auch im Fall bestehender Bonität über die reine Möglichkeit des Vertragsschlusses hinaus nützlich.[79] Nach der Rechtsprechung des BGH soll es sich dabei aber um einen bloßen reflexartigen Nebeneffekt handeln.[80] Dafür spreche auch, dass die Bonitätsprüfung dem Kunden regelmäßig nicht offengelegt werde und diese bei durchschnittlicher Bonität keine Wirkung für diesen zeige oder sogar zu schlechteren Konditionen führe.

bb) Sonstiger Aufwand im Vorfeld des Vertragsschlusses

Rechtlich nicht geregelte Sonderleistungen möchte der BGH auch in dem sonstigen vor Vertragsschluss seitens der Bank anfallenden Aufwand nicht erblicken. Die Beschaffung des Kapitals sei nicht gesondert zu vergüten, da diese der Sicherstellung der Refinanzierung und der ordnungsgemäßen Vertragserfüllung seitens der Bank diene. Mit der Überlassung der Darlehensvaluta erfülle die Bank aber lediglich die nach § 488 Abs. 1 S. 2 BGB zu vergütende Hauptleistungspflicht.

Eine gesondert zu vergütende Beratungstätigkeit liege regelmäßig ebenfalls nicht vor, da bei Verbraucherdarlehensverträgen üblicherweise keine über die bloße Akquise- und Vorbereitungstätigkeiten hinausgehende Kundenbetreuung stattfinde. Die Abgabe des Darlehensangebots selbst könne schon nicht kontrollfrei vergütet werden, da der Vertragsschluss selbst erst den vertraglichen Vergütungsanspruch auslöse. Auch die Erfassung der Kundendaten und -wünsche und die Führung von Vertragsgesprächen erfolge allein im eigenen Geschäftsinteresse.[81]

Erneut greift der BGH an dieser Stelle auf den pauschalen Hinweis auf die Eigennützigkeit der Tätigkeit zurück, ohne nach einem objektiven Nutzen für Bankkunden zu fragen. Ein solcher ließe sich aber mit einem im Schrifttum hervorgebrachten Argument gleichermaßen vertreten. Danach erfolgten vorbereitende Maßnahmen, die notwendige Bedingungen für die Erbringung der Hauptleistung sind, stets auch im Interesse des Kunden, der den Vertrag um der Hauptleistung der Bank Willen geschlossen hat.[82]

cc) Zwischenergebnis

Am Beispiel der Rechtsprechung zur Kontrollfähigkeit von Bearbeitungsentgelten zeigt sich erneut, dass die Differenzierung zwischen einer Tätigkeit im eigenen

---

[79] *Cahn*, WM 2010 S. 1197 (1203); *Becher/Krepold*, BKR 2014 S. 45 (54); *Casper/Möllers*, BKR 2014 S. 59 (66).

[80] BGH, NJW 2014 S. 2420 (2426).

[81] BGH, NJW 2014 S. 2420 (2426).

[82] *Placzek*, WM 2011 S. 1066 (1072); *Casper/Möllers*, BKR 2014 S. 59 (66).

Interesse und einer Tätigkeit im Drittinteresse im Rahmen von Austauschverträgen untauglich ist. Zumindest würde es diese Differenzierung erfordern, konsequent auf den objektiven Nutzen einer Tätigkeit statt auf die subjektive Motivation des Handelnden abzustellen. Dies allein könnte der „vertragsimmanenten Interessenverknüpfung"[83] gerecht werden und entspräche der Auslegung des Interessenbegriffs im Privatrecht. Stellt man mit dem BGH aber auf die hinter einer Tätigkeit stehende Motivation des Handelnden ab, lässt sich ohne Weiteres vertreten, das Bearbeitungsentgelt stelle eine Vergütung allein im eigenen Interesse erfolgender Tätigkeiten dar.

II. Teleologische Kontrollüberlegung zur Eröffnung der Inhaltskontrolle

Im Folgenden soll das Ergebnis des BGH, die Kontrollfähigkeit von Bearbeitungsentgeltklauseln, am Schutzzweck der Inhaltskontrolle Allgemeiner Geschäftsbedingungen geprüft werden. Ausgehend von der Feststellung, dass das durch AGB hervorgerufene Schutzbedürfnis in einem partiellen Marktversagen begründet liegt,[84] ist zu untersuchen, ob ein solches auch bei Bearbeitungsentgeltklauseln angenommen werden kann. Entscheidend ist, ob diese am Wettbewerb teilnehmen, wovon auszugehen ist, wenn sie vom Kunden zur Kenntnis genommen und im Rahmen seiner Abschlussentscheidung berücksichtigt werden.[85]

1. Teilnahme der Bearbeitungsentgeltklauseln am Wettbewerb

Die fehlende Teilnahme von AGB am Wettbewerb ist primär der Tatsache geschuldet, dass diese vom Verwendungsgegner in aller Regel nicht zur Kenntnis genommen werden. Diese Annahme ist bei Bearbeitungsentgeltklauseln allerdings in Frage zu stellen.

a) Kein Informations- und Motivationsgefälle

Bei der Vereinbarung von Bearbeitungsentgeltklauseln fehlt es bereits an einem für die Verwendung Allgemeiner Geschäftsbedingungen typischen Informations- und Motivationsgefälle.

---

[83] *Placzek*, WM 2011 S. 1066 (1070).
[84] S. o.: C. II. 2.
[85] *Fastrich*, Richterliche Inhaltskontrolle im Privatrecht S. 265; *Habersack*, WM 2008 S. 1857 (1860); *Stoffels*, BKR 2010 S. 359 (365); *ders.* JZ 2001 S. 843 (847); *Coester*, in: Staudinger BGB § 307 Rdn. 324.

Gegen ein Informationsdefizit spricht, dass Bearbeitungsentgeltklauseln weder besonderen Aufwand noch tiefere Kenntnisse erfordern, um diese in ihrer Rechtsfolge zutreffend zu erfassen. In aller Regel wird das Bearbeitungsentgelt im prozentualen Verhältnis zur Darlehensvaluta angegeben. Dem durchschnittlichen Bankkunden ist es daher ohne Weiteres zuzumuten, dass er seine finanzielle Mehrbelastung erkennt. Auch kann er ohne unzumutbaren Aufwand verschiedene Angebote der Banken hinsichtlich der Höhe der Bearbeitungsgebühren vergleichen. Diese Überlegungen gelten erst Recht, wenn das Bearbeitungsentgelt in absoluten Zahlen angegeben wird.

Gegen ein Motivationsgefälle spricht indes entscheidend, dass das Bearbeitungsentgelt unbedingt anfällt. Es ist vom Bankkunden in jedem Fall zu zahlen, und nicht in einem bloß theoretischen Fall, dessen Eintrittswahrscheinlichkeit für ihn nicht absehbar ist. Regelungspunkte, die die Belastung des Kunden unmittelbar und in jedem Fall berühren, werden aber regelmäßig seine Abschlussentscheidung beeinflussen.[86] Die Gefahr, dass sich der vom Kunden wahrgenommene Hauptpreis durch „versteckte" Entgeltregelungen in AGB verteuert,[87] besteht hier gerade nicht.

b) Kenntnisnahme durch Darlehensnehmer aufgrund verbraucherschützenden Vorschriften

Im Bereich der Verbraucherdarlehen finden sich zudem verschiedene Vorschriften, deren Sinn und Zweck es gerade ist, die Banken zu verpflichten, ihre Kunden ausreichend über anfallende Nebenentgelte zu informieren. Auch diese sprechen dafür, dass Bearbeitungsentgeltklauseln vom Kunden zur Kenntnis genommen, zutreffend erfasst und einer selbstbestimmten Abschlussentscheidung zugrunde gelegt werden.

aa) Ausdrückliche Vereinbarung, § 312a Abs. 3 S. 1 BGB

Gemäß § 312a Abs. 3 BGB muss eine Vereinbarung, die auf eine über das vereinbarte Entgelt hinausgehende Zahlung des Verbrauchers gerichtet ist, ausdrücklich getroffen werden. Nach herrschender Ansicht betrifft die Regelung nicht nur entgeltliche Nebenleistungen, sondern auch Bearbeitungsentgelte in Bezug auf die Hauptleistung.[88] Die Regelung geht auf Art. 22 der europäischen Verbraucher-

---

[86] *Coester*, in: Staudinger BGB, § 307 Rdn. 324.
[87] Vgl. BGH, NJW 1986 S. 46 (48); BGH, NJW 1989 S. 222 (223).
[88] *Grüneberg*, in: Palandt BGB § 312a Rdn. 4; *Wendehorst*, in: MüKo BGB § 312a Rdn. 52; *Martens*, in: BeckOK BGB § 312a Rdn. 21; *Stadler*, in: Jauernig BGB § 312a Rdn. 12, speziell bezüglich von Bearbeitungsentgelten in Darlehensverträgen: *Becher/Krepold*, BKR 2014 S. 45 (51).

rechte-Richtlinie zurück.[89] Ziel ist es danach, für eine transparente Preisgestaltung zu sorgen und den Verbraucher vor einer Überrumpelung zu schützen.[90] Damit ist es jedoch nicht ausgeschlossen, derartige Entgeltvereinbarungen in AGB zu treffen. Vielmehr ist dies auch nach der Gesetzesbegründung weiter möglich, erfordert jedoch ebenfalls eine ausdrückliche Vereinbarung der Parteien.[91] In Übereinstimmung mit der Gesetzesbegründung wird daher in der Kommentarliteratur eine unmittelbar auf die Vereinbarung des Entgelts gerichtete Erklärung gefordert, welche dazu führt, dass der Bankkunde die Entgeltvereinbarung mit großer Wahrscheinlichkeit wahrnimmt.[92] In Abweichung von den allgemeinen Prinzipien des § 305 Abs. 2 BGB sei daher eine ausdrückliche Zustimmung des Verbrauchers notwendig,[93] die in einem von anderen Erklärungen gesonderten Akt erfolgt.[94]

Unabhängig von der konkreten Umsetzung dieser Vorgaben, die wohl regelmäßig in einer separaten Unterschrift bezüglich der Entgeltklausel liegen wird, ist mit dieser Vorschrift sichergestellt, dass eine Bearbeitungsentgeltklausel nicht gänzlich unbesehen bleibt.

bb) Einbeziehung in den effektiven Jahreszins,
§ 491a Abs. 1 BGB, Art. 247 § 3 Abs. 1 Nr. 3 EGBGB, § 6 Abs. 1 PAngV

Nach § 491a Abs. 1 BGB, Art. 247 § 3 EGBGB ist der Verbraucher bereits vor Vertragsschluss über die dort aufgeführten Informationen zu unterrichten. Gemäß Art. 247 § 3 Abs. 1 Nr. 10 EGBGB betrifft dies insbesondere alle sonstigen, neben dem Zins zu zahlenden Kosten und damit auch Bearbeitungsgebühren. Entscheidend ist jedoch, dass nach Art. 247 § 3 Abs. 1 Nr. 3 EGBGB über den effektiven Jahreszins zu informieren ist. Mit diesem wird in einer einzigen Kennziffer dargestellt, wie teuer der betreffende Kredit unter Zugrundelegung finanzmathematischer Maßstäbe ist.[95] Nach § 6 Abs. 3 S. 1 PAngV sind in den effektiven Jahreszins auch Bearbeitungsgebühren einzubeziehen. Das Bearbeitungsentgelt ist damit Teil der Gesamtkalkulation der Kreditkosten.[96]

Dies verhindert zunächst, dass eine zusätzliche Kostenbelastung durch die Vereinbarung in AGB vom Verwendungsgegner unbemerkt bleibt. Denn der Bankkunde macht den effektiven Jahreszins in aller Regel zur Grundlage seiner Ab-

---

[89] RL 2011/83/EU des Europäischen Parlaments und des Rates vom 12.10.2011 über die Rechte der Verbraucher.

[90] BT-Drs. 17/12637 S. 53; *Martens*, in: BeckOK BGB § 312a Rdn. 18.

[91] BT-Drs. 17/12637 S. 53.

[92] Vgl. BT-Drs. 17/12637 S. 53; *Schulte-Nölke*, in: NK-BGB § 312a Rdn. 4.

[93] *Martens*, in: BeckOK BGB § 312a Rdn. 22.

[94] *Wendehorst*, in: MüKo BGB § 312a Rdn. 58.

[95] *A. Weber*, BKR 2013 S. 450 (454).

[96] *Berger/Rübsamen*, WM 2011 S. 1877 (1879).

schlussentscheidung.[97] Zutreffend wurde daher festgestellt, dass eine Bank, die auf diese Weise in eine einzige Ziffer „kanalisierten" Nebenentgelte nicht zusätzlich zum marktgerechten Zins vereinnahmen kann, und selbst der unaufmerksame Kunde, der Angebote nur aufgrund der Zinshöhe vergleicht und insoweit die vom Gesetzgeber hierfür bereitgestellte Größe des effektiven Jahreszinses verwendet, vor einer Übervorteilung geschützt ist.[98]

Durch die Angabe des effektiven Jahreszins ist es dem Bankkunden zudem möglich, Angebote verschiedener Banken auf einen Blick zu vergleichen, ohne die in den jeweiligen AGB geregelten einzelnen Entgelte im Detail prüfen zu müssen. Dem Verbraucher ist es damit ohne unangemessenen Aufwand oder besondere Kenntnisse möglich, den unter Berücksichtigung aller Kostenelemente günstigsten Kredit auszuwählen.[99]

2. Gegenauffassung des BGH

Die Ausführungen des BGH zum fehlenden Kontrollbedürfnis bei Bearbeitungsentgeltklauseln wegen deren Teilnahme am Wettbewerb, zeigen, wie die Rechtsprechung zu Entgeltklauseln unter der allenfalls oberflächlichen und teilweise widersprüchlichen Auseinandersetzung des BGH mit dem durch AGB ausgelösten Schutzbedürfnis leidet.

Der BGH führt an hierzu aus, eine Klausel die bei planmäßiger Durchführung des Vertrags zu erwartende effektive Gesamtbelastung für den Kunden hinreichend deutlich erkennen lasse, wahre zwar die Anforderungen des Transparenzgebots des § 307 I 2 BGB. Dieser Umstand lasse jedoch weder die Möglichkeit noch das Bedürfnis entfallen, die Klausel einer inhaltlichen Angemessenheitskontrolle nach § 307 Abs. 1 BGB zu unterziehen. Vielmehr solle die Inhaltskontrolle Kunden auch gerade vor solchen Klauseln schützen, bei denen das auf einen gegenseitigen Interessenausgleich gerichtete dispositive Gesetzesrecht – wie hier – durch einseitige Gestaltungsmacht des Klauselverwenders außer Kraft gesetzt werde.[100]

Zum Beleg dieser Ansicht werden verschiedene EuGH-Entscheidungen zitiert, wonach das mit der Klauselrichtlinie geschaffene Schutzsystem auf dem Gedanken beruhe, dass der Verbraucher sich gegenüber dem Gewerbetreibenden in einer schwächeren Verhandlungsposition befinde und einen geringeren Informations-

---

[97] So auch: *A. Weber*, BKR 2013 S. 450 (454), *Guggenberger*, BKR 2017 S. 1 (6), *Piekenbrock/Ludwig*, WM 2012 S. 2349 (2355); *Placzek*, WM 2011 S. 1066 (1069; *Pieroth/Hartmann*, WM 2009 S. 677 (682).

[98] *A. Weber*, BKR 2013 S. 450 (454).

[99] Vgl. *Piekenbrock/Ludwig*, WM 2012 S. 2349 (2355); *Placzek*, WM 2011 S. 1066 (1069).

[100] BGH, NJW 2014 S. 2420 (2427).

stand besitze, was dazu führe, dass er den vom Gewerbetreibenden vorformulierten Bedingungen zustimmt, ohne auf deren Inhalt Einfluss nehmen zu können.[101]

In einer weiteren an dieser Stelle zitierten Entscheidung führt der BGH selbst aus, das Bedürfnis einer Inhaltskontrolle bestehe allein deshalb, weil der Kunde – auch wenn er eine Klausel zur Kenntnis genommen hat – bei AGB auf die inhaltliche Ausgestaltung der Regelungen keinen Einfluss nehmen könne.[102]

Irreführend ist bereits der Hinweis des BGH auf das Transparenzgebot. Zum einen ist das Transparenzgebot auch bei der Angabe eines effektiven Jahreszinses nicht gewahrt, wenn die Entgeltklausel an sich nicht klar verständlich ist. Andersherum kann das Transparenzgebot auch dann erfüllt sein, wenn die Klausel nicht am Wettbewerb teilnimmt und deshalb einer materiellen Inhaltskontrolle bedarf. Ist eine Klausel nicht klar und verständlich formuliert, so ist eine freie Abschlussentscheidung des Verwendungsgegners bereits aus diesem Grund nicht möglich. Aufgrund der typischerweise bestehenden Informations- und Motivationsasymmetrie ist grundsätzlich aber auch bei einer transparenten Klausel eine inhaltliche Kontrolle erforderlich, weil diese regelmäßig nicht zur Kenntnis genommen werden und damit nicht dem Schutz des Wettbewerbs unterliegen. Bearbeitungsentgeltklauseln hingegen sind in aller Regel transparent formuliert und nehmen zudem auch am Wettbewerb teil.

Die Ansicht des BGH, es bestünde dennoch ein Kontrollbedürfnis ist ebenfalls abzulehnen. Ihr ließe sich nur folgen, wenn man das durch die Verwendung von AGB ausgelöste Kontrollbedürfnis in einer typischerweise bestehenden Unterlegenheit des Verwendungsgegners oder allein in der einseitigen Inanspruchnahme der Vertragsgestaltungsfreiheit sehen würde. Eingangs wurde jedoch bereits ausführlich dargelegt, dass beide Ansatzpunkte nicht überzeugen können und abzulehnen sind.[103]

3. Zwischenergebnis

Spätestens mit der Einbeziehung in den effektiven Jahreszins ist gewährleistet, dass Bearbeitungsentgelte den Kräften des Wettbewerbs ausgesetzt sind und der Kontrolle des Marktes unterliegen.[104] Auch im unternehmerischen Bereich, wo keine Pflicht zur Angabe eines effektiven Jahreszinses besteht, ist davon jedoch auszugehen. Dies folgt aus dem Umstand, dass ein für AGB typisches Informations- und Motivationsgefälle nicht besteht. Als unbedingt anfallendes Entgelt widmet der Durchschnittskunde Bearbeitungsentgeltklauseln erhöhte Aufmerksamkeit und

---

[101] St. Rspr. des EuGH, u. a.: EuGH, NJW 2000 S. 2571; EuGH, NJW 2007, S. 135; EuGH, NJW 2009 S. 2367.

[102] BGH, NJW 2011 S. 1801 (1803).

[103] S. o.: C. II. 1 und C. II. 2. b).

[104] So auch: *Guggenberger*, BKR 2017 S. 1 (6).

es ist ihm ohne größeren Aufwand möglich, deren Bedeutung zu erfassen und mit Angeboten anderer Banken zu vergleichen. Überdies ist es auch für Unternehmer ohne besonderen Aufwand mittels entsprechender Software möglich, den effektiven Jahreszins zu errechnen.[105] Geht man daher wie hier mit der herrschenden Meinung davon aus, dass das Bedürfnis für eine Inhaltskontrolle Allgemeiner Geschäftsbedingungen in dem typischerweise durch deren Verwendung ausgelösten partiellen Marktversagens begründet liegt, muss man feststellen, dass ein solches Bedürfnis bei der Vereinbarung von Bearbeitungsentgelten nicht besteht. Die Eröffnung der Inhaltskontrolle ist daher auch aus teleologischen Gesichtspunkten abzulehnen.

III. Inhaltskontrolle nach § 307 BGB

Nach Ansicht des BGH stellen gewöhnliche Bearbeitungsentgeltklauseln in einem Verbraucherdarlehensvertrag kontrollfähige Preisnebenabreden dar und unterliegen damit der Inhaltskontrolle. Im Folgenden soll dies entgegen der hier vertretenen Auffassung unterstellt werden und die durch § 307 BGB angeordnete Interessenabwägung nachvollzogen werden.

Nach § 307 Abs. 1 BGB sind Bestimmungen in Allgemeinen Geschäftsbedingungen unwirksam, wenn sie den Vertragspartner entgegen den Geboten von Treu und Glauben unangemessen benachteiligen.

1. Vermutungswirkung des § 307 Abs. 2 Nr. 1 BGB

Eine unangemessene Benachteiligung ist gem. § 307 Abs. 1 S. 1, Abs. 2 Nr. 1 BGB im Zweifel anzunehmen, wenn eine Bestimmung mit wesentlichen Grundgedanken der gesetzlichen Regelung, von der abgewichen wird, nicht zu vereinbaren ist. Nach der Rechtsprechung des BGH wird gemäß dieser Vorschrift bei der formularvertraglichen Vereinbarung eines laufzeitunabhängigen Bearbeitungsentgelts aus zwei Gründen eine unangemessene Benachteiligung indiziert.

Zwar setzt die Vermutungswirkung des § 307 Abs. 2 Nr. 1 BGB nach ihrem Wortlaut ein Abweichen von wesentlichen Grundgedanken der gesetzlichen Regelung voraus. Der BGH legt diesen Begriff aber wie auch den Begriff der Rechtsvorschriften in § 307 Abs. 3 S. 1 BGB sehr weit aus und möchte auch wesentliche ungeschriebene Grundgedanken der Rechtsordnung davon umfasst wissen.[106]

Die Einbeziehung auch ungeschriebener Rechtsgrundsätze steht dabei im Einklang mit den Vorstellungen des Gesetzgebers. Dieser Schluss lässt sich aus der Gesetzesbegründung zu § 7 AGBG, der Vorgängervorschrift des heutigen § 307 BGB,

---

[105] *Casper/Möllers*, BKR 2014 S. 59 (68).
[106] BGH, NJW 1987 S. 1931 (1932f.); BGH, NJW 2001 S. 3480 (3482).

ziehen. Dort heißt es, das in Absatz 2 Nr. 1 enthaltene Kriterium sei an die von der Rechtsprechung entwickelten Grundsätze über die sog. Leitbildfunktion der geschriebenen und ungeschriebenen Normen des dispositiven Rechts angelehnt.[107] Der Gesetzgeber ging damit davon aus, dass auch für die Erfüllung des Tatbestandes des § 7 Abs. 2 Nr. 1 AGBG (heute § 307 Abs. 2 Nr. 1 BGB) ungeschriebene Normen ausreichen. Andernfalls wäre ein klarstellender Hinweis an dieser Stelle zu erwarten gewesen.

a) Erhebung eines Entgelts für Tätigkeiten im eigenen Interesse

Wie oben dargelegt, verstößt die Erhebung eines laufzeitunabhängigen Bearbeitungsentgelts gegen den vom BGH angenommenen Grundsatz des dispositiven Rechts, nach dem ein gesondertes Entgelt für Tätigkeiten, zu denen der Verwender gesetzlich oder nebenvertraglich verpflichtet ist oder die er überwiegend im eigenen Interesse erbringt, nicht erhoben werden dürfe. Damit sei auch eine unangemessene Benachteiligung des Verwendungsgegners gem. § 307 Abs. 2 Nr. 1 BGB indiziert.[108]

b) Leitbild des § 488 Abs. 1 S. 2 BGB

Nach Ansicht des BGH wird gem. § 307 Abs. 2 Nr. 1 BGB eine unangemessene Benachteiligung des Darlehensnehmers zudem wegen des Abweichens vom Leitbild des § 488 Abs. 1 S. 2 BGB vermutet. Der BGH führt in seinem Urteil zu Verbraucherdarlehen an dieser Stelle aus, in § 488 Abs. 1 S. 2 BGB sei zwar keine zwingende Vorschrift in dem Sinne zu sehen, dass laufzeitunabhängige Entgelte neben dem Zins in jedem Falle ausgeschlossen seien.[109] Jedoch müssten sich Bestimmungen in AGB, die von der vertragstypischen Ausgestaltung des Entgelts für die Darlehensgewährung als laufzeitabhängiger Zins abweichen, an § 307 Abs. 2 Nr. 1 BGB messen lassen. Die Vereinbarung eines laufzeitunabhängigen Bearbeitungsentgelts weiche damit im Sinne von § 307 Abs. 2 Nr. 1 BGB von § 488 Abs. 1 S. 2 BGB ab, weshalb eine unangemessene Benachteiligung vermutet werde.

Dies stellt jedoch bei genauer Betrachtung einen Widerspruch zu den Ausführungen zur Eröffnung der Inhaltskontrolle dar. Denn dort begründet der BGH anhand des ausgemachten Leitbilds des § 488 Abs. 1 S. 2 BGB, dass es sich bei einem laufzeitunabhängigen Entgelt nicht um ein Entgelt für die Hauptleistungspflicht handeln könne, weshalb die Bearbeitungsentgeltklausel der Inhaltskontrolle nicht entzogen sei. Auch über das Argument aus dem Leitbild des § 488 Abs. 1 S. 2 BGB hinaus, versucht der BGH insbesondere mit dem Wortlaut „Bearbeitungsentgelt"

---

[107] BT-Drucks. 7/3919, S. 23.
[108] BGH, NJW 2014 S. 2420 (2428); BGH, BeckRS 2017, 121112, Rdn. 47.
[109] BGH, NJW 2014 S. 2420 (2428).

zu belegen, dass das Bearbeitungsentgelt kein Entgelt für die Hauptleistungspflicht des Darlehensgebers darstellt.

Im seinem Urteil zu Bearbeitungsentgelten in Unternehmerdarlehensverträgen heißt es dann aber explizit, die Erhebung des Bearbeitungsentgelts sei mit wesentlichen Grundgedanken der gesetzlichen Regelung unvereinbar i. S. v. § 307 Abs. 2 Nr. 1 BGB, da das zu leistende Entgelt laufzeitunabhängig ausgestaltet sei und daher von dem gesetzlichen Leitbild des § 488 Abs. 1 S. 2 BGB abweiche, das ein laufzeitabhängiges Entgelt für die Darlehensgewährung vorsehe.[110] Der Widerspruch ist hier offensichtlich, soll es sich doch nach den Ausführungen zur Eröffnung der Inhaltskontrolle gerade nicht um ein Entgelt für die Darlehensgewährung handeln.

Derselbe Widerspruch findet sich auch in dem Aufsatz der ehemaligen wissenschaftlichen Mitarbeiterin des BGH Schmieder. Diese führt im Rahmen der Eröffnung der Inhaltskontrolle zunächst aus, die Hauptleistungspflicht des Darlehensnehmers und der Preis im Sinne von § 307 Abs. 3 S. 1 BGB sei beim Darlehen lediglich der im Gegenseitigkeitsverhältnis zur Kapitalbelassungspflicht des Darlehensgebers stehende Zins. Hieraus folgert auch sie, dass Bearbeitungsgebühren nach § 488 Abs. 1 S. 2 BGB nicht zum Preis für die vertragliche Hauptleistung des Darlehensgebers zählen könnten. Im Rahmen der unangemessenen Benachteiligung nach § 307 Abs. 2 Nr. 1 BGB wird sodann ausgeführt:

> „Nach dem gesetzlichen Leitbild des § 488 Abs. 1 S. 2 BGB kann ein Kreditinstitut als Entgelt für die Darlehensgewährung ausschließlich den laufzeitabhängig bemessenen Zins beanspruchen, den es zur Deckung anfallender Kosten zu verwenden hat. Nicht aber kann es als Gegenleistung für den im eigenen Interesse und in Erfüllung gesetzlicher Pflichten angefallenen Bearbeitungsaufwand ein gesondertes Entgelt verlangen, das ihm – was erschwerend hinzu kommt – selbst bei vorzeitiger Vertragsauflösung, unabhängig vom tatsächlichen Aufwand, in voller Höhe verbleibt (vgl. § 501 BGB). Die unangemessene Benachteiligung wird durch den gegebenen Verstoß gegen wesentliche Grundgedanken der gesetzlichen Regelung indiziert."[111]

Widerspruchsfrei könnte man die so begründete Indizwirkung von § 307 Abs. 2 Nr. 1 BGB allerdings nur annehmen, wenn man das Leitbild des § 488 Abs. 1 S. 2 BGB derart weit fassen würde, dass die Vereinbarung jedes laufzeitunabhängigen Entgelts – unabhängig von der damit zu vergütenden Tätigkeit – hiervon abweichen würde. Da sich § 488 Abs. 1 S. 2 BGB nach richtiger Ansicht bereits nicht entnehmen lässt, dass ein laufzeitunabhängiges Entgelt nicht Teil der synallagmatischen Gegenleistung sein könnte, ist dies jedoch erst Recht nicht denkbar. Insbesondere müsste man einer Regelung, die lediglich die Hauptleistungspflichten des Darlehensvertrags nennt, einen Aussagegehalt hinsichtlich sämtlicher Nebenentgelte unterstellen.

---

[110] BGH, NJW 2017 S. 2986 (2989).
[111] *Schmieder*, WM 2012 S. 2358 (2363).

Jedenfalls wären aber nach dieser Auslegung die seitenlangen Ausführungen des BGH zur Entgelterhebung für Tätigkeiten im eigenen Interesse obsolet. Die Eröffnung der Inhaltskontrolle hätte dann schlicht mit einem Abweichen von § 488 Abs. 1 S. 2 BGB begründet werden können.

Gegen den Eindruck, das Leitbild des § 488 Abs. 1 S. 2 BGB ginge nach der Ansicht des BGH derart weit, dass diesem sämtliche laufzeitunabhängige Entgelte widersprächen, sprechen auch die Ausführungen des BGH in seinem Urteil zu sogenannten „Zins-Cap-Prämien". Eine solche Zinssicherungsgebühr stellt ein einmaliges laufzeitunabhängiges Entgelt dar, für dessen Entrichtung dem Kunden eine Zinsober- und -untergrenze gewährt wird. Nach Ansicht des BGH weicht ein solches Entgelt ebenfalls vom Leitbild des § 488 Abs. 1 S. 2 BGB ab. Der BGH begründet dies aber ausdrücklich damit, dass es sich um ein zusätzliches laufzeitunabhängiges (Teil-)Entgelt „für die Überlassung der Darlehensvaluta" handelt.[112]

Im Ergebnis ist daher festzuhalten, dass ausgehend von der Feststellung des BGH im Rahmen der Eröffnung der Inhaltskontrolle, es handele es sich bei einem Bearbeitungsentgelt nicht um ein Entgelt für die Überlassung der Darlehensvaluta, auch ein Abweichen vom Leitbild des § 488 Abs. 1 S. 2 BGB nicht angenommen werden dürfte.

Freilich bliebe die Vermutung der unangemessenen Benachteiligung des § 307 Abs. 2 Nr. 1 BGB wegen der Erhebung eines Entgelts für Tätigkeiten im eigenen Interesse von dieser Überlegung unberührt.

2. Interessenabwägung nach § 307 BGB

Die gesetzliche Vermutung der Unwirksamkeit durch § 307 Abs. 2 Nr. 1 BGB entfällt, wenn eine Gesamtwürdigung aller Umstände ergibt, dass die Klausel den Kunden nicht unangemessen benachteiligt.[113] Je weitergehender der Rechtsverlust des Kunden ist, desto strenger ist der an die Vereinbarkeit der Klausel mit § 307 Abs. 2 Nr. 1 BGB zu legende Prüfungsmaßstab.[114] Im Folgenden soll jedoch eine nicht bereits durch die Vermutungswirkung des § 307 Abs. 2 Nr. 1 BGB vorgezeichnete Prüfung erfolgen, sondern eine offene Gegenüberstellung der widerstreitenden Interessen, da nach hier vertretener Ansicht eine Vermutungswirkung gerade nicht besteht.

---

[112] BGH, NJW 2018 S. 2950 (2952).
[113] BGH, WM 2003 S. 673 (675).
[114] BGH, NJW 1964 S. 1123 (1123 f.).

a) Nachteile des Darlehensnehmers bei vollständiger Vertragsdurchführung

Im Interesse einer klaren Darstellung werden hier zunächst einmal die Nachteile dargestellt, die dem Darlehensnehmer tatsächlich durch die Vereinbarung des laufzeitunabhängigen Bearbeitungsentgelts entstehen.

aa) Mitfinanzierung des Bearbeitungsentgelts

Als Nachteil des Darlehensnehmers führt der BGH zunächst an, dass das Bearbeitungsentgelt üblicherweise mitkreditiert wird. Der Kunde sei daher verpflichtet, bis zur vollständigen Tilgung des Bearbeitungsentgelts auch hierauf entfallende Zinsen zu entrichten.[115] Der BGH zitiert an dieser Stelle die Aufsätze von Tiffe und Strube/Fandel. Diese nennen die Mitkreditierung des Bearbeitungsentgelts jedoch nicht als Nachteil im Rahmen der Interessenabwägung, sondern bloß als Argument gegen die früher vertretene Ansicht, das Bearbeitungsentgelt könne laufzeitabhängigen Charakter haben.[116] Ginge man hiervon aus, ergäbe sich durch die Mitkreditierung des Bearbeitungsentgelts nämlich ein Konflikt mit dem Zinseszinsverbot nach §§ 248, 289 BGB.[117]

Das Argument des BGH ist indes auch nicht tragfähig. Das Bearbeitungsentgelt fällt für Tätigkeiten an, die bereits vor oder bei Vertragsbeginn von der Bank erbracht werden müssen. Eine Möglichkeit wäre es daher, dem Darlehensnehmer dieses Entgelt sofort in Rechnung zu stellen. Beispielsweise kann das Bearbeitungsentgelt unmittelbar von der auszuzahlenden Darlehenssumme abgezogen werden.[118] Muss der Darlehensnehmer das Entgelt indes, wie dies üblich ist, nicht sofort begleichen, ist dies für ihn vorteilhaft.[119] Diesem Vorteil stehen die auf das Bearbeitungsentgelt zu zahlenden Zinsen gegenüber. Die Zinszahlungspflicht ist daher nicht geeignet, den Darlehensnehmer unangemessen zu benachteiligen, weil sie in einem angemessenen Verhältnis zu dem ihm zu Teil werdenden Vorteil steht.

bb) Keine konkrete Berechnung des Bearbeitungsaufwands

Im Schrifttum wurde vereinzelt vorgebracht, eine unangemessene Benachteiligung ergebe sich bereits daraus, dass Bearbeitungsentgelte üblicherweise in einem prozentualen Verhältnis zur Darlehensvaluta erhoben werden.[120] Dies hätte

---

[115] BGH, NJW 2014 S. 2420 (2429).

[116] *Tiffe*, VuR 2012 S. 127 (128); *Strube/Fandel*, BKR 2014 S. 133 (138).

[117] *Strube/Fandel*, BKR 2014 S. 133 (138).

[118] Dies ist insbesondere bei Förderdarlehen üblich, vgl. G. IV. 2.

[119] So auch: *Casper/Möllers*, WM 2015 S. 1689 (1696).

[120] *Krüger/Bütter*, WM 2005 S. 673 (676); *Tiffe*, VuR 2012 S. 127 (129), kritisch auch: *Strube/Fandel*, BKR 2014 S. 133 (138); Vgl. auch: *Rohe*, in: BeckOK BGB § 488 Rdn. 77, der

zur Folge, dass Verbraucher bei einem höheren Kreditbedarf ein höheres Entgelt zahlen müssten. Hierfür fehle es jedoch an einer sachlichen Rechtfertigung, weil davon auszugehen sei, dass der Aufwand bei Verbraucherdarlehen grundsätzlich gleich hoch sei und nicht von der Höhe des Nettodarlehensbetrages abhänge.[121]

Andererseits wurde die übliche Praxis, die Bearbeitungsgebühr als Prozentsatz der Darlehenssumme zu vereinbaren, als verbraucherfreundlich qualifiziert, da ansonsten die Kleinkredite deutlich teurer würden. Es handle sich dabei um eine bewusste Quersubvention der Kleinkredite.[122]

Der BGH hat dieses Argument in seinem Urteil nachvollziehbarer Weise überhaupt nicht angeführt. Der Gedanke, der Darlehensgeber müsse eine sachliche Rechtfertigung für die Berechnung seiner Entgelte vorweisen, liegt gänzlich neben der Sache. Es gibt auch keinen Rechtssatz, nach dem ein Darlehensgeber Kredite mit höherem Volumen zum gleichen Preis anbieten müsste als solche mit niedrigerem Volumen. Vielmehr ist der Darlehensgeber, wie jeder andere Anbieter einer Leistung auch, in der Berechnung seiner Entgelte völlig frei. Die von der Darlehensvaluta abhängige Berechnung des Bearbeitungsentgelts kann allenfalls im Falle einer vorzeitigen Vertragsbeendigung kritisch zu betrachten sein.[123]

b) Nachteile des Darlehensnehmers bei vorzeitiger Vertragsbeendigung

Die weiteren in der Diskussion vorgebrachten Nachteile beziehen sich auf eine vorzeitige Vertragsbeendigung. Nach § 500 Abs. 1 S. 1 BGB ist der Darlehensnehmer berechtigt, einen Allgemein-Verbraucherdarlehensvertrag i. S. v. § 491 Abs. 2 S. 1 BGB, bei dem eine Zeit für die Rückzahlung nicht bestimmt ist, ohne Frist ganz oder teilweise zu kündigen. Gemäß § 500 Abs. 2 S. 1 BGB ist der Verbraucher zudem berechtigt, seine Verbindlichkeiten aus einem Verbraucherdarlehensvertrag ganz oder teilweise vorzeitig zu erfüllen. Für einen Immobiliar-Verbraucherdarlehensvertrag i. S. v. § 491 Abs. 3 S. 1 BGB gelten die besonderen Voraussetzungen in § 500 Abs. 2 S. 2 BGB.

Macht der Darlehensnehmer von diesem jederzeitigen Ablösungsrecht Gebrauch, vermindern sich gemäß § 501 BGB die Gesamtkosten nach § 6 Abs. 3 PAngV um die Zinsen und sonstigen *laufzeitabhängigen* Kosten, die bei gestaffelter Berechnung auf die Zeit nach der Fälligkeit oder Erfüllung entfallen. Das Bearbeitungsentgelt als laufzeitunabhängiges Teilentgelt verbleibt dem Darlehensgeber damit auch bei vorzeitiger Vertragsbeendigung in voller Höhe. Daneben steht dem Darlehensgeber gemäß § 502 Abs. 1 BGB grundsätzlich eine nach Abs. 3 dieser Vor-

---

pauschale, nur an das Geschäftsvolumen gekoppelte Entgelte ohne Spiegelung des Bearbeitungsaufwands in AGB für unzulässig hält, ohne dies jedoch näher zu begründen.

[121] *Tiffe*, VuR 2012 S. 127 (129); ähnlich *Krüger/Bütter*, WM 2005 S. 673 (676).

[122] *Wimmer*, WM 2012 S. 1841 (1851); vgl. hierzu auch bereits oben: B. II.

[123] Siehe hierzu sogleich: E. III. 2. b) bb).

schrift auf ein Prozent des vorzeitig zurückgezahlten Betrags gedeckelte, angemessene Vorfälligkeitsentschädigung zu.

aa) Anstieg des effektiven Jahreszinses

Zutreffend hat der BGH darauf hingewiesen, dass der effektive Jahreszins bei nur kurzer Vertragslaufzeit beträchtlich ansteigen kann, da das Bearbeitungsentgelt in voller Höhe beim Darlehensgeber verbleibt.[124] Gemäß § 6 Abs. 2 S. 2 PangV wird bei der Berechnung des effektiven Jahreszinses von der Annahme ausgegangen, dass der Verbraucherdarlehensvertrag für den vereinbarten Zeitraum gilt und dass Darlehensgeber und Verbraucher ihren Verpflichtungen zu den im Verbraucherdarlehensvertrag niedergelegten Bedingungen und Terminen nachkommen.

Im Schrifttum wurde der Anstieg des effektiven Jahreszinses bei einer vorzeitigen Rückzahlung nach sechs Monaten anhand einer Berechnung mit dem Finanzcheck des instituts für finanzdienstleistungen (iff) sehr gut veranschaulicht:

> „Darlehenssumme 10.000 Euro, 8,0 % Sollzinssatz p. a., 2 % Bearbeitungsgebühr, Laufzeit 60 Monate, monatliche Rate 206,82 Euro, 9,22 % effektiver Jahreszins, bei Rückzahlung nach 6 Monaten: 12,99 % effektiver Jahreszins.“[125]

Im Ergebnis muss der Darlehensnehmer bei vorzeitiger Vertragsbeendigung für die Überlas sung der Darlehensvaluta somit einen relativ gesehen höheren Preis entrichten.

Nach Ansicht des BGH ist dieser Umstand zudem geeignet, das jederzeitige Ablösungsrecht aus § 500 Abs. 2 S. 1 BGB zu gefährden.[126]

bb) Gefährdung des Ablösungsrechts aus § 500 Abs. 2 S. 1 BGB

Ob der Anstieg des effektiven Jahreszinses tatsächlich geeignet ist, das jederzeitige Ablösungsrecht zu gefährden ist jedoch zunächst in tatsächlicher Hinsicht fraglich. Dies würde die Feststellung erfordern, dass der durchschnittliche Verbraucher auf dieses Recht verzichten würde, nur weil sich das aufgenommene Darlehen ansonsten rückblickend im Verhältnis zur Zeit der Inanspruchnahme als „teurer" darstellt. Das Bearbeitungsentgelt hat der Verbraucher aber ohnehin in jedem Fall in voller Höhe zu zahlen. Zu berücksichtigen ist zudem, dass es sich bei der oben dargestellten Rechnung um ein Extrembeispiel handelt. Es ist doch äußerst fraglich, wie oft ein Darlehensvertrag mit einer Laufzeit von 60 Monaten bereits nach 6 Monaten gekündigt wird. Dabei wird es sich nicht um einen typischen Fall han-

---

[124] BGH, NJW 2014 S. 2420 (2429).
[125] *Tiffe*, VuR 2012 S. 127 (133 Fn. 28).
[126] BGH, NJW 2014 S. 2420 (2429).

deln, sondern allenfalls um einen Ausnahmefall. Der BGH hat in seinem Urteil hierzu jedoch keine weiteren Ausführungen gemacht.

Der Gesetzgeber sieht das jederzeitige Ablösungsrecht durch die bloße Vereinbarung laufzeitunabhängiger Kosten nicht als gefährdet an. Hierfür spricht zunächst § 501 BGB. Hier ist geregelt, dass sich bei vorzeitiger Ablösung des Darlehens die Gesamtkosten um die Zinsen und sonstigen laufzeitabhängigen Kosten, die bei gestaffelter Berechnung auf die Zeit nach der Fälligkeit oder Erfüllung entfallen, vermindern. Im Umkehrschluss aus der ausdrücklichen Erwähnung laufzeitabhängiger Kosten ergibt sich hieraus, dass laufzeitunabhängige Kosten nicht zu erstatten sind. Die Gesetzesbegründung spricht hier von „unverbrauchten" Kosten, die bei vorzeitiger Rückzahlung zu erstatten sind. Der Gesetzgeber war sich dessen also völlig bewusst, dass im Umkehrschluss „verbrauchte" Kosten beim Darlehensgeber verbleiben.[127]

Der BGH meint jedoch, die Gefährdung des jederzeitigen Ablösungsrechts lasse sich nicht unter Hinweis auf § 501 BGB entkräften. Dieser gehe zwar davon aus, dass laufzeitunabhängige Kosten im Fall vorzeitiger Vertragsbeendigung beim Darlehensgeber verbleiben. Aus § 501 BGB ergebe sich aber nicht die rechtliche Zulässigkeit der Erhebung eines laufzeitunabhängigen Entgelts.[128]

Bereits an anderer Stelle wurde dem BGH insoweit zugestimmt, dass aus § 501 BGB nicht per se die Zulässigkeit eines jeden laufzeitunabhängigen Entgelts geschlossen werden kann.[129] Darum geht es aber auch hier nicht. Auf § 501 BGB soll nur die Vermutung gestützt werden, der Gesetzgeber habe in der Erhebung laufzeitunabhängiger Entgelte nicht bereits eine Gefährdung des jederzeitigen Ablösungsrechts gesehen.

Hierfür spricht auch, dass die Regelung des § 501 BGB genau wie § 500 BGB mit dem Gesetz zur Umsetzung der Verbraucherkreditrichtlinie vom 29. Juli 2009 Eingang in das BGB fand. Dabei sah der BGH aber offensichtlich keinen Konflikt zwischen laufzeitunabhängigen Kosten und dem parallel eingeführten, jederzeitigen Ablösungsrecht nach § 500 Abs. 2 BGB.

Gegen die Annahme des BGH spricht auch ein Vergleich mit der Regelung des § 308 Nr. 7 BGB. Danach ist eine Bestimmung in AGB unter anderem unwirksam, wenn der Verwender für den Fall, dass eine Vertragspartei vom Vertrag zurücktritt oder den Vertrag kündigt, eine unangemessen hohe Vergütung für erbrachte Leistungen oder einen unangemessen hohen Ersatz von Aufwendungen verlangen kann. Ein Grund für diese Vorschrift liegt gerade darin, den Kunden davor zu schützen, dass die Ausübung von Rücktritts- oder Kündigungsrechten durch übersteigerte Vergütungs- oder Aufwendungsersatzansprüche ungerechtfertigt erschwert oder

---

[127] BT-Drs. 16/11643 S. 86.
[128] BGH, NJW 2014 S. 2420 (2429).
[129] S. o.: E. I. 1. b) bb) (4).

gar faktisch unmöglich gemacht wird.[130] Für die Unwirksamkeit ist danach aber Voraussetzung, dass der bei vorzeitiger Vertragsbeendigung zu zahlende Betrag unangemessen hoch ist. Schließlich geht auch der BGH grundsätzlich davon aus, dass speziell zur Erfüllung des konkreten Vertrags bis zum Vertragsende bereits erbrachte besondere Aufwendungen, die nicht mehr rückgängig zu machen und auch nicht für andere Verträge verwendbar sind, ungekürzt in Rechnung gestellt werden können.[131]

Das wäre im Fall eines Bearbeitungsentgelts nur der Fall, wenn dessen Höhe außer Verhältnis zu dem damit abzugeltenden Aufwand stünde.[132] Dann wäre das Bearbeitungsentgelt als verschleierte Zinsabrede einzustufen, durch das tatsächlich laufzeitabhängige Leistungen abgegolten würden, die bei vorzeitiger Ablösung des Darlehens nicht in voller Höhe vom Darlehensnehmer zu tragen wären.[133]

Bei einer solchen Gestaltung würde es sich aber um eine Umgehung des § 501 BGB handeln.[134] Die Unwirksamkeit des Bearbeitungsentgelts würde in diesem Fall unmittelbar aus § 512 S. 2 BGB folgen, der eine Umgehung der verbraucherschützenden Vorschriften der §§ 491 bis 511, 514 und 515 BGB untersagt.

Die übliche Höhe der vereinbarten Bearbeitungsentgelte lässt aufgrund der Feststellung, dass der Verwaltungsaufwand einer Bank tatsächlich weit überwiegend vor und bei Vertragsschluss anfällt, allerdings keinen Raum für solche Überlegungen.

c) Zwischenergebnis

Bei Lichte betrachtet entstehen dem Darlehensnehmer bei Erfüllung der Vertragslaufzeit keine in die Interessenabwägung einzustellenden Nachteile. Die Mitfinanzierung des Bearbeitungsentgelts mit der Folge einer Verzinsung auch dieser Kosten ist rechtlich nicht zu beanstanden. Die in der Literatur erfolgte Kritik an der Berechnung in Abhängigkeit von der Darlehensvaluta ist ebenfalls unbegründet. Als Nachteil für den Darlehensnehmer erweist sich der Anstieg des effektiven Jahreszinses bei vorzeitiger Vertragsbeendigung. Eine damit verbundene Gefährdung des jederzeitigen Ablösungsrechts gemäß § 500 Abs. 2 S. 1 BGB ist jedoch zu verneinen.

---

[130] BT-Drucks. 7/3919, 26; *Roloff*, in: Erman BGB § 308 Rdn. 58.
[131] BGH, NJW 1999, 276 (277).
[132] *Guggenberger*, BKR 2017 S. 1 (6).
[133] *Billing*, WM 2013 S. 1829 (1835); *Guggenberger*, BKR 2017 S. 1 (6).
[134] *Billing*, WM 2013 S. 1829 (1835); *Guggenberger*, BKR 2017 S. 1 (6).

d) Zu berücksichtigende Interessen des Darlehensgebers

Den oben dargestellten Nachteilen der Erhebung des Bearbeitungsentgelts stehen Interessen des Darlehensgebers gegenüber, die in der Interessenabwägung zu berücksichtigen sind.

aa) Grundsatz der verursachungsgerechten Bepreisung

Dem Nachteil der Verteuerung des Kredits bei vorzeitiger Vertragsbeendigung lässt sich der Grundsatz einer verursachungsgerechten Bepreisung entgegenhalten. Der mit dem Bearbeitungsentgelt vergütete Aufwand fällt bei der Bank bereits vor oder bei Vertragsbeginn an und damit eben nicht laufzeitabhängig.[135] Die Bank hat daher ein begründetes Interesse, sich diesen Aufwand auch unabhängig von der Laufzeit des Vertrages vergüten zu lassen.[136] Anders gewendet besteht für den Darlehensnehmer kein schützenswertes Interesse an einer Rückzahlung im Fall einer vorzeitigen Vertragsbeendigung.[137]

Indes meint der BGH das sogenannte Verursacherprinzip gehe von vornherein fehl, da dieses Prinzip für die Preisgestaltung im nicht regulierten Wettbewerb rechtlich bedeutungslos sei.[138] Der Verwender Allgemeiner Geschäftsbedingungen könne daher Kosten für Tätigkeiten im eigenen Interesse nicht unter Berufung auf das Verursacherprinzip offen auf Dritte abwälzen.[139] Das grundlegende Fehlverständnis, das dieser Ansicht zugrunde liegt, wird vor allem bei Nobbe deutlich. Dieser führte in seinem berühmt gewordenen Aufsatz an, das Verursachungsprinzip spiele im Rahmen der vertraglichen Inhaltskontrolle keine Rolle. Es mache eine Kosten verursachende Tätigkeit noch nicht zu einer vergütungspflichtigen Leistung für einen anderen.[140]

Tatsächlich soll mit dem Verursacherprinzip aber nicht ein ansonsten nicht bestehender Anspruch begründet werden, der es der Bank ermöglicht, die Kosten dem Kunden zu berechnen. Vielmehr geht es darum, den auf Grundlage einer AGB-Klausel zweifelsfrei vertraglich vereinbarten Anspruch vor der Inhaltskontrolle zu legitimieren.[141] Das Verursachungsprinzip streitet insoweit allein für die Angemessenheit der Vereinbarung eines solchen Anspruchs. Es besteht daher kein Grund, dieser Argumentation pauschal jede Bedeutung abzusprechen.

---

[135] *Casper/Möllers*, BKR 2014 S. 59 (67); *Guggenberger*, BKR 2017, S. 1 (6).
[136] So wohl auch: *Basedow*, in MüKo BGB § 310 Rdn. 14.
[137] *Casper/Möllers*, BKR 2014 S. 59 (67).
[138] BGH, NJW 1999 S. 2276 (2277).
[139] BGH, NJW 1997 S. 2752 (2753).
[140] *Nobbe*, WM 2008 S. 185 (187).
[141] *Canaris*, AcP 200 (2000) S. 273 (337).

bb) Auswirkungen einer Unwirksamkeit
auf die Praxis der Darlehensvergabe

Bei der Frage, ob Bearbeitungsentgelte eine unangemessene Benachteiligung darstellen, dürfen die Folgen für die Praxis der Darlehensvergabe nicht außer Acht gelassen werden. Hier sind einerseits die bankbetriebswirtschaftlichen Erwägungen zu nennen und zum anderen die Folgen für die Darlehensnehmer zu betrachten.

Die Revision hatte in dem vom BGH zu entscheidenden Fall vorgetragen, die Erhebung eines solchen Entgelts sei aus bankbetriebswirtschaftlichen Gründen geboten um bei einer aus empirischer Sicht häufig vorkommenden, vorzeitigen Rückführung des Darlehens entstandene Schäden auszugleichen.[142] Die in § 502 Abs. 1 S. 1 BGB geregelte Vorfälligkeitsentschädigung reiche wegen ihrer in Abs. 2 geregelten Deckelung hierfür nicht aus. Es bleibe der Bank daher nur die Möglichkeit das Risiko vorzeitiger Rückzahlung in den Sollzinssatz einzupreisen. Damit würden aber in volkswirtschaftlich schädlicher Weise die Zinsen erhöht werden und zudem Kunden belastet, die ihren Kredit vertragsgemäß bis zum Ende fortführen. Der BGH hielt dieses Vorbringen jedoch schlicht für nicht genügend, um das laufzeitunabhängige Bearbeitungsentgelt als angemessen erscheinen zu lassen.[143] Vielmehr verweist er die Banken sogar ausdrücklich auf die als „Mischkalkulation" bezeichnete Möglichkeit, den Bearbeitungsaufwand in den Zins einzuberechnen.[144]

Allerdings kann sich die Umlegung auf den laufzeitabhängigen Zins auch für den Darlehensnehmer als negativ herausstellen. Denn die Umlegung auf den Zins kann zu höheren Gesamtkosten führen.[145]

Der Bank ist es nicht möglich das Bearbeitungsentgelt eins zu eins auf die Vertragslaufzeit umzurechnen und den Zins entsprechend zu erhöhen. Vielmehr wird ein Risikoaufschlag erforderlich, weil die Bank den entsprechend erhöhten Zins bei Kreditausfällen und eben bei vorzeitigen Rückzahlungen wegen der Deckelung nach § 502 Abs. 2 BGB nicht vollständig erhalten würde. Ein solcher teilweiser Kostenausfall müsste ebenfalls in die Zinskonditionen eingerechnet werden.[146]

Die Bank wird durch die notwendige Umrechnung auf den Zins zu einer Quersubventionierung zu Lasten ihrer vertragstreuen Kunden gezwungen. Die planmäßig tilgenden Darlehensnehmer müssten somit höhere Zinsen in Kauf nehmen, damit die Banken Defizite vorzeitig zurückgezahlter Kredite decken können.[147] Für die vertragstreuen Darlehensnehmer stellt sich die vom BGH aufgezeigte Alternative daher als lediglich nachteilhaft dar. Wie dargestellt wurde, erfährt der Bankkunde, der das Darlehen bis zum Vertragsende durchführt, keinen rechtlich

---

[142] So auch: *Becher/Krepold*, BKR 2014 S. 45 (55).
[143] BGH, NJW 2014 S. 2420 (2428 f.).
[144] BGH, BKR 2017 S. 453 (459).
[145] *Becher/Krepold*, BKR 2014 S. 45 (55).
[146] *Becher/Krepold*, BKR 2014 S. 45 (55); *Placzek*, WM 2011 S. 1066 (1070).
[147] *Wimmer*, WM 2012, S. 1841 (1851).

erheblichen Nachteil. Bei einer Umlegung des Bearbeitungsentgelts steht er indes schlechter, als ein vergleichbarer Bankkunde bei vorzeitiger Vertragsbeendigung. Denn der vertragstreue Bankkunde zahlt den nun erhöhten Zins über die gesamte Vertragslaufzeit. Damit zahlt er nicht nur die auf seinen Vertrag entfallenden Bearbeitungskosten, sondern auch noch einen Teil des Bearbeitungsaufwands für Verträge anderer Darlehensnehmer, die vorzeitig beendet wurden. Der Umstand, dass sich vertragstreue Darlehensnehmer, trotz der Häufigkeit vorzeitiger Darlehensablösungen weiterhin in der Mehrzahl befinden dürften,[148] lässt die Ansicht des BGH umso unverständlicher erscheinen.

cc) Keine Billigung durch den Gesetzgeber

In der Literatur wurde vermehrt vorgebracht, der Gesetzgeber habe laufzeitunabhängige Entgelte durch deren Nennung in den bereits im Rahmen der Eröffnung der Inhaltskontrolle genannten Vorschriften legitimiert.[149] Diese These wurde jedoch bereits oben mit dem BGH für nicht überzeugend befunden.[150]

dd) Unionsrechtliche Gründe

Im Schrifttum wurde zudem vereinzelt vertreten, die Erhebung eines laufzeitunabhängigen Bearbeitungsentgelts sei aus zwingenden Gründen des Unionsrechts zuzulassen.[151]

(1) Europäische Richtlinien

Zutreffend hat der BGH festgestellt, dass dies nicht aus der Verbraucherkreditrichtlinie gefolgert werden kann. Denn diese beschränkt nicht die Befugnis der Mitgliedsstaaten, Regelungen darüber zu treffen, welche Arten von Entgelten der Darlehensgeber erheben darf.[152] Auch der Klauselrichtlinie lässt sich ein solches Verbot nicht entnehmen. Vielmehr stellt diese nach Art. 8 eine Mindestharmonisierung dar, die es den Mitgliedsstaaten grundsätzlich offen lässt, auch das Preis-/Leistungsverhältnis einer AGB-rechtlichen Inhaltskontrolle zu unterziehen.[153]

---

[148] Nach einer Erhebung der SCHUFA Holding AG lag der Anteil vorzeitig abgelöster Kredite im Jahr 2010 bei lediglich 15 Prozent, vgl. *Wimmer*, WM 2012 S. 1841 (1850). Aktuellere Zahlen sind nicht zugänglich.

[149] *Becher/Krepold*, BKR 2014 S. 45 (53 ff.); *Berger/Rübsamen*, WM 2015 S. 1877 (1881).

[150] S. o.: E. I. 1. b) bb) (4).

[151] Vgl. *Piekenbrock/Ludwig*, WM 2012 S. 2349 (2351 ff.); *Becher/Krepold*, BKR 2014 S. 45 (56).

[152] BGH, NJW 2014 S. 2420 (2430), mit Verweis auf EuGH, WM 2012 S. 2049.

[153] Vgl. bereits oben: E. I. 1. c).

108   E. Bearbeitungsentgeltklauseln in Verbraucherdarlehensverträgen

(2) Dienstleistungsfreiheit aus Art. 56 AEUV

Im Schrifttum wurde die Zulässigkeit der Erhebung von Bearbeitungsentgelt-klauseln indes mit einer ansonsten bestehenden Beschränkung der Dienstleistungs-freiheit nach Art. 56 AEUV begründet.[154] Grundvoraussetzung für den sachlichen Anwendungsbereich des Art. 56 AEUV ist zunächst das Kriterium der Grenzüber-schreitung, wobei es entscheidend auf die Ansässigkeit der am Leistungsverhältnis beteiligten Personen ankommt.[155] An einem solchen grenzüberschreitenden Bezug fehlte es in dem vom BGH zu entscheidenden Fall zwar bereits, dieser verneinte aber unabhängig davon eine Beschränkung der Dienstleistungsfreiheit unter Ver-weis auf das Volksbank Romania-Urteil des EuGH.[156]

(a) Volksbank Romania-Entscheidung des EuGH

Nach dem zugrundeliegenden Sachverhalt, hatte die rumänische Volksbank Romania bei verschiedenen Kreditverträgen mit Verbrauchern ein zunächst als „Risikoprovision" und später als „Verwaltungsprovision" bezeichnetes Entgelt ver-langt. Dabei handelte es sich um eine laufzeitunabhängige Provision in Höhe von 0,2 Prozent der ausgereichten Darlehenssumme, die über die gesamte Laufzeit des Kreditvertrags mitkreditiert wurde. Wegen Verstoßes gegen eine nationale Verord-nung, die eine Erhebung einer Provision im Rahmen von Kreditverträgen nur aus bestimmten, hier nicht einschlägigen Gründen, zulässt, verhängte die rumänische Verbraucherschutzbehörde daraufhin ein Bußgeld gegen die Volksbank Romania.

Diese machte wegen des nationalen Verbots der Entgelterhebung unter anderem eine Beschränkung der in Art. 56 AEUV niedergelegten Dienstleistungsfreiheit geltend. Eine solche Beschränkung sei einerseits deshalb anzunehmen, weil das Verbot der Entgelterhebung für die in Rumänien ansässigen Banken eine Erhö-hung der Kosten bedeute und damit deren Wettbewerbsfähigkeit auf Unionsebene beeinträchtige. Zudem werde der Zugang außerhalb Rumäniens niedergelassener Kreditinstitute zum rumänischen Verbraucherkreditmarkt beeinträchtigt.

Der EuGH folgte dieser Ansicht jedoch nicht. Eine Beschränkung der Dienst-leistungsfreiheit, zu der auch die Tätigkeit der Kreditvergabe durch Kreditinstitute zähle, sei nach ständiger Rechtsprechung gegeben, wenn Maßnahmen die Aus-übung des freien Dienstleistungsverkehrs verbieten, behindern oder weniger at-traktiv machen.

Eine Regelung eines Mitgliedsstaates stelle aber nicht bereits deshalb eine sol-che Beschränkung dar, weil andere Mitgliedsstaaten in ihrem Gebiet ansässige

---

[154] *Piekenbrock/Ludwig*, WM 2012 S. 2349 (2352f.); *Piekenbrock*, ZBB 2015 S. 13 (24); *Kropf/Habl*, BKR 2013 S. 103 (108), wohl auch: *Hertel*, jurisPR-BKR 10/2012 Anm. 4.
[155] *Kluth*, in: Calliess/Ruffert EUV/AEUV AEUV Art. 57 Rdn. 24f.
[156] EuGH, Urt. v. 12.07.2012 – C-602/10.

Erbringer gleichartiger Dienstleistungen weniger strengen oder wirtschaftlich interessanteren Vorschriften unterwerfen.[157] Eine Beeinträchtigung der in Rumänien ansässigen Banken schloss der EuGH damit aus.

Auch eine Beeinträchtigung des Marktzugangs für ausländische Banken sei jedoch nicht gegeben. Hierfür spreche zum einen, dass die nationale Verordnung weder für die danach zulässigen Provisionen noch bezüglich der Zinssätze eine Obergrenze vorsah.

Eine Beschränkung ergebe sich auch nicht daraus, dass in anderen Mitgliedsstaaten ansässige Kreditinstitute für das Anbieten von Krediten auf dem rumänischen Markt bestimmte Anpassungen ihrer Vertragsklauseln vornehmen müssten, um der nationalen Verordnung zu genügen. Eine Beschränkung der Dienstleistungsfreiheit sei darin nicht begründet, da sich nicht die Notwendigkeit für diese Unternehmen ergebe, ihre Unternehmenspolitik und -strategie zu ändern,[158] um Zugang zum rumänischen Verbraucherkreditmarkt zu erhalten.

(b) Übertragbarkeit auf die Frage der Zulässigkeit von
Bearbeitungsentgeltklauseln

Zu Recht hat der BGH die Rechtsprechung des EuGH auf die Frage der Zulässigkeit von Bearbeitungsentgeltklauseln nach deutschem Recht übertragen.[159] Wie in dem dort zu entscheidenden Fall geht es auch hier um die Frage, ob das Verbot der Erhebung einer laufzeitunabhängigen Gebühr in einem Kreditvertrag durch nationales Recht eine Beschränkung der Dienstleistungsfreiheit nach Art. 56 AEUV bedeuten kann.

Eine Beeinträchtigung der in Deutschland ansässigen Kreditinstitute ist auf der Grundlage der dargestellten EuGH-Entscheidung abzulehnen, da es danach unerheblich ist, ob Bearbeitungsentgelte in anderen Mitgliedsstaaten zulässigerweise vereinbart werden können.

Mit dem BGH ist auch eine Beeinträchtigung des Marktzutritts ausländischer Banken durch das Verbot der Erhebung von Bearbeitungsentgelten nach den Maßgaben des EuGH zu verneinen. Auch hier verbleibt den Banken die Möglichkeit, ihre Kosten in den Zins einzupreisen, weshalb keine Obergrenze i. S. d. EuGH-Rechtsprechung vorliegt.[160]

---

[157] Unter Verweis auf EuGH, Urt. v. 29.03.2011 – C-565/08.
[158] Vgl. zu diesem Kriterium bereits: EuGH, Urt. v. 28.09.2009 – C-518/06.
[159] BGH, NJW 2014 S. 2420 (2430 f.).
[160] BGH, NJW 2014 S. 2420 (2430).

Zwar wurde in der Literatur zutreffend darauf hingewiesen, dass durch das Verbot der Bearbeitungsgebühren für die Bank ein höherer, insbesondere finanzmathematischer, Aufwand als nur die Anpassung von Vertragsformularen entsteht.[161]

Jedoch wird man trotz der erheblichen Bedeutung von Bearbeitungsentgelten für die Kreditwirtschaft nicht davon ausgehen können, dass die fehlende Möglichkeit ihrer Erhebung eine Änderung der Unternehmenspolitik und -strategie erforderliche mache. Dieses vom EuGH benannte Kriterium ist damit hier nicht erfüllt, weshalb die Beschränkung der Dienstleistungsfreiheit vom BGH zutreffend verneint wurde.

ee) Verfassungsrechtliche Gründe

Von einigen Stimmen in der Literatur wurde zudem vertreten, das Verbot der Erhebung von Bearbeitungsentgelten stelle einen unzulässigen Eingriff in die durch Art. 12 Abs. 1 GG geschützte Berufsfreiheit in Gestalt der Vertragsfreiheit dar.[162] Daneben verletze der BGH auch das Prinzip der Gewaltenteilung, indem er sich über die im Gesetz vorhandenen deutlichen Hinweise auf die Rechtmäßigkeit der Entgelterhebung hinwegsetze.[163]

Nach der Ansicht des BGH stellt die Unzulässigkeit der Erhebung von Bearbeitungsentgelten durch AGB zwar einen Eingriff in die Berufsfreiheit dar, da dieses auch die Freiheit umfasse das Entgelt für berufliche Leistungen selbst festzusetzen bzw. mit Vertragspartnern auszuhandeln. Dieser Eingriff sei aber gerechtfertigt. Die Regelung des § 307 BGB stelle eine taugliche Schrankenbestimmung dar.[164] Der Eingriff sei überdies auch verhältnismäßig, da im Interesse eines effektiven Verbraucherschutzes erforderlich, ohne dass eine gleich geeignete, mildere Maßnahme in Betracht komme. Da es der Bank unbenommen bleibe, die Kosten ihres Bearbeitungsaufwands in den laufzeitabhängigen Zins einzuberechnen, sei die Unwirksamkeit von Bearbeitungsentgelten schließlich auch im engeren Sinne verhältnismäßig.[165]

Diese Begründung mag zwar auf der Grundlage der sonstigen Annahmen des BGH genügen. Berücksichtigt man jedoch, dass sich weder der Grundsatz des Verbots der gesonderten Entgelterhebung für Tätigkeiten im eigenen Interesse noch das gesetzliche Leitbild des § 488 Abs. 1 S. 2 BGB in dogmatisch überzeugender Weise aus den gesetzlichen Vorgaben ableiten lassen, ist eine andere Einschätzung geboten. Die von § 307 Abs. 3 S. 1 BGB mit dem Kriterium des Abweichens von

---

[161] *Piekenbrock*, ZBB 2015 S. 13 (24); zur Bedeutung von Bearbeitungsentgeltklauseln auch bereits ausführlich oben: B. II.

[162] *Berger/Rübsamen*, WM 2011 S. 1877 (1882); *Becher/Krepold*, BKR 2014 S. 45 (56).

[163] *Becher/Krepold*, BKR 2014 S. 45 (56).

[164] So auch: BVerfG, NJW 2011 S. 1339.

[165] BGH, NJW 2014 S. 2420 (2429).

Rechtsvorschriften aufgestellten Eingriffsvoraussetzungen in die Vertrags- bzw. Berufsfreiheit sind dann gerade nicht erfüllt. Dies gilt vor allem vor dem Hintergrund, dass eine Inhaltskontrolle von Bearbeitungsentgelten auch nach dem Schutzzweck von § 307 BGB nicht vorzunehmen ist. Da die Voraussetzungen der Schrankenbestimmungen nicht erfüllt sind, ist daher ein ungerechtfertigter Eingriff in die Berufsfreiheit der Banken nach Art. 12 Abs. 1 GG anzunehmen.[166]

IV. Ergebnis

Neben dem vom BGH angenommenen Grundsatz des Verbots der gesonderten Erhebung von Entgelten für Tätigkeiten im eigenen Interesse lässt sich auch ein gesetzliches Leitbild des § 488 Abs. 1 S. 2 BGB nicht dogmatisch überzeugend herleiten. Vielmehr hat die Untersuchung ergeben, dass ein solches nicht besteht.

Die Vereinbarung einer Bearbeitungsentgeltklausel weicht damit nicht im Sinne von § 307 Abs. 3 S. 1 BGB von Rechtsvorschriften ab. Die Eröffnung der Inhaltskontrolle ist zudem auch unter Berücksichtigung ihres Schutzzeckes abzulehnen, da Bearbeitungsentgeltklauseln vom durchschnittlichen Darlehensnehmer zur Kenntnis genommen werden und daher am Wettbewerb um die Hauptleistung teilnehmen.

Die vom BGH durchgeführte Angemessenheitsprüfung stützt sich ganz überwiegend auf die Vermutungswirkung aufgrund des Abweichens der von ihm entwickelten Grundsätze nach § 307 Abs. 2 Nr. 1 BGB. Im Falle der vollständigen Vertragsdurchführung ergeben sich für den Darlehensnehmer durch die Vereinbarung jedoch keine bedeutenden Nachteile. Insbesondere ist die aus der Mitfinanzierung der Bearbeitungsentgelte resultierende Zinszahlungspflicht sachlich gerechtfertigt. Zuzugeben ist, dass sich bei vorzeitiger Vertragsbeendigung der effektive Jahreszins erhöht. Allerdings ist dieser Umstand nicht geeignet das jederzeitige Ablösungsrecht nach § 500 Abs. 2 BGB des Darlehensnehmers zu gefährden.

Dagegen sprechen entscheidende Gründe für die Angemessenheit der Erhebung eines Bearbeitungsentgelts. Die Bank verfolgt mit der Abgeltung eines laufzeitunabhängig anfallenden Aufwands durch ein ebenso laufzeitunabhängiges Entgelt ein legitimes Interesse. Zudem hat das Verbot der Erhebung des Bearbeitungsentgelts zur Folge, dass die entsprechenden Kosten einschließlich eines Risikozuschlags in den Zins einzukalkulieren sind. Benachteiligt werden dadurch gerade diejenigen Kunden, die den Vertrag vereinbarungsgemäß bis zu ihrem Ende durchführen. Selbst wenn man die Inhaltskontrolle überhaupt für eröffnet hält, ist daher eine unangemessene Benachteiligung der Darlehensnehmer abzulehnen.

---

[166] So allgemein zur Inhaltskontrolle von Entgeltklauseln auf Grundlage der vom BGH angenommenen Grundsätze des dispositiven Rechts schon: *Canaris*, AcP 200 (2000) S. 273 (334 f.); bezüglich der Abschlussgebühren in Bausparverträgen auch: *Pieroth/Hartmann*, WM 2009 S. 677 (677 ff.).

F. Bearbeitungsentgeltklauseln
in Unternehmerdarlehensverträgen

Bis zu den Entscheidungen des BGH vom 04.07.2017[1] war in Rechtsprechung und Literatur äußerst umstritten, ob die formularmäßige Vereinbarung von Bearbeitungsentgelten auch in einem Unternehmerdarlehensvertrag unzulässig ist.[2]

Unterschiedlich wurde bereits die Frage beantwortet, ob auf dem Boden der Rechtsprechung des BGH zum Verbraucherdarlehensvertrag auch im unternehmerischen Bereich von einer kontrollfähigen Preisnebenabrede ausgegangen werden könne. Auf der Ebene der Inhaltskontrolle wurden vielzählige Argumente ausgetauscht, die gegen eine unangemessene Benachteiligung des Unternehmers als Darlehensnehmer sprächen.

Die Diskussion ähnelte dabei vielen anderen in Schrifttum und Rechtsprechung, die sich der Frage widmen, ob eine bestimmte, in Verbraucherverträgen als unzulässig erachtete Klausel auch gegenüber einem Unternehmer unwirksam ist. Eine Vielzahl der vorgebrachten Argumente liegt dabei von vornherein neben der Sache, weil die grundsätzlichen gesetzlichen Vorgaben zur Inhaltskontrolle Allgemeiner Geschäftsbedingungen im Unternehmerbereich aus dem Blick geraten sind. Als bestes Beispiel für diesen Missstand dient der immer wieder anzutreffende, pauschale Verweis auf die geringere Schutzwürdigkeit des Unternehmers. Dabei bleibt nicht nur die Reichweite des Unternehmerbegriffs, sondern auch die vorgelagerte Frage des Schutzbedürfnisses bei AGB gänzlich unberücksichtigt.

Im Folgenden sollen daher nicht nur die Rechtsprechung des BGH zur Inhaltskontrolle von Bearbeitungsentgeltklauseln gegenüber Unternehmern kritisch gewürdigt werden, sondern zunächst die grundsätzlichen Unterschiede der Inhaltskontrolle bei Verbraucher- und Unternehmerverträgen herausgearbeitet werden.

I. Allgemeine Überlegungen zur Inhaltskontrolle Allgemeiner Geschäftsbedingungen im Unternehmerbereich

Bevor auf die gesetzlichen Unterschiede im Rahmen der Inhaltskontrolle einzugehen ist, ist zunächst der für die Differenzierung maßgebliche Unternehmerbegriff des § 14 BGB in den Blick zu nehmen.

---

[1] BGH, BeckRS 121112 und BKR 2017 S. 453.
[2] Vgl. die Übersicht bei BGH, BKR 2017 S. 453 (455).

1. Der Unternehmerbegriff des § 14 BGB

Im Unterschied zu § 24 AGBG, der zunächst an die Kaufmannseigenschaft anknüpfte, ist nach § 310 Abs. 1 BGB heute der in § 14 BGB definierte, weitere Unternehmerbegriff für eine unterschiedliche Behandlung entscheidend.[3]

Danach ist Unternehmer eine natürliche oder juristische Person oder eine rechtsfähige Personengesellschaft, die bei Abschluss eines Rechtsgeschäfts in Ausübung ihrer gewerblichen oder selbständigen beruflichen Tätigkeit handelt. Da der Begriff auch natürliche Personen umfasst, können als Unternehmer insbesondere auch Freiberufler, Künstler, Wissenschaftler, Handwerker, Landwirte, Kleingewerbetreibende, Einzelhandelskaufleute und Bauunternehmer gelten.[4] Daneben gelten grundsätzlich auch Existenzgründer als Unternehmer, wie sich im Umkehrschluss aus § 513 BGB ergibt.[5] Schließlich können selbst nebenberufliche unternehmerische Tätigkeiten geeignet sein, die Unternehmereigenschaft im Sinne des § 14 BGB zu begründen.[6]

Der unternehmerische Geschäftsverkehr wird insoweit als einheitliches Gebilde beurteilt und es wird nicht differenziert nach Größe oder Schutzbedürftigkeit der Unternehmen.[7] Zudem ist zu berücksichtigen, dass nach ständiger Rechtsprechung des BGH im Bereich der Angemessenheitsprüfung eine „überindividuelle und generalisierende Betrachtungsweise" geboten ist.[8] Damit gilt für den Kleingewerbetreibenden im Rahmen der Interessenabwägung derselbe Maßstab wie für ein Dax-Unternehmen.[9]

Schon aufgrund der Reichweite des Unternehmerbegriffs und der gebotenen generalisierenden Betrachtungsweise, ergeben sich damit erhebliche Zweifel, ob eine unterschiedliche Behandlung von Verbrauchern und Unternehmern überhaupt sachlich gerechtfertigt sein kann. Ein Kleingewerbetreibender steht in seinen Möglichkeiten AGB zu prüfen, zu verstehen und darüber zu verhandeln einem Verbraucher offensichtlich näher, als einem Großkonzern. Dies gilt insbesondere, wenn es sich bei dem Vertrag nicht um das Kerngeschäft des Gewerbetreibenden handelt, wie dies gerade bei der Darlehensaufnahme in aller Regel der Fall ist.

Der für die 19. Legislaturperiode vorgesehene Koalitionsvertrag hat *de lege ferenda* offenbar eine andere Trennlinie vor Augen. Danach sollen kleine und mittel-

---

[3] *Basedow*, in: MüKo BGB § 310 Rdn. 3.

[4] *Micklitz/Purnhagen*, in: MüKo BGB § 14 Rdn. 5; *Mann*, BB 2017 S. 2178.

[5] BGH, NJW 2008 S. 435.

[6] Vgl. OLG Frankfurt, NJW 2005 S. 1438 zu sog. eBay-Power-Sellern; *Ellenberger*, in: Palandt BGB § 14 Rdn. 2; *Mann*, BB 2017 S. 2178.

[7] *Müller*, NZM 2016 S. 185 (186).

[8] So auch wiederholt in seinem Urteil zu Bearbeitungsentgeltklauseln im Unternehmerdarlehensvertrag: BGH, BKR 2017 S. 453 (458; 459).

[9] Für eine Ungleichbehandlung ohne Auseinandersetzung mit dem Gebot der generalisierenden Betrachtungsweise: *Herweg/Fürtjes*, ZIP 2015 S. 1261 (1267).

ständische Unternehmen im bisherigen Umfang durch das AGB-Recht geschützt bleiben, während für große Unternehmen andere Maßstäbe gelten sollen.[10] Nach geltendem Recht erscheint der Unternehmerbegriff für eine sachliche Differenzierung hinsichtlich der Schutzwürdigkeit indes als weitgehend ungeeignet.

2. Die gesetzlichen Unterschiede der Inhaltskontrolle im Unternehmerbereich

Neben dem Unternehmerbegriff sind auch die gesetzlichen Vorgaben zur unterschiedlichen Behandlung von Unternehmern bei der Inhaltskontrolle Allgemeiner Geschäftsbedingungen zu betrachten.

a) Historische Entwicklung

Die rechtspolitische Diskussion vor Einführung des AGBG befasste sich zunächst allein mit dem „Schutz des Letztverbrauchers".[11] Auch der von der Bundesregierung dem Bundestag im Jahr 1971 vorgelegte Bericht sah zunächst nur Handlungsbedarf bezüglich der „Stärkung der Rechtsstellung des Verbrauchers".[12] Diese Konzeption war aber bereits deshalb fragwürdig, weil die meisten der bis dahin ergangenen Gerichtsentscheidungen des BGH zur Inhaltskontrolle von AGB Sachverhalte betroffen hatten, an denen auf beiden Seiten Kaufleute beteiligt waren.[13]

Erst die Diskussionen auf dem 50. Deutschen Juristentag 1974 in Hamburg und das „flammende Plädoyer" Ulmers führte jedoch zu einem Umdenken beim Gesetzgeber.[14] Letztlich erhielt das Gesetz einen umfassenden persönlichen Geltungsbereich, mit Ausnahme nur einzelner Vorschriften bei Handelsgeschäften und unter Gleichbehandlung von Voll- und Minderkaufleuten.[15]

In den Gesetzesmaterialien wurde diese Entscheidung, wie folgt, begründet:

„Das Gesetz bezweckt in erster Linie eine Verbesserung des Schutzes der Letztverbraucher gegenüber AGB. Im Handelsverkehr ist das Schutzbedürfnis des AGB-unterworfenen Ver-

---

[10] Koalitionsvertrag für die 19. Wahlperiode zwischen SPD und CDU/CSU vom 07.02.2018; abrufbar unter: https://www.bundestag.de/dokumente/textarchiv/2018/kw11-koalitionsvertrag/546976.

[11] Vgl. *Löwe*, in: FS Larenz zum 70. Geburtstag, S. 373, dort Fn. 1; *Ulmer/Schäfer*, in: Ulmer/Brandner/Hensen § 310 BGB, Rdn. 9.

[12] *Dauner-Lieb/Axer*, ZIP 2010 S. 309 (311) unter Verweis auf den Titel des Berichts, abgedruckt in BR-Drucks 586/71.

[13] *Basedow*, in: MüKO BGB § 310 Rdn. 3; *Kötz*, JuS 2003 S. 209 (210); vgl. hierzu auch *Bunte*, NJW 1987 S. 921 (924 f.).

[14] *Dauner-Lieb/Axer*, ZIP 2010 S. 309 (311); *Ulmer/Schäfer*, in: Ulmer/Brandner/Hensen § 310 BGB, Rdn. 9.

[15] *Ulmer/Schäfer*, in: Ulmer/Brandner/Hensen § 310 BGB, Rdn. 9.

tragsteils regelmäßig nicht so ausgeprägt wie in den Rechtsbeziehungen zu den Verbrauchern. Die Vorschriften des Entwurfs sind jedoch Ausprägung des die gesamte Rechtsordnung beherrschenden Grundsatzes von Treu und Glauben. Deshalb ist es nicht möglich, etwa Handelsgeschäfte von Kaufleuten vom Anwendungsbereich schlechthin auszunehmen. Vielmehr sollen die grundlegenden Schutzvorschriften des Gesetzes ohne Rücksicht auf den persönlichen Status des AGB-unterworfenen Vertragsteils Anwendung finden, wenn einem Vertrag einseitig vorformulierte Bedingungen zugrunde gelegt werden."[16]

An anderer Stelle der Gesetzesbegründung findet sich das noch heute vom BGH regelmäßig in seinen Urteilen[17] wiedergegebene Zitat, nachdem der kaufmännische Rechtsverkehr wegen der dort herrschenden Handelsbräuche, Usancen, Verkehrssitten und wegen der zumeist größeren rechtsgeschäftlichen Erfahrung der Beteiligten auf eine „stärkere Elastizität" der für ihn maßgeblichen Normen angewiesen sei als der Rechtsverkehr mit dem Letztverbraucher.[18]

b) Die Einschränkungen nach § 310 Abs. 1 BGB

Die gesetzlichen Regelungen zur differenzierten Inhaltskontrolle bei der Verwendung von AGB gegenüber Verbrauchern und gegenüber Unternehmern, die durch das AGBG geschaffen wurden, haben sich auch mit der Einfügung des Rechts der AGB in das BGB im Rahmen der Schuldrechtsmodernisierung im Wesentlichen nicht verändert.

Durch die Einschränkungen nach § 310 Abs. 1 BGB soll zunächst der Unternehmerbereich von den starren Einbeziehungsvoraussetzungen des § 305 Abs. 2 und 3 BGB freigehalten werden.[19] Daneben wird jedenfalls die unmittelbare Anwendung der Klauselverbote der §§ 308 und 309 BGB für Verträge zwischen Unternehmern ausgeschlossen. Nach der Gesetzesbegründung zur Vorgängervorschrift des § 12 AGBG wollte man auf gemeinsame Detailvorschriften für Verbrauchergeschäfte und Rechtsgeschäfte zwischen Gewerbetreibenden verzichten. Darin wurde die Gefahr gesehen, dass „entweder der kaufmännische Rechtsverkehr zu stark eingeschnürt oder der Schutz der Letztverbraucher zu weitgehend ausgehöhlt" werde.[20]

Die Regelung des § 310 Abs. 1 S. 2 Hs. 1 BGB stellt indes klar, dass auch die gegenüber Unternehmern allein zulässige Anwendung der Generalklausel des § 307 BGB zur Unwirksamkeit von Klauseln führen kann, die den §§ 308 und 309 BGB widersprechen.[21] Der BGH geht in ständiger Rechtsprechung davon aus, dass

---

[16] BT-Drs. 7/3919, 43.

[17] So auch im Urteil zu Bearbeitungsentgeltklauseln im Unternehmerdarlehensvertrag, BGH, BKR 2017 S. 453 (458).

[18] BT-Drs. 7/3919, 24.

[19] *Ulmer/Schäfer*, in: Ulmer/Brandner/Hensen § 310 BGB, Rdn. 7.

[20] BT-Drucks. 7/3919, S. 43.

[21] BT-Drs. 7/3919 S. 43 (zu § 12 S. 2 AGBG); *Basedow*, in: MüKo BGB § 310 Rdn. 8.

der Verstoß gegen §§ 308 und 309 BGB im Unternehmerbereich eine unangemessene Benachteiligung gemäß § 307 BGB indiziere.[22] Eine unangemessene Benachteiligung in diesem Sinne würde daher nur entfallen, wenn die Klausel wegen der besonderen Interessen und Bedürfnisse des unternehmerischen Geschäftsverkehrs ausnahmsweise als angemessen angesehen werden könne.[23]

Im Schrifttum wird überwiegend ebenfalls davon ausgegangen, dass die Wertungen der §§ 308 und 309 BGB im Rahmen der Inhaltskontrolle nach § 307 BGB im Unternehmerbereich zu berücksichtigen seien.[24] Häufig wird dabei einschränkend vorgeschlagen, nach den einzelnen Verboten zu differenzieren.[25]

Tatsächlich sprechen für die grundsätzliche Berücksichtigung dieser Wertungen auch gegenüber Unternehmern gute Gründe. Zum einen lässt sich bereits der Wortlaut des § 310 Abs. 1 S. 1 BGB in dieser Weise auslegen.[26]

Daneben spricht aber vor allem der grundlegende Gedanke, dass es sich bei den Klauselverboten lediglich um Konkretisierungen der Gebote von Treu und Glauben handelt, für diese Auffassung.[27] Den Verboten der §§ 308 und 309 BGB kann ein genereller Gerechtigkeitsgehalt zugesprochen werden, der gegenüber Verbrauchern und Unternehmen gleichermaßen gilt.[28] Für den letztgenannten Punkt spricht bereits der Umstand, dass einige der jetzt in §§ 308 und 309 BGB enthaltenen Verbote vor Erlass des AGBG von der Rechtsprechung gerade auch für den kaufmännischen Bereich entwickelt wurden.[29]

Allerdings führt die Annahme einer Indizwirkung der §§ 308 und 309 BGB durch die Rechtsprechung in deren Anwendungsbereich zutreffender Weise zu einer weitgehenden Gleichbehandlung von Verbrauchern und Unternehmern.[30] In der Literatur wird daher kritisiert, der BGH habe das Differenzierungsgebot des § 310 Abs. 1 S. 2 Hs. 2 BGB mit der Annahme einer Indizwirkung neutralisiert.[31]

---

[22] BGH, NJW 1984 S. 1750 (1751); BGH, NJW-RR 2005 S. 247 (248).

[23] BGH, NJW 2014 S. 3722 (3726); BGH, NJW 2007 S. 3774 (3775).

[24] *Basedow*, in: MüKo BGB § 310 Rdn. 6; *Schlosser*, in: Staudinger BGB § 310 Rdn. 12; *Ulmer/Schäfer*, in: Ulmer/Brandner/Hensen § 307 Rdn. 27; *Lapp/Salomon*, in: jurisPK-BGB § 310 Rdn. 14; a. A. *H. Schmidt*, NJW 2011 S. 3329 (3330).

[25] *Roloff*, in: Erman BGB § 310 Rdn. 36; *Ulmer/Schäfer*, in: Ulmer/Brandner/Hensen § 310 Rdn. 32.

[26] BGH, NJW 2007 S. 3774 (3775).

[27] *Roloff*, in: Erman BGB § 310 Rdn. 36.

[28] *Coester*, in: Staudinger BGB § 307 Rdn. 14.

[29] *Eith*, NJW 1974 S. 16 (17), vgl. hier insbesondere auch Fn. 12; *Coester*, in: Staudinger BGB § 307 Rdn. 14.; *von Westphalen*, BB 2017 S. 2051 (2056).

[30] *Stadler*, in: Jauernig BGB § 310 Rdn. 2; *Dauner-Lieb/Axer*, ZIP 2010, S. 309 (310).

[31] *Dauner-Lieb/Axer*, ZIP 2010, S. 309 (310); ebenfalls für eine stärkere Differenzierung: *Berger*, NJW 2010 S. 465 (469 f.).

c) Rücksichtnahme auf die im Handelsverkehr
geltenden Gewohnheiten und Gebräuche

Gemäß § 310 Abs. 1 S. 2 Hs. 2 BGB ist bei der Inhaltskontrolle Allgemeiner Geschäftsbedingungen auf die im Handelsverkehr geltenden Gewohnheiten und Gebräuche angemessen Rücksicht zu nehmen.

Die Regelung wird allgemein so verstanden, dass dadurch Handelsbräuchen echte Indizwirkung für die Angemessenheit einer sie kodifizierenden Klausel zukomme, mit der Folge, dass die Begründungslast für eine sich gleichwohl ergebende unangemessene Benachteiligung dem Verwendungsgegner zufällt.[32] Zudem können die im Handelsverkehr geltenden Gewohnheiten und Gebräuche auch die aus §§ 308, 309 BGB gefolgerte Indizwirkung entkräften.[33] So hat der BGH in einem noch unter der Geltung des AGBG ergangenen Urteil beispielsweise eine Bezugsbindung von Bierlieferungsverträgen von mehr als zweijähriger Dauer entgegen der Indizwirkung des § 11 Nr. 12a AGBG (heute: § 309 Nr. 9a BGB) wegen der besonderen Interessen und Bedürfnisse der Vertragsparteien als grundsätzlich angemessen angesehen.[34]

Im Schrifttum wird jedoch die Ansicht vertreten, die Vorschrift des § 310 Abs. 1 S. 2 Hs. 2 BGB sei für die Rechtsprechung zur AGB-Kontrolle nahezu bedeutungslos.[35] Ausgangspunkt für diese Kritik ist der Gleichlaut des § 310 Abs. 1 S. 2 Hs. 2 BGB mit § 346 HGB. Ein Handelsbrauch i. S. v. § 346 HGB liegt nach der Rechtsprechung des BGH nur vor, wenn es sich bei der Übung um eine im Verkehr der Kaufleute untereinander verpflichtende Regel handelt, die auf einer gleichmäßigen, einheitlichen und freiwilligen tatsächlichen Übung beruht, die sich innerhalb eines angemessenen Zeitraumes für vergleichbare Geschäftsvorfälle gebildet hat und der eine einheitliche Auffassung der Beteiligten zugrunde liegt.[36]

Die Anforderungen, die der BGH an die Herausbildung von Handelsbräuchen stellt, seien damit so streng, dass es Handelsbräuche im Sinn des Gesetzes so gut wie überhaupt nicht mehr gebe. Weil das Gesetz damit auf etwas verweise, das es nicht gibt, sei der Verweis selbst bedeutungslos.[37] Zudem habe allein die Unklarheit über die Frage, ob § 310 Abs. 1 S. 2 BGB auf § 346 HGB verweise oder nicht, zum Schattendasein der Vorschrift beigetragen.[38]

---

[32] *Becker*, in: BeckOK BGB § 310 Rdn. 5; *Basedow*, in: MüKo BGB § 310 Rdn. 7; *Schlosser*, in: Staudinger BGB § 310 Rdn. 13.

[33] BGH, NJW 1984 S. 1750 (1751); *Schlosser*, in: Staudinger BGB § 310 Rdn. 13.

[34] BGH, NJW 1985 S. 2693 (2695).

[35] *Müller*, NZM 2016 S. 185 (186); *von Westphalen*, BB 2017 S. 2051 (2056) hält die Vorschrift ohne damit eine Kritik an der Rechtsprechung zu verbinden für eine „Leerformel".

[36] St. Rspr. seit BGH, NJW 1994 S. 659 (660).

[37] *Müller*, NZM 2016 S. 185 (186).

[38] *Müller/Griebeler/Pfeil*, BB 2009 S. 2658.

Jedenfalls mit Blick auf die jüngere Rechtsprechung des XI. BGH-Senats scheint diese Kritik jedoch unbegründet. Denn dieser reduziert die Anwendung von § 310 Abs. 1 S. 2 Hs. 2 BGB nicht auf Fälle des Vorliegens eines Handelsbrauchs i. S. v. § 354 HGB. Dies wird im Urteil zu Bearbeitungsentgeltklauseln in Unternehmerdarlehensverträgen deutlich. Im Rahmen der angemessenen Berücksichtigung der im Handelsverkehr geltenden Gewohnheiten und Gebräuche nach § 310 Abs. 1 S. 2 Hs. 2 BGB prüft der BGH nicht allein das Vorliegen eines Handelsbrauchs i. S. v. § 354 HGB, sondern geht im Folgenden darauf ein, ob sich eine Angemessenheit der Klausel aus Besonderheiten des kaufmännischen Geschäftsverkehrs ergibt. Zudem wird ausdrücklich darauf verwiesen, dass innerhalb des kaufmännischen Geschäftsverkehrs auch die branchentypischen Interessen der Vertragsschließenden zu berücksichtigen seien.[39]

Im Übrigen wird auch in der Literatur überwiegend nicht von einem solch engen Geltungsbereich des § 310 Abs. 1 S. 2 Hs. 2 BGB ausgegangen. Vielmehr soll aufgrund des erweiterten Unternehmerbegriffs auch Gewohnheiten und Gebräuchen, die sich im außerkaufmännischen, sonstigen unternehmerischen Geschäftsverkehr entwickelt haben, Indizwirkung zukommen.[40]

3. Die Inhaltskontrolle im Unternehmerbereich
aus teleologischer Sicht

Zutreffend geht der BGH davon aus, dass bei der Verwendung Allgemeiner Geschäftsbedingungen ein einheitliches Schutzbedürfnis besteht, unabhängig davon ob diese gegenüber Verbrauchern oder Unternehmern verwendet werden.[41] Allerdings liegt dieses entgegen der Ansicht des BGH nicht in der bloßen einseitigen Inanspruchnahme der Vertragsgestaltungsfreiheit.[42]

Richtigerweise liegt das typischerweise durch die Verwendung von AGB begründete Schutzbedürfnis in der Kompensation von Marktversagen. Dieses Marktversagen ist dem Umstand geschuldet, dass AGB typischerweise nicht zur Kenntnis genommen, jedenfalls aber nicht in ihrem Bedeutungsgehalt zutreffend erfasst werden und daher ein Konditionenwettbewerb ausbleibt. Aufgrund des fehlenden Korrektivs des Wettbewerbs, ergibt sich für die Verwender Allgemeiner Geschäftsbedingungen der Anreiz, vertragliche Risiken in AGB in größtmöglichem Umfang auf ihre Vertragspartner abzuwälzen. Der Schutz des uninformiert in die AGB einwilligenden Vertragspartners ist dabei auch vor dem Hintergrund seiner prinzipiellen Eigenverantwortlichkeit gerechtfertigt.[43] Diese Rechtfertigung ist

---

[39] BGH, BKR 2017 S. 453 (458).
[40] *Becker*, in: BeckOK BGB § 310 Rdn. 5; *Schlosser*, in: Staudinger BGB § 310 Rdn. 13; a. A. *Lapp/Salomon*, jurisPK-BGB § 310 Rdn. 11.
[41] BGH, BKR 2017 S. 453 (458); zustimmend: *H. Schmidt*, NJW 2011 S. 3329 (3330).
[42] BGH, BKR 2017 S. 453 (458).
[43] *Becker*, JZ 2010 S. 1098 (1100).

primär in den ansonsten auf Seiten des Verwendungsgegners entstehenden Transaktionskosten zu sehen, die ihm durch die Prüfung und Verhandlung über die AGB entstünden. Dabei ist zu Gunsten des Verwendungsgegners insbesondere zu berücksichtigen, dass die Verwendung von AGB gerade im Rationalisierungsinteresse des Vertragspartners erfolgt.[44]

Das beschriebene Phänomen besteht jedoch nicht nur gegenüber Verbrauchern, sondern grundsätzlich auch im Geschäftsverkehr zwischen Unternehmern, weil auch dort AGB typischerweise nicht zur Kenntnis genommen werden.[45] Gerade im unternehmerischen Bereich ist der Kosten-Nutzen-Faktor einer inhaltlichen Auseinandersetzung mit AGB von Bedeutung. Jedenfalls im Massengeschäft werden deshalb auch zwischen Unternehmern die AGB des Vertragspartners typischerweise unbesehen hingenommen. Ein grundsätzlicher Unterschied hinsichtlich der Schutzbedürftigkeit von Verbrauchern und Unternehmern besteht damit nicht.[46]

Dagegen sind wesentlicher Bestandteil des unternehmerischen Geschäftsverkehrs jedoch auch großvolumige Transaktionen, bei denen sich die Analyse und gegebenenfalls Verhandlung über das gesamte Vertragswerk lohnt.[47] Der Vergleich der aufzubringenden Transaktionskosten mit dem Vertragswert und den zu regelnden Vertragsrisiken führt in diesen Fällen dazu, dass die einzelnen Vertragsbestimmungen genauestens geprüft werden. Hier bestehen damit weder ein Informations- noch ein Motivationsgefälle, weshalb die AGB auch nicht außerhalb des Wettbewerbs stehen.[48] Dennoch unterliegen solche Verträge in aller Regel der Inhaltskontrolle. Dies gilt trotz der hier üblichen Verhandlungen über die vertraglichen Nebenbestimmungen, da die hohen Anforderungen der Rechtsprechung an ein individuelles Aushandeln i. S. d. § 305 Abs. 1 S. 3 BGB meist nicht erfüllt werden. Tatsächlich verliert die Inhaltskontrolle in diesen Fällen jedoch ihre innere Rechtfertigung, weil es an der Schutzwürdigkeit des Verwendungsgegners fehlt.[49] Hier besteht das Bedürfnis nach einer Rechtsprechungsänderung oder sogar Handlungsbedarf durch den Gesetzgeber.[50]

Das Problem lässt sich aber nicht mit einer Unterscheidung zwischen Verbrauchern und Unternehmern lösen. Vielmehr ist, wie dies für die Inhaltskontrolle insgesamt gilt, auch hier die Art und Weise des Vertragsschlusses entscheidend. Der Umstand, dass dieses Problem im Unternehmerbereich besteht, kann daher nicht dazu führen, dass Schutzniveau hier insgesamt abzusenken. Denn auch hier

---

[44] Ausführlich mit Quellenangaben bereits oben: C. II. 2. c).

[45] So schon: *Eith*, NJW 1974 S. 16 (19).

[46] So auch: *Leyens/Schäfer*, AcP 210 (2010) S. 771 (796 f.).

[47] *Basedow*, in: MüKo BGB § 305 Rdn. 37; *Kötz*, JuS 2003 S. 209 (210); *Becker*, JZ 2010 S. 1098 (1103). *Leuschner*, JZ 2010 S. 875 (880).

[48] So auch: *Becker*, JZ 2010 S. 1098 (1103 f.).

[49] Ähnlich: *Leuschner*, JZ 2010 S. 875 (880).

[50] Entsprechende Reformvorschläge wurde in der Literatur bereits unterbreitet, eine Übersicht liefert *Basedow*, in MüKo BGB § 310 Rdn. 24 ff.; vgl. auch *Leyens/Schäfer*, AcP S. 790, 795; *Berger*, NJW 2010 S. 465 (467 ff.); *Becker*, JZ 2010 S. 1098 (1106).

besteht, wie oben dargelegt, typischerweise das sich aus dem fehlenden Konditionenwettbewerb ergebende Schutzbedürfnis.

Entscheidende Unterschiede hinsichtlich des Schutzbedürfnisses von Verbrauchern und Unternehmern sind neben der Frage der Eröffnung der Inhaltskontrolle auch für die Frage der Angemessenheit zu prüfender Klauseln nicht erkennbar. Ausgehend von der Erkenntnis, dass auch Unternehmer AGB berechtigterweise nicht zur Kenntnis nehmen, ist kein Grund ersichtlich, warum diese eine Abweichung vom dispositiven Recht eher dulden müssten als ein Verbraucher. Das vom Gesetzgeber außerhalb der §§ 305 ff. BGB geschaffene unterschiedliche Schutzniveau findet zudem auch hier ausreichende Berücksichtigung. Nach § 307 Abs. 3 S. 1 BGB ist für die Frage der Eröffnung der Inhaltskontrolle ein Abweichen von Rechtsvorschriften maßgeblich.

Die entsprechend auszulegende Regelung des § 307 Abs. 2 Nr. 1 BGB lässt eine unangemessene Benachteiligung des Verwendungsgegners vermuten, wenn von wesentlichen Grundgedanken der gesetzlichen Regelung abgewichen wird. Da im Unternehmerbereich allein verbraucherschützende Vorschriften auch hier außer Betracht bleiben, ist das durch diese Vorschriften geschaffene unterschiedliche Schutzniveau gewahrt. Darüber hinaus besteht aber aus den genannten Gründen kein Anlass, bei der Inhaltskontrolle weitergehend zwischen Verbrauchern und Unternehmern zu differenzieren.

4. Zwischenergebnis

Aus dem Schutzzweck der Inhaltskontrolle folgt, dass die Annahme einer generell geringeren Schutzwürdigkeit bei Unternehmern nicht zutrifft. Dies muss schon mit Blick auf die Reichweite des Unternehmerbegriffs gelten, welche die Annahme einer einheitlichen Schutzbedürftigkeit nicht zulässt. Die Frage, ob AGB kontrollbedürftig sind, lässt sich nicht damit beantworten, wer den Vertrag geschlossen hat. Die Einordnung als Verbraucher oder Unternehmer ist für das Bestehen oder Nichtbestehen des Schutzbedürfnisses nicht entscheidend.[51] Vielmehr kommt es darauf an wie der Vertrag geschlossen wurde. Konkret ist die Frage zu beantworten, ob AGB ausreichende Beachtung fanden oder nicht. Die Besonderheiten des kaufmännischen Verkehrs können durch § 310 Abs. 1 S. 2 Hs. 2 BGB grundsätzlich ausreichend berücksichtigt werden.

---

[51] *Becker*, JZ 2010 S. 1098 (1104).

II. Eröffnung der Inhaltskontrolle

Für die Frage der Eröffnung der Inhaltskontrolle gilt sowohl bei Verbraucherverträgen als auch bei Unternehmerverträgen die Regelung des § 307 Abs. 3 S. 1 BGB. Da diese jedoch das Abweichen von Rechtsvorschriften zur Voraussetzung macht, ist eine unterschiedliche Beantwortung der aufgeworfenen Frage grundsätzlich möglich. In Rede stehen damit Klauseln, die ausschließlich von verbraucherschützenden Vorschriften abweichen.

Die Eröffnung der Inhaltskontrolle hatte der BGH in seinem Urteil zu Bearbeitungsentgeltklauseln in Verbraucherverträgen jedoch damit begründet, dass für Tätigkeiten im eigenen Interesse keine gesonderte Vergütung verlangt werden dürfe. Diese vom BGH als Grundsatz des dispositiven Rechts bezeichnete Annahme, gilt als solche unterschiedslos auch im Rechtsverkehr zwischen Unternehmern.[52] Eine von der Rechtsprechung im Verbraucherbereich abweichende Entscheidung über die Kontrollfähigkeit der Bearbeitungsentgeltklauseln wäre daher nur denkbar gewesen, wenn man im Unternehmerbereich eine kontrollfreie Vergütung der Hauptleistung oder einer Sonderleistung annehmen würde.

Das Vorliegen einer Vergütung der Hauptleistung hatte der BGH für den Verbraucherbereich aber bereits deshalb ausgeschlossen, weil diese nach § 488 Abs. 1 S. 2 BGB ausschließlich in einem laufzeitabhängigen Zins bestehen könne. Gründe, weshalb diese Annahme, im unternehmerischen Bereich nicht gelten soll, sind nicht ersichtlich, da auch § 488 Abs. 1 S. 2 BGB unterschiedslos für den Unternehmerbereich gilt.[53] Auf dem Boden der Rechtsprechung zu Verbraucherdarlehensverträgen konnte es damit nicht überraschen, dass der BGH auch im Unternehmerbereich von der Kontrollfähigkeit der Bearbeitungsentgeltklauseln ausging.

Im Schrifttum wurde indes argumentiert, im Unterschied zum Verbraucherbereich würde das Bearbeitungsentgelt hier eine nach der Rechtsprechung kontrollfreie Vergütung einer Sonderleistung darstellen.[54] Entgegen der Auffassung des BGH zur Verwendung von Bearbeitungsentgeltklauseln in Verbraucherdarlehensverträgen, läge hier daher gerade nicht die Vergütung einer Tätigkeit im eigenen Interesse vor.

Es wurde bereits festgestellt, dass die Unterscheidung zwischen einer Tätigkeit im eigenen und im fremden Interesse innerhalb eines Vertragsverhältnisses nicht zielführend ist, jedenfalls aber auf den objektiven Nutzen statt auf das Motiv einer Handlung abgestellt werden müsste.[55] Vor diesem Hintergrund wäre die Einord-

---

[52] Vgl. *Schwintowski*, in: jurisPK-BGB § 488 Rdn. 40.

[53] So schon: *Casper*, EWiR 2014 S. 437 (438).; *H. Schmidt*, LMK 2014, 361197; *von Westphalen*, NJW 2015 S. 2223 (2228).

[54] *Hanke/Adler*, WM 2015 S. 1313 (1314); *Herweg/Fürtjes*, ZIP 2015 S. 1261 (1264); *Greubel*, S. 82 ff.

[55] S. o.: D. II. 3. b) bb).

nung eines Bearbeitungsentgelts als Vergütung einer Sonderleistung auch im Verbraucherbereich möglich gewesen.[56] Indes entspricht dies nicht der Rechtsprechung des BGH. Um Wiederholungen zu vermeiden, soll im Folgenden nur untersucht werden, ob nach der Rechtsprechung zu Verbraucherdarlehen im Unternehmerbereich eine kontrollfreie Sonderleistung angenommen werden müsste.

1. Keine kontrollfreie Vergütung einer Sonderleistung

Im Wesentlichen wurden im Schrifttum zwei Argumente für die Einordnung der Bearbeitungsentgeltklauseln als kontrollfreie Vergütung einer Sonderleistung vorgebracht.

a) Argument aus § 354 HGB

Nicht überzeugend war insoweit der Hinweis auf die Regelung des § 354 HGB. Danach kann ein Kaufmann, der in Ausübung seines Handelsgewerbes einem anderen Geschäfte besorgt oder Dienste leistet, dafür auch ohne Verabredung Provision und, wenn es sich um Aufbewahrung handelt, Lagergeld nach den an dem Orte üblichen Sätzen fordern. Die Vorschrift ist damit Ausdruck des allgemein anerkannten Erfahrungssatzes, nachdem ein Kaufmann seine Geschäftsleistungen nicht unentgeltlich erbringt.[57]

Im Schrifttum wurde vertreten, vor dem Hintergrund dieser Regelung müsse aus der maßgeblichen Sicht des Klauselgegners regelmäßig eine Preishauptabrede vorliegen, da aus Sicht eines Kaufmanns grundsätzlich „jede Leistung entgeltlich erbracht werde".[58] Dabei wurde jedoch bereits übersehen, dass es nach der Rechtsprechung für die Einordnung als Preishauptabrede auf die Frage ankommt, ob überhaupt eine Leistung vorliegt. Eine solche wird eben nur dann bejaht, wenn die Tätigkeit nicht im eigenen Interesse erfolgt.

Auch § 354 HGB erklärt nicht jede Handlung für vergütungspflichtig, sondern nur solche Geschäfte die „einem anderen" besorgt werden bzw. Dienste die „einem anderen" geleistet werden. Es kommt daher auch für die Anwendung von § 354 HGB darauf an, ob eine Tätigkeit im Fremdinteresse übernommen wird.[59]

---

[56] S. o.: E. I. 2. cc).

[57] *Hopt*, in: Baumbach/Hopt HGB § 365 Rdn. 1; *Roth*, in: Koller/Kindler/Roth/Morck HGB § 354 Rdn. 1; *K. Schmidt*, in: MüKo HGB § 354 Rdn. 1; *Pamp*, in: Oetker HGB § 354 Rdn. 1; *Kindler*, in: Ebenroth/Boujong/Joost/Strohn HGB § 354 Rdn. 1; vgl. auch BGH, BeckRS 2017, 121112, Rdn. 40.

[58] *Hanke/Adler*, WM 2015 S. 1313 (1314).

[59] BGH, NJW-RR 1987 S. 173; BGH, BeckRS 2017, 121112, Rdn. 40, *Lehmann-Richter*, in: BeckOK HGB § 354 Rdn. 15; *K. Schmidt*, in: MüKo HGB § 354 Rdn. 9.

Für die Frage, ob im Einzelfall eine kontrollfreie Preishauptabrede oder eine kontrollfähige Preisnebenabrede vorliegt, kann aus der Vorschrift des § 354 HGB daher nichts gewonnen werden.

b) Höherer vorvertraglicher Aufwand

Der BGH hatte sich in seinem Urteil zu Verbraucherdarlehen ausführlich mit den einzelnen durch das Bearbeitungsentgelt abzugeltenden Tätigkeiten befasst und war zu dem Ergebnis gekommen, dass soweit diese auch dem Kunden zu Gute kämen, es sich lediglich um einen reflexartigen Nebeneffekt handele.[60] Im Schrifttum wurde indes der im Unternehmerbereich höhere vorvertragliche Aufwand beim Abschluss eines Darlehensvertrags betont, der für eine Tätigkeit im Interesse des Kunden spreche.[61]

Gerade bei gewerblichen Unternehmensfinanzierungen kämen je nach Wunsch des Darlehensnehmers völlig unterschiedliche, individuell auf diesen zugeschnittene Finanzierungen in Betracht. All diese Finanzierungen verursachten insbesondere hinsichtlich der Sicherheitenprüfung einen unterschiedlichen Bearbeitungsaufwand.[62]

Es konnte jedoch kaum überraschen, dass der BGH dieser Ansicht nicht gefolgt ist. Das vorgebrachte Argument ist bereits deshalb nicht überzeugend, weil der höhere Aufwand für eine Tätigkeit nicht deren Zielrichtung ändert. Wenn man davon ausgeht, die Bonitätsprüfung erfolge im überwiegenden Interesse der Banken, so ändert sich dies nicht nach dem dafür erforderlichen Aufwand. Auch bei einem Bauträgerkreditvertrag, bei dem sich ein erhöhter Prüfungsaufwand aus den sich an den Bauträger richtenden Vorschriften des § 3 MaBV ergibt, hat der BGH daher eine Sonderleistung abgelehnt.[63]

Auf dem Boden der Rechtsprechung zu Verbraucherdarlehen erscheint auch der Hinweis auf eine besondere Beratungstätigkeit im Interesse des Kunden nicht tragend.[64] Selbst wenn man dies als zutreffend annähme, würde die vom BGH vorgenommene Auslegung des Begriffs des Bearbeitungsentgelts ergeben, dass damit auch die weiteren Tätigkeiten wie insbesondere die Bonitätsprüfung abgegolten werden sollen. Dies gilt insbesondere mit Rücksicht auf die Zweifelsregelung des

---

[60] BGH, NJW 2014 S. 2420 (2425).

[61] *Hanke/Adler*, WM 2015 S. 1313 (1315); *Herweg/Fürtjes*, ZIP 2015 S. 1261 (1264); *Greubel*, S. 82 ff.

[62] *Hanke/Adler*, WM 2015 S. 1313 (1315).

[63] BGH, BeckRS 2018, 27446, eingehend zur MaBV das in der Vorinstanz befasste OLG Nürnberg, BKR 2017 S. 251 (255); vgl. hierzu auch *Koch*, WM 2016 S. 717 (724). *Lang/Schulz*, WM 2015 S. 2173 (2180).

[64] *Hanke/Adler*, WM 2015 S. 1313 (1315); vgl. auch *Greubel*, S. 84, der jedoch nicht sauber zwischen den verschiedenen Formen der Kreditvergabe trennt und daher zu nicht nachvollziehbaren Folgerungen gelangt.

§ 305c Abs. 2 BGB. Ein Abweichen von dem durch den BGH entwickelten Grundsatz des Verbots der gesonderten Entgelterhebung für Tätigkeiten im eigenen Interesse könnte stringent daher nur verneint werden, wenn sämtliche von dem Bearbeitungsentgelt umfassten Tätigkeiten im Fremdinteresse vorgenommen würden. Näher zu betrachten wäre diese Frage daher nur, wenn in AGB zukünftig explizit eine Beratungsgebühr verlangt würde.

2. Zwischenergebnis

Folgt man den vom BGH für die Eröffnung der Inhaltskontrolle aufgestellten Grundsätzen und seinen Annahmen zu Bearbeitungsentgeltklauseln in seinen Urteilen im Verbraucherbereich ergibt sich konsequenterweise auch die Kontrollfähigkeit solcher Klauseln im Unternehmerbereich. Lehnt man hingegen wie hier bereits die Kontrollfähigkeit von Bearbeitungsentgeltklauseln im Verbraucherbereich ab, gilt dies gleichermaßen für den Unternehmerbereich.

III. Inhaltskontrolle nach § 307 BGB

Im Rahmen der Angemessenheitsprüfung nach § 307 BGB soll wie bereits im voranstehenden Abschnitt nur auf solche Punkte eingegangen werden, die nicht bereits Gegenstand der Untersuchung im Verbraucherbereich waren.

Der BGH gründet nicht nur die Eröffnung der Inhaltskontrolle auf ungeschriebene Grundsätze, die nach hier vertretener Auffassung nicht existieren. Er nimmt aufgrund des Abweichens von diesen vermeintlichen Grundsätzen auch eine Indizwirkung für die Unangemessenheit von Bearbeitungsentgeltklauseln nach § 307 Abs. 2 Nr. 1 BGB an. Wie bereits für Verbraucherverträge geschehen, soll daher hier vorangestellt werden, welche Nachteile dem Darlehensnehmer durch die Vereinbarung eines Bearbeitungsentgelts tatsächlich drohen.

1. Nachteile des Darlehensnehmers

Für den Verbraucherbereich wurde bereits festgestellt, dass sich zu berücksichtigende Nachteile für den Darlehensnehmer nur bei vorzeitiger Vertragsbeendigung ergeben. In diesem Fall kommt es zu einem Anstieg des effektiven Jahreszinses. Zudem sei nach Ansicht des BGH das laufzeitunabhängige Bearbeitungsentgelt geeignet, das jederzeitige Ablösungsrecht nach § 500 Abs. 2 BGB zu gefährden. Unabhängig davon, dass der letztgenannte Punkt auch im Verbraucherbereich erheblichen Zweifeln ausgesetzt ist,[65] bestehen diese Bedenken für den Unternehmer-

---

[65] S. o.: E. III. 2. b) bb).

bereich nicht. Bei der Verpflichtung zur Angabe des effektiven Jahreszinses aus § 491a Abs. 1 BGB, Art. 247 § 3 Abs. 1 Nr. 3 EGBGB und dem jederzeitigen Ablösungsrecht aus § 500 Abs. 2 BGB handelt es sich um rein verbraucherschützende Vorschriften, die gegenüber einem Unternehmer nicht anwendbar sind. Vielmehr besteht im gesetzlichen Regelfall zugunsten des gewerblichen Darlehensnehmers keine Möglichkeit zur vorzeitigen Rückzahlung eines verzinslichen Darlehens.[66] Aufgrund des Fehlens eines vorzeitigen Ablösungsrechts kann die fehlende Erstattung der Bearbeitungsgebühr bei vorzeitiger Vertragsbeendigung die Ausübung eines solchen Rechts auch nicht gefährden.[67]

Indes möchte der BGH diesem Umstand keine entscheidende Bedeutung beimessen und geht auch im Unternehmerbereich von einer unangemessenen Benachteiligung des Darlehensnehmers aus.[68] Im Vergleich zu seinen Ausführungen zu Verbraucherdarlehensverträgen bliebe als vermeintlicher Nachteil für den Kunden jedoch nur noch, dass das Bearbeitungsentgelt mitfinanziert und damit zu verzinsen ist.[69] Es wurde bereits dargelegt, dass dieser Umstand eine unangemessene Benachteiligung des Darlehensnehmers nicht zu begründen vermag. Schließlich stünde dem Nachteil der Verzinsungspflicht der Vorteil entgegen, eine bereits vorgenommene Tätigkeit nicht sofort vergüten zu müssen.[70] Der BGH konnte darauf aber ohnehin nicht abstellen. In allen drei seiner Entscheidung über Bearbeitungsentgelte gegenüber Unternehmern zugrunde liegenden Fällen, wurde das Bearbeitungsentgelt nicht mitkreditiert, sondern vom Darlehensnehmer jeweils gesondert gezahlt.[71]

Im Ergebnis hat der BGH in seiner Entscheidung zu Bearbeitungsentgeltklauseln in Unternehmerdarlehensverträgen – abgesehen von der Indizwirkung des § 307 Abs. 2 Nr. 1 BGB durch das Abweichen von vermeintlichen Grundsätzen des dispositiven Rechts – nicht einen einzigen Nachteil des Darlehensnehmers benannt.[72]

2. Argumente gegen eine unangemessene Benachteiligung

Auch bei einem Darlehensvertrag zwischen Unternehmern sieht der BGH keine Gründe, welche die Abweichung vom gesetzlichen Leitbild des § 488 Abs. 1 S. 2 BGB sachlich rechtfertigen oder den gesetzlichen Schutzzweck auf andere Weise

---

[66] *Koch*, WM 2016, 717 (723).
[67] *Casper/Möllers*, BKR 2015 S. 1689 (1695).
[68] BGH, BKR 2017 S. 453 (457).
[69] So vor Verkündung der Entscheidung des BGH zu Bearbeitungsentgelten im Unternehmerbereich bereits *Piekenbrock*, ZBB 2015 S. 13 (19).
[70] S. o.: E. III. 2. a) aa).
[71] BGH, BKR 2017 S. 453 (457).
[72] So auch: *Tröger*, NJW 2017 S. 2994.

sicherstellen könnten.[73] In der folgenden Darstellung sollen nur solche Argumente Erwähnung finden, die nicht bereits im Rahmen der Inhaltskontrolle bei Verbraucherdarlehensverträgen erörtert wurden.

a) Berücksichtigung der im Handelsverkehr geltenden Gewohnheiten und Gebräuche

Nach § 310 Abs. 1 S. 2 BGB ist bei der Inhaltskontrolle im Unternehmerbereich auf die im Handelsverkehr geltenden Gewohnheiten und Gebräuche angemessen Rücksicht zu nehmen. Nach der Rechtsprechung des BGH sind darüber hinaus auch Besonderheiten des kaufmännischen Geschäftsverkehrs und branchentypische Interessen der Vertragschließenden angemessen zu berücksichtigen.[74]

aa) Bearbeitungsentgelt als Handelsbrauch

Im Schrifttum wurde vereinzelt argumentiert, die Vereinbarung von Bearbeitungsentgelten bei der Darlehensvergabe in der Praxis sei seit langem üblich, im Geschäftsverkehr anerkannt und somit als Handelsbrauch zu berücksichtigen.[75]

Wie bereits dargestellt, entspricht die Definition des Handelsbrauchs i. S. d. § 310 Abs. 1 S. 2 BGB aufgrund der gleichlautenden Formulierung nach der Rechtsprechung derjenigen der handelsrechtlichen Regelung in § 346 HGB. Ein solcher setzt nach ständiger BGH-Rechtsprechung voraus, dass die am Vertrag Beteiligten im Zeitpunkt des jeweiligen Vertragsschlusses davon ausgehen, es bestehe eine allgemeine Übung, die eine Verpflichtung auch ohne Abschluss einer darauf gerichteten Vereinbarung begründet.[76] Dabei sei es unschädlich, wenn die Parteien die Regelung schriftlich fixieren, solange sie diese für das Bestehen der Verpflichtung nicht für notwendig halten.

Zutreffend hat der BGH ausgehend von dieser Definition die Vereinbarung eines Bearbeitungsentgelts nicht als Handelsbrauch i. S. v. § 310 Abs. 1 S. 2 BGB angesehen. Allein die Tatsache, dass in einer Vielzahl gleichartiger Verträge eine entsprechende Vereinbarung getroffen werde, könne die Existenz eines Handelsbrauchs nicht belegen. Vielmehr könne von einem solchen nur gesprochen werden, wenn eine in AGB getroffene Regelung auch ohne besondere Vereinbarung oder Empfehlung freiwillig befolgt würde.[77] Dafür bestünden aber bei der Vereinbarung

---

[73] BGH, BKR 2017 S. 453 (457 ff.).

[74] Vgl. hierzu bereits oben unter: F. I.2.c).

[75] *Van Bevern/Schmitt*, BKR 2015 S. 323 (327); *Hanke/Adler*, WM 2015 S. 1313 (1318); *Lang/Schulz*, WM 2015 S. 2173 (2175), *Greubel*, S. 111.

[76] U.a.: BGH, Urt. v. 25.11.1993 – VII ZR 17/93, MDR 1994 S. 358 (359).

[77] BGH, Urt. v. 04.07.2017 – XI ZR 233/16, BeckRS 2017, 121112, Rdn. 63.

von Bearbeitungsentgeltklauseln keine Anhaltspunkte, allein die Üblichkeit der Klausel könne ihre Unangemessenheit aber jedenfalls nicht ausräumen.[78]

In der Literatur wurde zudem darauf hingewiesen, § 310 Abs. 1 S. 2 Hs. 2 BGB beschreibe die Situation, dass ein Handelsbrauch besteht, der erst in der Folgezeit in die Form von AGB gegossen wird.[79] Der Gedanke dahinter ist freilich, dass ein bislang freiwillig befolgter Handelsbrauch nicht dadurch unwirksam werden kann, dass er schriftlich in AGB festgehalten wird. Sei die chronologische Reihenfolge jedoch umgekehrt, trage dieser Gedanke jedoch nicht.[80] Zwar lässt dies unberücksichtigt, dass sich auch einzelne Bestimmungen in AGB erst zu einem Handelsbrauch entwickeln können.[81] Auch hierfür ist jedoch Voraussetzung, dass die entsprechende Regelung auch ohne besondere Vereinbarung freiwillig befolgt würde.[82]

Bearbeitungsentgelte wurden durch die Banken stets schriftlich in Form von AGB oder durch Individualvereinbarungen festgelegt. Der Gedanke, ein Bankkunde würde freiwillig ohne ausdrückliche Vereinbarung ein Entgelt zahlen, erscheint hingegen abwegig. Insbesondere müsste nach dem Handelsbrauch auch die Höhe des Bearbeitungsentgelts für jeden Kaufmann ohne entsprechende Vereinbarung klar sein. Davon kann jedoch bereits deshalb nicht ausgegangen werden, da Bearbeitungsentgelte in unterschiedlicher Höhe von üblicherweise ein Prozent bis drei Prozent der Darlehensvaluta verlangt wurden.[83]

bb) Besonderheiten des kaufmännischen Geschäftsverkehrs

Wie bereits dargestellt,[84] reduziert der BGH die Vorschrift des § 310 Abs. 1 S. 2 Hs. 2 BGB nicht allein auf die Frage des Bestehens eines Handelsbrauchs i. S. v. § 354 HGB, sondern möchte auch sonstige Besonderheiten des kaufmännischen Geschäftsverkehrs berücksichtigen. Auch das bekannte und vom BGH häufig verwendete Zitat aus der Gesetzesbegründung zum AGBG, nachdem der kaufmännische Rechtsverkehr auf eine „stärkere Elastizität" der für ihn maßgeblichen Normen angewiesen sei als der Rechtsverkehr mit dem Letztverbraucher, geht hiervon aus. Dieses nennt zur Begründung nicht nur die im Unternehmerbereich herrschenden Handelsbräuche, sondern gleichfalls Usancen und Verkehrssitten.[85]

Um eine solche Usance soll es sich nach einigen Stimmen im Schrifttum auch bei der Vereinbarung von Bearbeitungsentgelten handeln. Dies sei anzunehmen, weil

---

[78] BGH, Urt. v. 04.07.2017 – XI ZR 233/16, BeckRS 2017, 121112, Rdn. 64.
[79] *Koch*, WM 2016 S. 717 (721).
[80] *Koch*, WM 2016 S. 717 (721).
[81] BGH, MDR 1981 S. 47 (48); *K. Schmidt*, in: MüKo HGB § 354 Rdn. 52.
[82] BGH, MDR 1981 S. 47 (48); *K. Schmidt*, in: MüKo HGB § 354 Rdn. 52.
[83] *Koch*, WM 2016 S. 717; *Billing*, WM 2013 S. 1777 (1782).
[84] S. o.: F.I.2.c).
[85] BT-Drs. 7/3919, S. 24.

die Vereinbarung von laufzeitunabhängigen Bearbeitungsentgelten im unternehmerischen Geschäftsverkehr seit Jahrzehnten gängige und anerkannte und von der Rechtsprechung noch nie beanstandete Geschäftspraxis war.[86] Bearbeitungsentgelte würden konkret jedenfalls seit den 1950er Jahren, mithin seit über 60 Jahren, branchenweit erhoben und seien von großer Wichtigkeit für die Darlehensgeber, weshalb die Annahme einer Usance vertretbar sei.[87]

Der BGH ist diesem Argument jedoch nicht gefolgt. Er lehnte die Annahme einer zu berücksichtigenden Usance mit der einfachen Begründung hab, es handle sich bei der Vereinbarung von Bearbeitungsentgeltklauseln nicht um eine Besonderheit des kaufmännischen Verkehrs, weil auch im Rechtsverkehr mit Verbrauchern Bearbeitungsentgelte vereinbart werden.[88] Tatsächlich unterscheidet sich bei der Erhebung von Bearbeitungsentgelten die Geschäftspraxis der Banken gegenüber Verbrauchern und Unternehmern nicht wesentlich. Die Erhebung von Bearbeitungsentgelten war gegenüber Verbrauchern ebenfalls über Jahre hinweg gängige Praxis und damit keine Besonderheit der Darlehensvergabe gegenüber Unternehmern. Mithin ist eine unterschiedliche Beurteilung im Unternehmerbereich, zumindest im Hinblick auf die Regelung des § 310 Abs. 1 S. 2 Hs. 2 BGB auch nicht überzeugend.

cc) Geringere Schutzwürdigkeit von Unternehmern

Das wohl am häufigsten vorgebrachte Argument für eine unterschiedliche Beurteilung der Wirksamkeit von Bearbeitungsentgeltklauseln im Unternehmerbereich stützt sich auf die vermeintlich geringere Schutzwürdigkeit von Unternehmern. Es wurde bereits festgestellt, dass die häufig geführte Diskussion um die Übertragbarkeit der Rechtsprechung zu AGB in Verbraucherverträgen auf solche in Unternehmerverträgen an verschiedenen falschen Annahmen leidet.[89] Auch in der Diskussion um die Zulässigkeit von Bearbeitungsentgeltklauseln trat dies in aller Deutlichkeit hervor.

Zum einen wurde bereits die Reichweite des Unternehmerbegriffs verkannt. So wurde angeführt, im Bereich der Kreditverträge von Banken zugunsten von mittelständischen sowie international operierenden Unternehmen bestünde keine Schutzbedürftigkeit des Darlehensnehmers, vielmehr sei eine „Waffengleichheit" der Vertragsparteien anzunehmen. Derartige Unternehmen verfügten über eigene Finanz- und Rechtsabteilungen, die eine Überprüfung der Finanzierungskonditio-

---

[86] *Piekenbrock*, ZBB 2015 S. 13 (19); *Edelmann*, WM 2017 S. 1715; *Kropf/Habl*, BKR 2015 S. 316 (320 f.).
[87] *Lang/Schulz*, WM 2015 S. 2173 (2175).
[88] BGH, BeckRS 2017 121112, Rdn. 66; zustimmend: *Koch*, WM 2016 S. 717 (720 f.).
[89] S. o.: F. I. 4.

nen vornehmen.[90] Dies mag zwar inhaltlich richtig sein, doch wird verkannt, dass der Unternehmerbegriff eben nicht nur solche Unternehmer umfasst.

Abzulehnen ist auch die im Schrifttum geäußerte Auffassung, es sei daher nach der Größe des Unternehmens zu differenzieren, indem für die Frage der Angemessenheit der Bearbeitungsentgeltklausel genau auf die Parteienparität zwischen der kreditgebenden Bank und dem institutionellen Darlehensnehmer zu achten sei.[91] Diese Ansicht würde zu einer unerträglichen Rechtsunsicherheit führen. In der Konsequenz wäre ein und dieselbe Klausel einmal angemessen und einmal unangemessen, je nachdem welches Unternehmen den Darlehensvertrag geschlossen hat. Dies würde freilich dem Grundkonzept der Inhaltskontrolle widersprechen. Zudem würde dies aber auch die kaum rechtssicher zu beantwortende Frage aufwerfen, wann überhaupt von einer „Parteienparität" auszugehen ist.[92]

Diese Ansicht ist aber nicht nur aus diesem Grund abzulehnen. Sie zeigt auch das ebenfalls bereits benannte Problem der häufig fehlenden Auseinandersetzung mit dem Schutzzweck der Inhaltskontrolle. Nach ganz herrschender Meinung in Rechtsprechung und Literatur kommt es für die Schutzbedürftigkeit des Verwendungsgegners nicht auf eine Parteienparität an, da die Inhaltskontrolle nicht den Schutz des vermeintlich wirtschaftlich Schwächeren bezweckt.[93]

Ebenfalls fehl geht die Behauptung, der wesentliche Unterschied zum Verbraucherdarlehensrecht liege darin, dass im gewerblichen Rechtsverkehr zwischen der Bank und dem Kunden aufgrund der größeren rechtsgeschäftlichen Erfahrung der Beteiligten nicht die Gefahr bestehe, die Bank könne dem Darlehensnehmer einseitig ihre Bedingungen auferlegen, da bei Firmenkunden weder eine situative Unterlegenheit noch ein strukturelles Ungleichgewicht bestünde.[94] Auch hier wird einerseits die Reichweite des Unternehmerbegriffs verkannt, da ein situatives Gleichgewicht zwischen Geschäftskunden und Banken allenfalls für wirtschaftsstarke Großunternehmen angenommen werden könnte.[95] Überdies geht aber schon der Hinweis auf die größere rechtsgeschäftliche Erfahrung von Unternehmern fehl, denn es bedarf keiner Geschäftserfahrung, um zu erkennen, dass ein Bearbeitungsentgelt eine zusätzliche Kostenbelastung darstellt.[96] Vielmehr ist davon auszugehen, dass sowohl Verbraucher als auch Unternehmer Bearbeitungsentgeltklauseln beachten und ihren Inhalt zutreffend erfassen.

Schließlich lässt sich eine verminderte Schutzwürdigkeit des Unternehmers hier auch nicht auf die im Darlehensrecht vorhandenen Verbraucherschutzvorschriften

---

[90] *Kropf/Habl*, BKR 2015 S. 316 (320).
[91] *Herweg/Fürtjes*, ZIP 2015 S. 1261 (1268).
[92] *Pfeiffer*, in: Wolf/Lindacher/Pfeiffer § 307 Rdn. 174.
[93] S. o.: C. II. 2. b).
[94] *Hertel*, jurisPR-BKR 2/2016 Anm. 4; ähnlich: *Edelmann*, WM 2015 S. 1715.; *Lang/Schulz*, WM 2015 S. 2173 (2174); *S. Weber*, WM 2016 S. 150 (153).
[95] So schon: *Fischer*, EWiR 2017 S. 3 (4).
[96] *Fischer*, EWiR 2017 S. 3 (4).

stützen.[97] Dieses außerhalb der Vorschriften zur AGB-Kontrolle vom Gesetzgeber geschaffene unterschiedliche Schutzniveau wird insoweit ausreichend im Rahmen der Inhaltskontrolle berücksichtigt, als ein Abweichen von diesen Vorschriften i. S. v. § 307 Abs. 2 Nr. 1 BGB gegenüber Unternehmern unbeachtlich ist.

b) Weitergabe der Belastung an Endkunden

Sowohl in der Rechtsprechung als auch in der Literatur wurde als rechtfertigender Grund des Weiteren angegeben, dass der Unternehmer die Möglichkeit habe, die Belastung durch die Erhebung von Bearbeitungsentgelten an nachgelagerte Handelsstufen oder seine Endkunden weiterzugeben.[98] Nach der Auffassung des BGH könne die Benachteiligung des Darlehensnehmers dadurch jedoch nicht ausgeglichen werden. Ausgleich für eine den Verwender begünstigende und den Vertragspartner benachteiligende Klausel könne nur durch Vorteile erfolgen, die dem Vertragspartner durch den Verwender selbst gewährt würden.[99] Vor dem Hintergrund, dass im Rahmen der Inhaltskontrolle die inhaltliche Ausgewogenheit einer Klausel zu prüfen ist, verdient dieser Grundsatz Anerkennung. Vorteile, die der Verwendungsgegner durch Dritte erlangt, sind nicht zu Gunsten des Verwenders unangemessener Klauseln zu berücksichtigen. Das hier in Rede stehende Argument überzeugt zudem deshalb nicht, weil der Unternehmer keinen echten Vorteil hat. Eine tatsächliche Weitergabe der Belastung würde für ihn bedeuten, dass er seine Preise erhöhen müsste und damit einen Wettbewerbsnachteil erfahren würde. Zudem könnte man mit diesem Argument letztlich jede Benachteiligung unternehmerisch handelnder Kunden rechtfertigen.[100]

c) Steuerliche Vorteile

Nach der Rechtsprechung des BFH ist das Bearbeitungsentgelt, da dieses bei vorzeitiger Vertragsbeendigung nicht anteilig zu erstatten ist, für den Darlehensnehmer in voller Höhe sofort als Betriebsausgabe abzugsfähig und nicht erst über die volle Laufzeit des Darlehensvertrags hinweg, wenn dieser vorzeitig kündbar ist.[101]

Daher wird von einem erheblichen Interesse des gewerblichen Darlehensnehmers ausgegangen, durch die Vereinbarung eines Bearbeitungsentgelts einen größtmöglichen Teil seiner Kreditkosten sofort steuerlich zum Abzug bringen zu können.[102]

---

[97] So aber: *Casper/Möllers*, WM 2015 S. 1689 (1695).
[98] LG Augsburg, BKR 2015 S. 205 (207); *Hanke/Adler*, WM 2015 S. 1313 (1319).
[99] BGH, BKR 2017 S. 453 (457).
[100] *Fuchs*, in: Ulmer/Brandner/Hensen § 307 Rdn. 377; *Koch*, WM 2016, 717.
[101] BFH, DStR 2011 S. 2035(2036 f.); *van Bevern/Schmitt*, BKR 2015 S. 323 (326).
[102] *Hanke/Adler*, WM 2015 S. 1313 (1318); *van Bevern/Schmitt*, BKR 2015 S. 323 (326); *Lang/Schulz*, WM 2015 S. 2173 (2176).

Das Modell eines laufzeitunabhängigen Bearbeitungsentgelts verbunden mit niedrigeren Zinsen werde gerade aus diesem Grund von unternehmerischen Darlehensnehmern vielfach anstelle einer Finanzierung des Kredits ausschließlich über (höhere) Zinsen gewünscht.[103] Auch diesem Argument versagte der BGH die Anerkennung. Bereits die im Rahmen der Angemessenheitsprüfung gebotene überindividuelle und generalisierende Betrachtungsweise verbiete die Unterstellung einer einheitlichen steuerlichen Interessenlage unternehmerischer Kreditnehmer.[104] Dem ist grundsätzlich auch zuzustimmen. Denn auch wenn häufig steuerliche Interessen die Vereinbarung eines Bearbeitungsentgelts als für den Darlehensnehmer günstig erscheinen lassen, wird es auch Unternehmer geben, die trotzdem einen höheren Zinssatz gegenüber einem einmaligen Bearbeitungsentgelt präferieren.[105] Gerade wenn dieses wie in den vom BGH zu entscheidenden Fällen nicht mitkreditiert wird, kann der Unternehmer ein Interesse haben aus Liquiditätsgründen kein sofort fälliges Entgelt zahlen zu müssen.

Auch hier lässt sich zudem einwenden, dass der dem Verwendungsgegner zu Teil werdende Vorteil kein Entgegenkommen des Klauselverwenders darstellt.[106]

d) Ermöglichung eines niedrigeren Zinses durch Erhebung des Bearbeitungsentgelts

Fraglich ist aber, ob nicht zumindest in bestimmten Fällen zu berücksichtigen wäre, dass der Unternehmer bei Vereinbarung eines fixen Bearbeitungsentgelts von einem reduzierten Zinssatz profitieren kann.[107]

Der BGH hat dies jedoch abgelehnt. Nach einer jüngeren Entscheidung soll dies selbst dann unbeachtlich sein, wenn der Darlehensnehmer die Wahl zwischen einer Vertragsvariante mit Bearbeitungsentgelt und einer Variante ohne Bearbeitungsentgelt aber höherem Sollzins hatte.[108] Begründet hat der BGH dies mit dem Hinweis auf das sogenannte Preisargument. Nach gefestigter Rechtsprechung könne eine unangemessene Benachteiligung nicht mit einem möglicherweise geringeren Preis gerechtfertigt werden.[109] Die Begründung dieses Arguments ist auch grundsätzlich überzeugend. Die Berücksichtigung eines geringeren Preises würde es zunächst erforderlich machen, den „gerechten Preis" für eine Leistung zu bestimmen.[110] Allerdings wäre dies einem Richter in bestimmten Fällen durchaus

---

[103] *Herweg/Fürtjes*, ZIP 2015 S. 1261 (1267).
[104] BGH, BKR 2017 S. 453 (457).
[105] So auch: *Koch*, WM 2016 S. (721).
[106] BGH, BKR 2017 S. 453 (457).
[107] *Herweg/Fürtjes*, ZIP 2015 S. 1261 (1267); *Lang/Schulz*, WM 2015 S. 2173 (2176).
[108] BGH, NJW-RR 2018 S. 814 (815).
[109] BGH, BKR 2017 S. 453 (457).
[110] *Wurmnest*, in: MüKo BGB § 307 Rdn. 44; *Coester*, in: Staudinger BGB § 307 Rdn. 131.

zuzumuten, da er den marktüblichen als Vergleichsmaßstab heranziehen könnte, soweit sich ein solcher ermitteln ließe. Denn diesem kommt in einem funktionierenden Wettbewerb aufgrund des Einverständnisses der Parteien eine gewisse Richtigkeitsgewähr zu.[111] Speziell im Bereich der Kreditvergabe wäre es durchaus möglich, insbesondere durch Sachverständigenbeweis, den marktüblichen Zins für einen gewöhnlichen Darlehensvertrag zu ermitteln.

Das Preisargument wird aber von einem weiteren, noch weit überzeugenderen Gedanken gestützt. Es wäre nämlich in einem zweiten Schritt zu prüfen, ob der vereinbarte Preis so weit unter dem „gerechten Preis" liegt, dass die Differenz einen angemessenen Ausgleich für die an sich unangemessene Klausel darstellt.[112] Dies zu bestimmen ist freilich bei den üblicherweise in AGB zu findenden Regelungen zu hypothetischen Sachverhalten nicht denkbar. Wie beispielsweise sollte der Wert dem Verwendungsgegner erwachsenden Nachteils durch eine Haftungsbeschränkung oder einer Verjährungsverkürzung berechnet werden? Im Unterschied hierzu steht jedoch im Fall einer Bearbeitungsentgeltklausel der Wert des Nachteils durch die Höhe des zu zahlenden Bearbeitungsentgelts bereits fest. Dies gilt jedenfalls im Unternehmerbereich, wo eine mögliche Gefährdung des Ablösungsrechts nicht von Bedeutung ist. Es wäre daher ohne weiteres möglich, die Gesamtbelastung des gewerblichen Darlehensnehmers unter dem eine Bearbeitungsentgeltklausel enthaltenden Darlehensvertrag mit der Gesamtbelastung eines Darlehensvertrags zum marktüblichen Zinssatz von gleicher Laufzeit zu vergleichen. Der pauschale Hinweis des BGH auf das Preisargument kann bei genauer Betrachtung daher an dieser Stelle nicht überzeugen.[113]

IV. Ergebnis

Auf der Grundlage seiner Rechtsprechung zu Bearbeitungsentgeltklauseln in Verbraucherdarlehensverträgen hat der BGH solche Klauseln auch im Unternehmerbereich der Inhaltskontrolle nach § 307 BGB unterworfen. Dies ist insoweit konsequent als keine Gründe dafür ersichtlich sind, dass der vom BGH angenommene Grundsatz des Verbots der gesonderten Erhebung eines Entgelts für Tätigkeiten im eigenen Interesse sowie das Leitbild des § 488 Abs. 1 S. 2 BGB nur gegenüber Verbraucher gelten sollten. Indes ist die Eröffnung der Inhaltskontrolle bei Bearbeitungsentgeltklauseln nach hier vertretener Auffassung auch gegenüber Unternehmern abzulehnen, weil sich eben jene für die Eröffnung der Inhaltskon-

---

[111] Der BGH geht selbst davon aus, der angemessene Preis werde durch den Markt bestimmt, BGH NJW-RR 2008 S. 818 (820).

[112] *Wurmnest*, in: MüKo BGB § 307 Rdn. 44; *Coester*, in: Staudinger BGB § 307 Rdn. 132.

[113] Für eine ausnahmsweise erfolgende Berücksichtigung bei Entgeltregelungen auch: *Coester*, in: Staudinger BGB § 307 Rdn. 135; *Fuchs*, in: Ulmer/Brandner/Hensen § 307 Rdn. 147; bei der Frage der Zulässigkeit von Bearbeitungsentgeltklauseln in Förderdarlehensverträgen ließ der BGH selbst das Preisargument außer Acht, vgl. hierzu ausführlich unten: G. IV. 2. c).

trolle entscheidenden Grundsätze aus dem Gesetz nicht herleiten lassen und der Verwendungsgegner wegen der Teilnahme von Bearbeitungsentgeltklauseln am Wettbewerb auch nicht schutzbedürftig ist.

Im Ergebnis nicht überzeugen konnten die im Schrifttum vorgebrachten Argumente für eine im Unterschied zum Verbraucherbereich anzunehmende Angemessenheit von Bearbeitungsentgeltklauseln im Rahmen von § 307 BGB aufgrund der Vorschrift des § 310 Abs. 1 S. 1 Hs. 2 BGB. Die Vereinbarung von Bearbeitungsentgeltklauseln stellt nach zutreffender Ansicht des BGH weder einen Handelsbrauch noch eine Besonderheit des kaufmännischen Rechtsverkehrs in diesem Sinne dar. Die Annahme einer geringeren Schutzwürdigkeit von Unternehmern im Rahmen der Inhaltskontrolle Allgemeiner Geschäftsbedingungen ist bereits im Allgemeinen abzulehnen und auch bezüglich der Verwendung von Bearbeitungsentgeltklauseln nicht zutreffend. Entgegen der Ansicht des BGH sind jedoch weder Verbraucher noch Unternehmer diesbezüglich schutzwürdig.

Eine von der Rechtsprechung zu Verbraucherdarlehen abweichende Entscheidung im Rahmen der Angemessenheitsprüfung wäre jedoch aus anderen Gründen durchaus möglich gewesen. Denn im Unterschied zum Verbraucherbereich steht gegenüber Unternehmern eine Gefährdung des jederzeitigen Ablösungsrechts nach § 500 Abs. 2 BGB mangels Anwendbarkeit von vornherein nicht zu besorgen. Auch der gegenüber Verbrauchern angeführte Nachteil einer Mitfinanzierung des Bearbeitungsentgelts und der damit einhergehenden Zinszahlungspflicht war – zumindest in den vom BGH zu entscheidenden Fällen – nicht einschlägig. Der BGH gründete jedoch die Annahme einer unangemessenen Benachteiligung allein auf die nach § 307 Abs. 2 Nr. 1 BGB bestehende Indizwirkung durch das Abweichen von den selbst entwickelten Grundsätzen. Darüber hinaus wurde nicht ein einziger dem Darlehensnehmer durch die Vereinbarung eines Bearbeitungsentgelts erwachsender Nachteil benannt. Zudem macht es sich der BGH zu einfach, wenn er die Möglichkeit eines niedrigeren Sollzinses durch Vereinbarung eines Bearbeitungsentgelts als Ausgleich des (vermeintlichen) Nachteils pauschal mit dem hier nicht überzeugenden Preisargument ablehnt.

Da die vom BGH entwickelten Grundsätze weder dogmatisch sauber herzuleiten sind noch aus teleologischer Sicht überzeugen können, bedeutet die Inhaltskontrolle von Bearbeitungsentgeltklauseln letztlich einen nicht gerechtfertigten Eingriff in die durch Art. 12 GG (i. V. m. Art. 19 Abs. 3 GG) geschützte Vertragsfreiheit der Banken.[114] Der BGH zwingt durch seine Rechtsprechung aber nicht nur die Banken zu Erhöhung des Sollzinses und einer Quersubventionierung. Seine Rechtsprechung bedeutet auch für all jene Unternehmer eine Einschränkung, welche die Vereinbarung eines Bearbeitungsentgelts etwa aus steuerlichen Gründen gegenüber einem höheren Sollzins bevorzugen. Die Rechtsprechung des BGH ist auch im Unternehmerbereich abzulehnen.

---

[114] So mit abweichender Begründung auch: *van Bevern/Schmitt*, BKR 2015 S. 323 (329).

G. Bearbeitungsentgeltklauseln
in besonderen Darlehensverträgen

Im Folgenden soll untersucht werden, ob die Frage der Wirksamkeit von Bearbeitungsentgeltklauseln bei besonderen Darlehensformen abweichend beurteilt werden kann.

I. Kontokorrentkredit

Bereits höchstrichterlich entschieden ist die Frage der Wirksamkeit von Bearbeitungsentgeltklauseln in Kontokorrentkreditverträgen. Der BGH hat Bearbeitungsentgeltklauseln auch in dieser besonderen Darlehensform für unwirksam erklärt.[1] Diesem Urteil lag die Gewährung eines Kontokorrentkredits an einen gewerblichen Kunden zugrunde.

1. Besonderheiten des Kontokorrentkredits

Unter einem Kontokorrentkredit versteht man einen Kredit, der in Form eines Kreditrahmens bei der Führung eines oder mehrerer Kontokorrentkonten eingeräumt wird.[2] Im Privatkundenbereich wird diesbezüglich von einem Dispositionskredit gesprochen.[3] Darüber hinaus existieren sowohl im Privatkundenbereich als auch bei der gewerblichen Kreditvergabe verschiedene besondere Formen des Kontokorrentkredits.

Wesentliche Gemeinsamkeit all dieser unter dem Überbegriff des Kontokorrentkredits gewährten Darlehen ist, dass dem Kunden im Unterschied zum gewöhnlichen Ratendarlehen ein hohes Maß an Flexibilität gewährt wird, da der bereitgestellte Kreditrahmen kurzfristig und wiederholt je nach Bedarf des Kunden abgerufen werden kann.[4] Die Bank trifft insoweit eine revolvierende Bereitstellungspflicht.[5] Hingegen besteht für den Kunden regelmäßig keine Pflicht

---

[1] BGH, BeckRS 2017, 121112; zustimmend: *von Westphalen*, NJW 2015 S. 2223 (2228).

[2] *Langner*, in: Schimansky/Bunte/Lwowski § 83 Rdn. 8; *Mülbert*, in: Staudinger BGB § 488 Rdn. 465.

[3] *Langner*, in: Schimansky/Bunte/Lwowski § 83 Rdn. 8.

[4] *Thessinga*, in: Ebenroth/Boujong/Joost/Strohn HGB, Rdn. IV 265; *Langner*, in: Schimansky/Bunte/Lwowski § 83 Rdn. 8.

[5] *Schürnbrand*, in: MüKo BGB § 491 Rdn. 50; *Möller*, in: BeckOK BGB § 491 Rdn. 74; *Müller-Christmann*, in: Kommentar zum Kreditrecht § 491 Rdn. 32.

zur Inanspruchnahme des Darlehens und auch eine Zinszahlungspflicht besteht allein für den Darlehenssaldo.[6] Dies stellt vor allem für die Beurteilung von Bearbeitungsentgeltklauseln ein entscheidendes Charakteristikum des Kontokorrentkredits dar. Im Unterschied zum gewöhnlichen Darlehensvertrag besteht hier die Möglichkeit, dass der Kunde die Darlehensvaluta überhaupt nicht oder nur für einen kurzen Zeitraum abruft, mit der Folge, dass die Bank keine oder nur geringe Zinserträge erwirtschaftet. Da der Kunde unter einem Kontokorrentkredit zudem zur jederzeitigen Rückführung des Darlehens berechtigt ist, verfügt die Bank auch nicht über eine gesicherte Zinserwartung. Sie kann daher keine Vorfälligkeitsentschädigung beanspruchen.

Aufgrund der dargestellten Vorteile des Kontokorrentkredits für den Kunden verlangen Banken hier höhere Zinsen als bei gewöhnlichen Ratenkrediten.[7]

2. Wirksamkeit von Bearbeitungsentgeltklauseln

Die Besonderheiten des Kontokorrentkredits könnten sowohl hinsichtlich der Eröffnung der Inhaltskontrolle als auch auf Ebene der Angemessenheitsprüfung zu einer unterschiedlichen Beurteilung von Bearbeitungsentgeltklauseln als bei gewöhnlichen Darlehensverträgen führen.

a) Eröffnung der Inhaltskontrolle

Nach der Rechtsprechung des BGH ist auch in einem Kontokorrentkreditvertrag davon auszugehen, dass ein als Bearbeitungsgebühr bezeichnetes formularmäßig vereinbartes Entgelt den Aufwand für die Bearbeitung des Darlehensantrages einschließlich der Vorbereitung des Vertragsschlusses sowie des übrigen Verwaltungsaufwands der Bank abdeckt.[8] Die Auslegung des in dem konkreten Fall gewählten Wortlauts „Bearbeitungsgebühr für das Darlehen" ergebe damit, dass die Gebühr in keinem besonderen Zusammenhang mit der Ausgestaltung als Kontokorrentkredit stehe.[9]

Damit handelt es sich nach Auffassung des BGH auch hier um die Vergütung für eine Tätigkeit im eigenen Interesse. Auf dem Boden der Rechtsprechung des BGH wird man bei der Formulierung „Bearbeitungsentgelt bzw. Bearbeitungsgebühr" daher auch in einem Kontokorrentkreditvertrag stets von der Kontrollfähigkeit einer solchen Klausel ausgehen müssen.[10]

---

[6] *Schürnbrand*, in: MüKo BGB § 491 Rdn. 50; *Möller*, in: BeckOK BGB § 491 Rdn. 74.
[7] *Langner*, in: Schimansky/Bunte/Lwowski § 83 Rdn. 8.
[8] BGH, BeckRS 2017, 121112 Rdn. 36.
[9] BGH, BeckRS 2017, 121112 Rdn. 36.
[10] Vgl. auch *Nobbe*, WuB 2018 S. 73.

b) Inhaltskontrolle nach § 307 BGB

Aufgrund der Abweichung vom grundsätzlichen Verbot der gesonderten Erhebung eines Entgelts für Tätigkeiten im eigenen Interesse und des Leitbilds des § 488 Abs. 1 S. 2 BGB, das auch beim Kontokorrentkredit gelte, wird bei der Erhebung eines Bearbeitungsentgelts nach Auffassung des BGH auch hier eine unangemessene Benachteiligung nach § 307 Abs. 2 Nr. 1 BGB indiziert.

aa) Fehlende Möglichkeit der Einpreisung in den Zins

Zusätzlich zu den bereits diskutierten Argumenten gegen eine unangemessene Benachteiligung in einem gewöhnlichen Darlehensvertrag, drängt sich jedoch beim Kontokorrentkredit ein weiteres gewichtiges Argument auf. Im Rahmen eines Kontokorrentkredits besteht die Möglichkeit, dass das Darlehen nicht, nur für einen kurzen Zeitraum oder nur in geringer Höhe in Anspruch genommen wird. Es ist damit möglich, sodass es der Bank nicht gelingt, ihren Verwaltungsaufwand durch die Zinserträge zu decken. Zudem kann sie diesen Aufwand auch nicht zuverlässig in den Zins einkalkulieren, weil nicht sicher ist ob und für welchen Zeitraum Zinsen anfallen.[11]

Der BGH hat diesen Gesichtspunkt zwar erkannt, ist diesem allerdings mit drei Gegenargumenten entgegengetreten.[12]

Nicht überzeugend war der Verweis auf den Wortlaut „Bearbeitungsgebühr", der dagegen spreche, die Gebühr solle einen Ausgleich für Kosten gewähren, welche die Bank bei Nichtabnahme oder vorzeitiger Rückzahlung des Darlehens aus den Zinsen nicht decken könne.[13] Die Vereinbarung eines laufzeitunabhängigen Entgelts für laufzeitunabhängig anfallende Kosten steht offensichtlich im Zusammenhang mit der ohnehin bestehenden Schwierigkeit, diese Kosten in den laufzeitabhängigen Zins einzukalkulieren. Erst Recht muss dies bei einem Kontokorrentkredit gelten, bei dem völlig unklar ist ob und für welchen Zeitraum ein Zins überhaupt geschuldet wird. Im Übrigen ließe sich der Wortlaut in zukünftigen Verträgen von Banken ohne Weiteres entsprechend anpassen.

Aufgrund dieser Berechnungsproblematik geht auch der Hinweis des BGH fehl, die Banken könnten auch hier eine Mischkalkulation anstellen, mit der das Risiko der Nichtabnahme oder der vorzeitigen Darlehenskündigung berücksichtigt werden könne.[14] Diesen Hinweis hält selbst Nobbe für eine „wohlfeile Bemerkung".[15]

---

[11] *Van Bevern/Schmitt*, BKR 2015 S. 323 (328); ausführlich zu der Berechnungsproblematik bei einer Baufinanzierung: OLG Nürnberg, BKR 2017 S. 251 (256).
[12] BGH, BeckRS 2017 121112 Rdn. 80.
[13] BGH, BeckRS 2017 121112 Rdn. 80.
[14] BGH, BeckRS 2017 121112 Rdn. 84, ebenso: OLG Stuttgart, BeckRS 2017, 139383, Rdn. 71.
[15] *Nobbe*, WuB 2018 S. 73.

Denn die Bank kann ohne laufzeitunabhängiges Entgelt regelmäßig keine Kalkulationssicherheit erlangen.[16] Für eine solche Mischkalkulation fehlt schlicht die kalkulatorische Grundlage.[17]

Freilich hat der BGH keine weiteren Hinweise gegeben, wie genau eine solche Mischkalkulation aussehen sollte. Abgesehen von der praktischen Schwierigkeit einer solchen Kalkulation, ist aber auch nicht nachvollziehbar, welche Vorteile dies bringen würde. Denn eine damit zwingend verbundene Erhöhung des Zinses würde nur diejenigen Darlehensnehmer treffen, die das Darlehen tatsächlich in Anspruch nehmen. Währenddessen bliebe für diejenigen, die das Darlehen nicht in Anspruch nehmen, die von der Bank eingeräumte Möglichkeit der Inanspruchnahme desselben gänzlich kostenfrei.[18] In diesem Fall erfolgte aber der mit dem Bearbeitungsentgelt vergütete Aufwand allein im objektiven Nutzen des Darlehensnehmers, da die Bank aus dem Vertragsschluss keinen Vorteil zieht. Letztlich zutreffend hat das LG Ravensburg daher festgestellt, dass die Gewährung eines Kontokorrentkredites ohne Fixkostendeckung für die Bank den Charakter eines Spekulationsgeschäftes habe. Ein solches könne der unternehmerische Darlehensnehmer aber nicht redlicher Weise erwarten und auch kein schützenswertes Interesse daran haben.[19]

Zuletzt verweist der BGH auf seine eigene Rechtsprechung, nach der Klauseln, die dem Darlehensgeber Ausgleich auch für nach dem konkreten Darlehensvertrag nicht geschützte Zinserwartungen gewähren, ohnehin ebenfalls unwirksam sind.[20] Auch dieser Hinweis kann jedoch nicht überzeugen. Das an dieser Stelle zitierte Urteil des BGH hatte die Berücksichtigung eingeräumter Sondertilgungsrechte bei der Bemessung der Vorfälligkeitsentschädigung zum Gegenstand.[21] Die in § 490 Abs. 2 S. 3 BGB legal definierte Vorfälligkeitsentschädigung umfasst jedoch nur den Schaden, der dem Darlehensgeber durch die vorzeitige Kündigung entsteht. Der durch das Bearbeitungsentgelt vergütete Aufwand stellt aber schon definitionsgemäß keinen Schaden dar, weil es sich nicht um ein unfreiwilliges Vermögensopfer handelt. Zudem beruhen die damit bepreisten Kosten aber auch nicht auf der vorzeitigen Kündigung des Darlehensnehmers, sondern fallen unabhängig davon bereits vor Vertragsschluss an. Das Bearbeitungsentgelt stellt im Unterschied zur Vorfälligkeitsentschädigung keinen Ausgleich für entgangenen Gewinn i. S. d. § 252 BGB dar, sondern lediglich die laufzeitunabhängige Vergütung laufzeitunabhängig angefallenen Aufwands.[22] Damit geht der Hinweis auf das Nichtbestehen eines Anspruchs auf Ausgleich nichtgeschützter Zinserwartungen hinsichtlich der hier zu beurteilenden Frage fehl.

---

[16] So zutreffend: LG Ravensburg, BeckRS 2016, 9310; LG Itzehohe, BeckRS 2016, 17458.
[17] OLG Nürnberg, BKR 2017 S. 251 (256).
[18] So auch: *van Bevern/Schmitt*, BKR 2015 S. 323 (328).
[19] LG Ravensburg, BeckRS 2016, 9310.
[20] BGH, BeckRS 2017 121112 Rdn. 83.
[21] BGH, NJW 2016 S. 1382.
[22] Ausführlich zum Unterschied von Bearbeitungsentgelt und Vorfälligkeitsentschädigung bereits oben: B. III.

bb) Vorteile des Kontokorrentkredits

In der Rechtsprechung werden im Rahmen der Angemessenheitsprüfung auch die im Vergleich zum Darlehensratenvertrag bestehenden Vorteile des Kontokorrentkredits nicht ausreichend gewürdigt. Diese bestehen in der Zinsersparnis, die durch die flexible Ausgestaltung des Kontokorrentkredits ermöglicht wird.[23] Dem Darlehensnehmer steht die Darlehensvaluta hier jederzeit zum Abruf zur Verfügung, ohne dass er hierfür über die gesamte Laufzeit Zinsen entrichten müsste.

Völlig übersehen hat diesen Vorteil offensichtlich das OLG Stuttgart. Dieses befürchtete aufgrund der Vereinbarung eines Bearbeitungsentgelts ein auffälliges Missverhältnis von Leistung und Gegenleistung im Sinne eines wucherähnlichen Geschäfts nach § 138 Abs. 1 BGB. Es rechnete vor, dass in dem zugrundeliegenden Fall bei Inanspruchnahme des Darlehens in der beispielhaft genannten Höhe von EUR 30.000 (bei einer Vertragslaufzeit von rund zwei Jahren) durch das Bearbeitungsentgelt ein rechnerischer Aufschlag auf den bei vier Prozent p. a. fixierten Zins in Höhe von 18,75 Prozent p. a. erfolge. Hätten die Kläger ganz auf eine Ausnutzung der Kreditlinie verzichtet, wäre der Zinsaufschlag nach dem OLG Stuttgart sogar „unendlich". Ein auffälliges Missverhältnis zwischen Leistung und Gegenleistung, von dem nach der Rechtsprechung des BGH auszugehen ist, wenn der effektive Vertragszins den marktüblichen Effektivzins relativ um etwa 100 Prozent oder absolut um zwölf Prozentpunkte überschreitet, würde dann ohne Weiteres vorliegen.[24]

Völlig unerwähnt blieb dabei, dass der durch das Bearbeitungsentgelt bepreiste Aufwand eben auch in den vom Gericht gebildeten Beispielsfällen vollumfänglich anfällt. Vor allem aber blieb der dem Darlehensnehmer gewährte Vorteil der möglichen jederzeitigen Inanspruchnahme des Darlehens bei dieser Rechnung gänzlich außer Betracht.

Zuletzt spricht auch der Umstand, dass Banken im Rahmen von Kontokorrentkrediten höhere Zinsen als bei gewöhnlichen Darlehensverträgen verlangen nicht gegen eine Rechtfertigung der Vereinbarung von Bearbeitungsentgeltklauseln. Dies hatte jedoch das OLG Düsseldorf angenommen und daher in der Problematik, dass Höhe und Laufzeit des Kredits nicht im Vorhinein feststehen, eine sachliche Rechtfertigung für eine zusätzlich geforderte Bearbeitungsgebühr abgelehnt.[25] Angesprochen wurde damit die Gefahr der verdeckten Verteuerung, die jedoch auch hier nicht besteht. Denn sowohl der geforderte Zins als auch das Bearbeitungsentgelt nehmen am Wettbewerb teil und können daher nicht von der Bank einseitig festgelegt werden.

---

[23] Dies betonend schon: *Koch*, WM 2016 S. 717 (725).
[24] OLG Stuttgart, BeckRS 2017 139383, Rdn. 71.
[25] OLG Düsseldorf, Urt. v. 15.07.2016 – I-7 U 109/15, Rdn. 27.

3. Möglichkeit eines kontrollfreien
laufzeitunabhängigen Bereitstellungsentgelts

Interessant erscheint jedoch die Frage, ob es in einem Kontokorrentkreditvertrag nicht trotzdem möglich bleibt, ein laufzeitunabhängiges Entgelt für die jederzeitige Bereitstellung der Darlehensvaluta zu verlangen, in welches die Bank auch ihren Bearbeitungsaufwand einpreisen könnte. Solche Bereitstellungsprovisionen werden zwar bislang üblicherweise nicht berechnet, kommen jedoch in der Praxis bereits heute gelegentlich vor.[26] In der Rechtsprechung des BGH blieben diese bislang auch unbeanstandet.[27]

Für gewöhnliche Darlehensverträge hat der BGH die Möglichkeit der kontrollfreien Erhebung eines laufzeitunabhängigen Entgelts für die Hauptleistung jedoch ausgeschlossen. Denn damit wäre eine Abweichung von dem vermeintlichen Leitbild des § 488 Abs. 1 S. 2 BGB verbunden, das nur den (laufzeitabhängigen) Zins vorsehe. Ob dieses Leitbild, wie der BGH meint, auch für den Kontokorrentkredit gelten kann, ist jedoch erst Recht erheblichen Zweifeln ausgesetzt. Der BGH hat dies mit der schlichten Begründung bejaht, auch bei einem Kontokorrentkredit regele § 488 Abs. 1 S. 2 BGB die Zahlungspflicht des Kunden „wenn dieser das Darlehen abruft."[28] Dies kann aber schon deshalb nicht überzeugen, weil eine Pflicht zur Inanspruchnahme des Darlehens bei einem Kontokorrentkredit gerade nicht besteht und die Anwendung von § 488 Abs. 1 S. 2 BGB damit bei Vertragsschluss offen ist.

Zuzustimmen ist daher den Ausführungen des LG Ravensburg, das in bemerkenswerter Klarheit feststellte, das gesetzliche Leitbild des § 488 Abs. 1 S. 2 BGB treffe im Kern schon gar nicht den Kontokorrentkredit als Sonderfall des Darlehensvertrages. Das Gericht begründete dies überzeugend damit, dass der Darlehensnehmer hier frei wählen könne, in welcher Höhe er überhaupt einen Darlehensbetrag abrufe und diesen im Anschluss jederzeit ohne Vorfälligkeitsentschädigung zurückführen könne.[29] Es kann nicht überzeugen, dass hier eine Entgelterhebung an einer Vorschrift gemessen werden soll, die in dem möglichen Fall der fehlenden Inanspruchnahme des Darlehens selbst nie zur Anwendung gelangt.

---

[26] *Thessinga*, in: Ebenroth/Boujong/Joost/Strohn, Handelsgesetzbuch, Rdn. IV 270; vgl. auch: *Josenhans/Danzmann/Lübbehüsen*, BKR 2018 S. 142 (145 f.).
[27] BGH, NJW 1986, 1807, zu laufzeitabhängigen Bereitstellungszinsen auch OLG Naumburg, NJOZ 2004, 1490.
[28] BGH, BeckRS 2017, 121112 Rdn. 46.
[29] LG Ravensburg, BeckRS 2016, 9310.

a) Laufzeitunabhängiges Bereitstellungsentgelt
als Hauptleistung eines Krediteröffnungsvertrags

Der BGH hat sich in seiner Urteilsbegründung nicht mit den dogmatischen Grundlagen eines Kontokorrentkredits befasst. Nach ganz herrschender Meinung liegt diesem ein Krediteröffnungsvertrag zugrunde, mit dem die Bank dem Kunden die Gewährung eines revolvierenden Kredits zusichert.[30] Erst mit der Inanspruchnahme der Darlehensvaluta kommt der den Regeln der §§ 488 ff. BGB unterliegende Darlehensvertrag zustande. Daneben besteht ein weiterer Vertrag über die Führung des Kontokorrentkontos, der den Regeln über die entgeltliche Geschäftsbesorgung nach §§ 675, 611 BGB folgt.[31]

Für die Begründung seines Urteils war eine Auseinandersetzung des BGH mit diesen theoretischen Grundlagen auch nicht erforderlich, da der dort gewählte Wortlaut „Bearbeitungsgebühr für das Darlehen" insoweit eindeutig war. Bei zukünftig zu schließenden Verträgen könnte jedoch ein einmaliges, laufzeitunabhängiges Bereitstellungsentgelt verlangt werden. Geht man mit der herrschenden Meinung davon aus, dem Kontokorrentkredit liege ein Krediteröffnungsvertrag zugrunde, müsste man dieses Bereitstellungsentgelt als Preis für die Hauptleistung unter dem Krediteröffnungsvertrag ansehen. Die Pflicht zur Zahlung des Bereitstellungsentgelts ist insofern eine Hauptpflicht des Kreditnehmers und steht im synallagmatischen Verhältnis zur Bereitstellungspflicht der Bank.[32] Ein Abweichen von gesetzlichen Vorschriften i. S. d. § 307 Abs. 3 S. 1 BGB ließe sich dann auch nicht mit dem Hinweis auf § 488 Abs. 1 S. 2 BGB begründen. Denn diese Vorschrift regelt allenfalls die vertragstypischen Pflichten des Darlehensvertrags, kann aber für den Krediteröffnungsvertrag keine Rolle spielen. Schließlich geht selbst Nobbe, der die Zulässigkeit von Bearbeitungsentgelten selbst überhaupt erst in Frage stellte, im Falle eines vorliegenden Krediteröffnungsvertrags von der Zulässigkeit einer solchen Entgelterhebung aus.[33]

---

[30] BGHZ 157, 350 Rdn. 16; *Berger*, in: MüKo BGB Vor § 488 Rdn. 52; *Thessinga*, in: Ebenroth/Boujong/Joost/Strohn HGB, Rdn. IV 265; *Pamp*, in: Schimansky/Bunte/Lwowski § 75 Rdn. 10: a. A. *Mülbert*, in Staudinger BGB § 488 Rdn. 466; ebenso und eingehend zur dogmatischen Einordnung: *Mülbert/Grimm*, WM 2015 S. 2217; *Becker/Dreyer*, ZIP 2014 S. 2057 (2059).

[31] *Pamp*, in: Schimansky/Bunte/Lwowski § 75 Rdn. 10.

[32] *Berger*, in: MüKo BGB § 488 Rdn. 219; *Becker/Dreyer*, ZIP 2014 S. 2057 (2059).

[33] *Nobbe*, WuB 2018 S. 7, der jedoch davon ausgeht, dass nicht jedem Kontokorrentkredit ein Krediteröffnungsvertrag zugrunde liegt und daher die „Vorschaltung" eines solchen in zukünftigen Verträgen empfiehlt.

b) Laufzeitunabhängiges Bereitstellungsentgelt als Vergütung
einer Sonderleistung in einem einheitlichen Darlehensvertrag

Selbst wenn man aber bei einem Kontokorrentkreditvertrag von einem einheitlichen Darlehensvertrag ausginge,[34] sprechen gute Gründe dafür, ein so bezeichnetes Bereitstellungsentgelt als Vergütung einer Sonderleistung anzuerkennen. Denn
die revolvierende Bereitstellung des Kreditrahmens geht über das nach einem üblichen Darlehensvertrag und in § 488 Abs. 1 BGB geregelte Pflichtenprogramm
hinaus und stellt damit eine ergänzend zu vereinbarende Sonderleistung dar, die
gesondert zu vergüten ist.[35] Denn die Bank könnte auch verlangen, dass der Darlehensnehmer nach Abschluss des Darlehensvertrages die ihm angebotene Leistung
entsprechend § 271 Abs. 1 BGB unverzüglich entgegennimmt.[36]

Auch in diesem Fall wäre ein Abweichen von gesetzlichen Vorschriften i. S. d.
§ 307 Abs. 3 S. 1 BGB mithin nicht gegeben, weil es sich einerseits nicht um eine
laufzeitunabhängige Vergütung der Hauptleistung entgegen § 488 Abs. 1 S. 2 BGB
handeln würde und andererseits auch keine Tätigkeit im eigenen Interesse vergütet würde.

4. Ergebnis

Die Rechtsprechung des BGH zu Bearbeitungsentgelten in Kontokorrentkreditverträgen ist selbst dann nicht überzeugend, wenn man den Grundsatz des Verbots
einer gesonderten Entgelterhebung für Tätigkeiten im eigenen Interesse nicht in
Zweifel zieht. Die Erhebung eines laufzeitunabhängigen Bearbeitungsentgelts ist
jedenfalls auf der Ebene der Angemessenheitskontrolle gerechtfertigt, weil die
Bank den ihr entstehenden Aufwand ansonsten nicht sicher decken kann. Für die
vom BGH vorgeschlagene Möglichkeit der Mischkalkulation erscheint schon die
kalkulatorische Grundlage fraglich. Bei der zukünftigen Vertragsgestaltung müsste
es indes auch auf dem Boden der bisherigen BGH-Rechtsprechung möglich sein,
ein beispielsweise als Bereitstellungsentgelt bezeichnetes laufzeitunabhängiges
Entgelt formularmäßig wirksam zu vereinbaren.

---

[34] So insbesondere: *Mülbert/Grimm*, WM 2015 S. 2217 (2218 ff.); wohl auch *Nobbe*, WuB
2018 S. 7.
[35] So schon: *S. Weber*, BKR 2017 S. 106 (109) auch bei Bezeichnung als Bearbeitungsentgelt; *Josenhans/Danzmann/Lübbehüsen*, BKR 2018 S. 142 (145 f.).
[36] *Mehringer*, in: Mehringer/Piekenbrock/Ludwig Rdn. 18/96b.

II. Avalkredite

Mit jüngstem Urteil vom 17.04.2018 hat der BGH Bearbeitungsentgeltklauseln auch bei einem Avalkredit für unwirksam erklärt.[37]

1. Besonderheiten des Avalkredits

Unter einem Avalkredit versteht man die Zusage der Bank gegenüber dem Vertragspartner, sich auf dessen Verlangen zu seinen Gunsten gegenüber einem Dritten zu verbürgen.[38] Neben der Übernahme von Bürgschaften kommen dabei auch Garantien und sonstige Gewährleistungen im Auftrag und für Rechnung des Kreditnehmers in Betracht.[39] Der Avalkredit stellt damit einen reinen Haftungskredit dar und kein Darlehen.[40] Denn im Unterschied zu einem Darlehensvertrag stellt die Bank dem Kunden bei einem Avalkredit nicht aus eigenen Mitteln einen Geldbetrag zur Verfügung, sondern übernimmt lediglich eine Haftung zu Gunsten des Kunden.[41] Bei Inanspruchnahme zahlt sie auf ihre eigene Verbindlichkeit und stellt nicht etwa dem Kunden ein Darlehen zur Verfügung, aus dem dieser dann selbst leistet.[42]

Im Zuge des Entwurfs des Gesetzes über Verbraucherkredite wurde auch vom Gesetzgeber eindeutig klargestellt, dass Avalkredite nicht als Darlehen anzusehen sind. In der Gesetzesbegründung wurde insoweit ausgeführt:

„Keine Finanzierungshilfe im Sinne des Entwurfs ist hingegen die Bankbürgschaft (sog. Avalkredit), da hier in Form einer Eventualverbindlichkeit lediglich eine Garantie für die Zahlungsfähigkeit des Avalnehmers übernommen wird."[43]

Der Avalkredit stellt damit keinen Darlehensvertrag, sondern einen Geschäftsbesorgungsvertrag i. S. d. § 675 BGB dar.[44]

---

[37] BGH, BKR 2018 S. 421.

[38] *Schürnbrand*, in: MüKo BGB § 491 Rdn. 59.

[39] *Peters*, in: Schimansky/Bunte/Lwowski § 65 Rdn. 29.

[40] *Pamp*, in: Schimansky/Bunte/Lwowski § 75 Rdn. 39; *Schürnbrand*, in: MüKo BGB § 491 Rdn. 59; *Mülbert*, in: Staudinger BGB § 488 Rdn. 401; ausführlich hierzu auch *Lwowski/Tetzlaff*, WM 2000 S. 761 ff.

[41] *Berger*, in: MüKo BGB Vor § 488 Rdn. 41.

[42] *Klanten*, DStR 2000 S. 2103.

[43] BT-Drucks. 11/5462, S. 18.

[44] BGH, NJW-RR 2000 S. 1717; BGH, NJW 1986 S. 310 (311); *Mansel*, in: Jauernig BGB § 675 Rdn. 12, *Schürnbrand*, in: MüKo BGB § 491 Rdn. 59.

2. Wirksamkeit von Bearbeitungsentgeltklauseln

Mit der Einordnung des Avalkredits als Geschäftsbesorgungsvertrag i. S. d.
§ 675 BGB ist bereits der für die Frage der Wirksamkeit von Bearbeitungsentgeltklauseln entscheidende Unterschied zum Darlehensvertrag benannt. Da es sich bei
Avalkrediten nicht um Darlehensverträge handelt, konnte der BGH für die Einordnung als kontrollfähige unechte Preisnebenabrede nicht auf das vermeintliche
Leitbild des § 488 Abs. 1 S. 2 BGB abstellen.

Nach der Auffassung des BGH handelt es sich bei einer Bearbeitungsentgeltklausel aber auch im Rahmen von Avalkrediten um eine der Inhaltskontrolle unterliegende Klausel. Zur Begründung dieser Auffassung stellte der BGH ausschließlich
auf seine Auslegung des Begriffs des Bearbeitungsentgelts ab. Auch bei einem
Avalkredit wälze die Bank nach dem Wortlaut „Bearbeitungsentgelt" Kosten für
Tätigkeiten ab, die sie im eigenen Interesse erbringe, womit ein Abweichen von
Rechtsvorschriften nach § 307 Abs. 3 S. 1 BGB gegeben sei.[45] Gleichfalls sei damit
auch nach § 307 Abs. 2 Nr. 1 BGB eine unangemessene Benachteiligung indiziert.
Das Risiko der Nichtinanspruchnahme von Avalen könne die Bank wie auch bei
Kontokorrentkrediten durch eine Mischkalkulation ausgleichen.[46]

Wie beim Kontokorrentkredit ist auch bei einem Avalkredit offen, ob dieser tatsächlich in Anspruch genommen wird. Nur in diesem Fall entsteht aber der Anspruch der Bank auf die Gegenleistung in Form einer Avalprovision.[47] Die Bank
verpflichtet sich jedoch bereits mit Abschluss des Avalkreditvertrags rechtsver-
bindlich zur Übernahme von Garantien für den Kreditnehmer. Ihr Bearbeitungsaufwand, insbesondere in Gestalt der notwendigen Bonitätsprüfung, fällt daher
auch hier bereits vor Vertragsschluss an. Die Interessenlage entspricht damit der
bereits für Kontokorrentkredite dargestellten Problematik.[48] Auch hier hat die
Bank ein legitimes Interesse, ein laufzeitunabhängiges Entgelt zu erheben, mit dem
sie den ihr entstehenden Bearbeitungsaufwand abdecken kann.[49]

3. Möglichkeit der Erhebung laufzeitunabhängiger Entgelte

Bei Avalkrediten dürfte es – anders als bei Darlehensverträgen – auch nach der
Rechtsprechung des BGH zulässig sein, ein laufzeitunabhängiges Entgelt als synallagmatische Gegenleistungspflicht für die Hauptleistung zu vereinbaren, das nach
§ 307 Abs. 3 S. 1 BGB kontrollfrei bliebe.[50] Denn der BGH hat für die Einordnung

---

[45] BGH, BKR 2018 S. 421 (422).
[46] BGH, BKR 2018 S. 421 (422).
[47] *Schmid-Burgk*, BB 2018 S. 1799 (1801).
[48] Siehe ausführlich oben: G. I.2.b).
[49] So auch: *Schmid-Burgk*, BB 2018 S. 1799 (1801), ebenfalls für die Wirksamkeit von Bearbeitungsentgeltklauseln bei Avalkrediten: *Kropf*, BKR 2018 S. 423 (424).
[50] So auch: *Nobbe*, Kommentar zum Kreditrecht Vor § 765 Rdn. 24.

einer Bearbeitungsentgeltklausel als kontrollfähige unechte Preisnebenabrede hier allein auf den Wortlaut „Bearbeitungsentgelt" abgestellt. Das vermeintliche Leitbild des § 488 Abs. 2 S. 1 BGB kann jedoch wegen der Einordnung des Avalkredits als Geschäftsbesorgungsvertrag nicht herangezogen werden. Auch im Übrigen besteht kein allgemeiner Grundsatz, nach dem ein laufzeitunabhängiges Entgelt nicht verlangt werden kann.[51] Vielmehr ist der Klauselverwender nach ständiger Rechtsprechung des BGH in der konkreten Ausgestaltung seines Preisgefüges grundsätzlich frei und kann seine Leistung entweder zu einem Pauschalpreis anbieten oder den Preis in mehrere Preisbestandteile oder Teilentgelte aufteilen.[52]

Mangels Abweichens von Rechtsvorschriften i. S. d. § 307 Abs. 3 S. 1 BGB wäre eine solche Entgeltklausel der Inhaltskontrolle entzogen.

4. Ergebnis

Die Frage der Wirksamkeit von Bearbeitungsentgeltklauseln ist bei Avalkrediten nicht anders zu beurteilen als bei Kontokorrentkrediten. Selbst wenn man die Inhaltskontrolle überhaupt als eröffnet ansieht, wären Bearbeitungsentgeltklauseln nach zutreffender Auffassung jedenfalls aber entgegen der Rechtsprechung des BGH als angemessen anzusehen. Die Bedeutung dieser Entscheidung des BGH für zukünftig zu schließende Verträge dürfte jedoch gering sein. Das vermeintliche Leitbild des § 488 Abs. 1 S. 2 BGB, von dem bei Vereinbarung eines laufzeitunabhängigen Entgelts für die Hauptleistung in Darlehensverträgen abgewichen wird, ist hier nicht einschlägig, da Avalkredite als Geschäftsbesorgungsverträge einzuordnen sind. Es ist daher möglich, kontrollfrei und damit wirksam ein laufzeitunabhängiges Entgelt für die Hauptleistung zu vereinbaren. Bei entsprechend bestimmter Formulierung wäre die Rechtsprechung auch daran gehindert, im Wege der Auslegung doch die Bepreisung einer Tätigkeit im eigenen Interesse anzunehmen.[53] Letztlich könnte die Bank damit aber eben jenen Aufwand in Rechnung stellen, den sie als „Bearbeitungsentgelt" nicht verlangen darf.

III. Konsortialkredite

Höchstrichterlich nicht geklärt ist bislang die Frage, ob die formularmäßige Erhebung eines Bearbeitungsentgelts auch bei Konsortialkrediten nach § 307 BGB unwirksam ist.

---

[51] *Kropf*, BKR 2018 S. 423 (424).

[52] Vgl. hierzu ausführlich bereits oben: D. II. 3. a) aa); auf diesen Grundsatz verweisend auch: *Kropf*, BKR 2018 S. 423 (424).

[53] Auf die Notwendigkeit einer exakten Formulierung hinweisend auch: *John*, EWiR 2018 S. 481 (482).

1. Besonderheiten des Konsortialkredits

Konsortialkredite, die auch als syndizierte Kredite bezeichnet werden,[54] zeichnen sich dadurch aus, dass nicht nur eines, sondern mehrere Kreditinstitute als Darlehensgeber fungieren. Typischerweise kommen Konsortialkredite in Betracht, wenn das vom Kreditnehmer für unternehmerische Großprojekte benötigte Kreditvolumen die Kapazitäten einer einzelnen Bank übersteigt.[55] Das konsortialführende Kreditinstitut platziert hierbei die Transaktionssummen auf dem internationalen Kreditmarkt und übernimmt die Koordination zwischen dem kreditgebenden Konsortium und dem Darlehensnehmer bei der Vertragsgestaltung und -abwicklung.[56] Beim sogenannten Innenkonsortium tritt auch allein dieses Kreditinstitut im eigenen Namen in vertragliche Beziehungen mit dem Darlehensnehmer.[57]

Im Gegensatz hierzu steht der sogenannte offene Konsortialkredit. Hier handelt das konsortialführende Kreditinstitut im eigenen Namen und als offener Stellvertreter für die übrigen Konsorten. Diese sind damit selbst Vertragspartner des Kreditnehmers und haften für diesen erkennbar nur auf eine bestimmte Quote des einheitlichen Kredites.[58] Im Verhältnis zum Darlehensnehmer stellt sich das Vertragsverhältnis unabhängig von der gewählten Form als Darlehensvertrag i. S. v. § 488 BGB dar, während der zwischen den kreditgebenden Banken zu schließende Konsortialvertrag als Gesellschaftsvertrag i. S. v. § 705 BGB angesehen wird.[59]

2. Wirksamkeit von Bearbeitungsentgeltklauseln

Zu untersuchen ist auch hier, ob Bearbeitungsentgelte angesichts der Besonderheiten des Konsortialkredits auf dem Boden der bisherigen Rechtsprechung des BGH der Inhaltskontrolle unterfallen und ob sie dieser standhalten.

a) Eröffnung der Inhaltskontrolle

Obwohl nach den Feststellungen oben auch bei Konsortialkrediten das vermeintliche Leitbild des § 488 Abs. 1 S. 2 BGB zu beachten ist, wird im Schrifttum vereinzelt vertreten, ein Bearbeitungsentgelt im Rahmen syndizierter Kredite müsse kontrollfrei bleiben, da es sich um die Vergütung einer Sonderleistung des

---

[54] *Hanke/Socher*, NJW 2010 S. 1435 (1436).
[55] *Schnauder*, NJOZ 2010 S. 1663; *Becker/Dreyer*, ZIP 2014 S. 2057 (2062).
[56] *Schnauder*, NJOZ 2010 S. 1663; *van Bevern/Schmitt*, BKR 2015 S. 323 (327).
[57] *Schaffelhuber/Sölch*, Münchener Handbuch des Gesellschaftsrechts § 31 Rdn. 10.
[58] *Schaffelhuber/Sölch*, Münchener Handbuch des Gesellschaftsrechts § 31 Rdn. 10.
[59] *Schaffelhuber/Sölch*, Münchener Handbuch des Gesellschaftsrechts § 31 Rdn. 3 f.; *Nobbe*, Kommentar zum Kreditrecht § 488 Rdn. 6.

Darlehensgebers handle.[60] Begründet wird dies mit dem in der Konsortialführung begründeten besonderen Aufwand der Bank. Würde dieser Aufwand nicht erbracht werden, müsse der Darlehensnehmer selbst Verhandlungen mit mehreren Kreditinstituten aufnehmen und sich mit Problemen bezüglich der Besicherung und Rangfolge der Forderungen auseinandersetzen. Damit handle die konsortialführende Bank insoweit überwiegend im Interesse des Darlehensnehmers.[61]

Nach der bisherigen Rechtsprechung kann jedoch nicht davon ausgegangen werden, dass der BGH dieser Ansicht folgen würde. Dagegen spricht auch hier die vom BGH vorgenommene Auslegung des Wortlauts „Bearbeitungsentgelt",[62] nach der dieses Aufwand für die Bearbeitung des Darlehensantrages einschließlich der Vorbereitung des Vertragsschlusses sowie des übrigen Verwaltungsaufwands der Bank abdecke.[63] Bereits für Kontokorrentkredite hat der BGH festgestellt, diese Auslegung lasse keinen besonderen Zusammenhang mit der Ausgestaltung als Kontokorrentkredit erkennen.[64] Auch bei Konsortialkrediten müsste der BGH bei dem Wortlaut „Bearbeitungsentgelt" daher davon ausgehen, dass das Entgelt nicht im spezifischen Zusammenhang mit dem besonderen Aufwand der Konsortialführung stünde. Jedenfalls aber müsste man annehmen, dass mit dem Bearbeitungsentgelt nicht ausschließlich dieser Aufwand abgegolten werden soll, sondern zumindest auch Aufwand für Tätigkeiten im eigenen Interesse. Damit wäre auch in diesem Fall nach der Unklarheitenregelung des § 305c Abs. 2 BGB eine kontrollfähige Preisnebenabrede anzunehmen.

b) Inhaltskontrolle nach § 307 BGB

Vereinzelt wird in der Literatur auch eine Rechtfertigung des Abweichens vom Leitbild des § 488 Abs. 1 S. 2 BGB aufgrund der besonderen Interessenlage beim Konsortialkredit für möglich gehalten. Hierfür soll sprechen, dass das Kräfteverhältnis zwischen den Vertragsparteien bei Konsortialkreditfinanzierungen häufig ausgeglichen sei.[65] Da der Abschluss von Konsortialkreditverträgen eine entsprechende Finanzkraft erfordere, sei die Verhandlungsposition solchen Kreditnehmern derart stark, dass die Kreditgeber die meisten Vertragsbedingungen zur Disposition stellten.[66]

Dieses Argument ist jedoch bereits deshalb verfehlt, weil das durch AGB ausgelöste Schutzbedürfnis nicht in einer unterschiedlichen Verhandlungsstärke be-

---

[60] *van Bevern/Schmitt*, BKR 2015 S. 323 (327).

[61] *van Bevern/Schmitt*, BKR 2015 S. 323 (327).

[62] So wohl auch: *Kropf*, BKR 2018 S. 423 (424); *Müller/Marchant/Eilers*, BB 2017 S. 2243 (2246).

[63] BGH, BeckRS 2017 121112 Rdn. 36.

[64] BGH, BeckRS 2017 121112 Rdn. 36.

[65] *Josenhans/Danzmann/Lübbehüsen*, BKR 2018 S. 142 (143).

[66] *Josenhans/Danzmann/Lübbehüsen*, BKR 2018 S. 142 (143).

gründet liegt.[67] Damit kann auch das vermeintliche Bestehen von Vertragsparität nicht zur Angemessenheit einer Klausel führen.

Als weiteres Argument wird auch hier der erhebliche Aufwand genannt, der den Kreditgebern insbesondere bei komplexen Finanzierungen im Vorfeld des Vertragsschlusses entstünde und ohne ein laufzeitunabhängiges Entgelt nicht angemessen vergütet werde.[68] Diesem Argument hat der BGH auch im Rahmen von gewöhnlichen Darlehensverträgen keine entscheidende Bedeutung beigemessen. Der im Vergleich zu gewöhnlichen Darlehensverträgen erhöhte Aufwand ließe sich, wie im Folgenden geprüft werden soll, aber durch eine gesonderte Gebühr zulässigerweise bepreisen.

3. Zulässigkeit einer laufzeitunabhängigen Arrangierungsgebühr

Auch unter Berücksichtigung der Rechtsprechung des BGH ließe sich ein laufzeitunabhängiges Entgelt für die Konsortialführung als sogenannte Arrangierungsgebühr vereinbaren, wenn es sich dabei um die Bepreisung einer kontrollfreien Sonderleistung handeln würde. Ein für die Kontrolle Allgemeiner Geschäftsbedingungen erforderliches Abweichen von Rechtsvorschriften i. S. v. § 307 Abs. 3 S. 1 BGB wäre dann nicht gegeben. Denn es würde sich einerseits nicht um die Bepreisung einer Tätigkeit im eigenen Interesse handeln. Andererseits wäre trotz der Laufzeitunabhängigkeit auch kein Abweichen vom vermeintlichen Leitbild des § 488 Abs. 1 S. 2 BGB gegeben, weil es sich nicht um die Vergütung der Hauptleistung handeln würde.

Für die Einordnung der Arrangierungsgebühr als kontrollfreie Sonderleistung sprechen gute Gründe. Die damit vergütete Tätigkeit des konsortialführenden Kreditinstituts besteht üblicherweise in der Suche nach geeigneten Finanzierungspartnern, der Analyse und Bewertung der Finanzierungsbereitschaft interessierter Banken, der Erörterung der Finanzstruktur und der Abstimmung mit diesen im Rahmen der Erstellung und Verhandlung der Vertragsdokumentation.[69] Diese Tätigkeiten sind im Rahmen eines Darlehensvertrages üblicherweise nicht geschuldet.[70] Der Bank entsteht vielmehr ein zusätzlicher Bearbeitungsaufwand, von dem der Kreditnehmer profitiert.[71] Vieles spricht dafür, insoweit von einer Tätigkeit im Interesse des Darlehensnehmers auszugehen.[72] Denn der Darlehensnehmer müsste andernfalls selbst Verhandlungen mit verschiedenen Kreditinstituten führen und

---

[67] S. o.: C. II. 2. b)

[68] *Josenhans/Danzmann/Lübbehüsen*, BKR 2018 S. 142 (143).

[69] *Becker/Dreyer*, ZIP 2014 S. 2057 (2060); ähnlich: *Koch*, WM 2016 S. 717 (724).

[70] So auch: *Josenhans/Danzmann/Lübbehüsen*, BKR 2018 S. 142 (146).

[71] *Koch*, WM 2015 S. 717 (724); *Lang/Schulz*, WM 2015 S. 2173 (2175).

[72] Dies bejahend: *Müller/Marchant/Eilers*, BB 2017 S. 2243 (2246); *Josenhans/Danzmann/ Lübbehüsen*, BKR 2018 S. 142 (146).

mehrere Verträge schließen.[73] Freilich ließe sich auch argumentieren – hier zeigt sich erneut die Beliebigkeit des Kriteriums des eigenen Interesses –, die Bank erbringe diesen Aufwand im eigenen Interesse um überhaupt einen Kreditvertrag abschließen zu können und den damit einhergehenden Zinsgewinn zu erzielen und damit im eigenen Akquisitionsinteresse.

Grundbedingung für die Kontrollfreiheit einer solchen Klausel ist aber jedenfalls, dass die Formulierung der Klausel eindeutig und ausschließlich die Bepreisung des besonderen Aufwands der Konsortialführung zu ihrem Zweck erhebt.[74]

4. Ergebnis

Auf dem Boden der bisherigen Rechtsprechung des BGH ist mit größter Wahrscheinlichkeit davon auszugehen, dass ein als solches bezeichnete Bearbeitungsentgelt auch im Rahmen von Konsortialkrediten der Inhaltskontrolle nach § 307 BGB unterfällt und dieser nicht standhält. Zulässigerweise dürfte sich jedoch ein laufzeitunabhängiges Entgelt für die Konsortialführung vereinbaren lassen, wenn dieses explizit als solches ausgewiesen wird. Ein solches Entgelt wäre als Vergütung einer Sonderleistung auch nach den vom BGH entwickelten Grundsätzen zur Kontrolle von Entgeltklauseln kontrollfrei.

IV. Förderdarlehensvertrag

Mit seinen Urteilen vom 16.02.2016 hat der BGH entschieden, dass Bearbeitungsentgeltklauseln im Rahmen eines KfW-Förderdarlehensvertrags zwar ebenfalls der Inhaltskontrolle unterfallen, jedoch keine unangemessene Benachteiligung des Darlehensnehmers bedeuten.[75]

1. Besonderheiten des Förderdarlehensvertrags

Förderdarlehen stellen staatliche Subventionsleistungen an Private, durch in der Regel nicht marktübliche, besonders günstige Darlehenskonditionen dar.[76] Die staatliche Förderung verfolgt dabei wirtschafts- und gesellschaftspolitische Zwecke,[77] wie insbesondere technischen Fortschritt, Schaffung von Wohnraum, Verbesserung der Infrastruktur, Energieeinsparung und Umweltschutz.[78] Die Vergabe

---

[73] *Van Bevern/Schmitt*, BKR 2015 S. 323 (327).
[74] So auch: *Müller/Marchant/Eilers*, BB 2017 S. 2243 (2246).
[75] BGH, WM 2016 S. 699.
[76] *S. Weber*, WM 2016 S. 150.
[77] *Feldhusen*, WM 2015 S. 1397.
[78] Vgl. § 2 Abs. 1 Nr. 1 KfW-Gesetz.

von Förderdarlehen an Verbraucher erfolgt überwiegend im Bereich der Baufinanzierung.[79]

Neben einer niedrigeren Verzinsung werden als Vergünstigungen dabei typischerweise auch tilgungsfreie Zeiträume, die Möglichkeit außerplanmäßiger Tilgungen, vorzeitiger Rückzahlungen ohne Vorfälligkeitsentschädigung oder sonstige erleichterte Rückzahlungsmodalitäten vereinbart.[80]

Üblicherweise erfolgt die staatliche Subventionsleistung in Form von „durchgeleiteten Krediten".[81] Dies entspricht auch dem gesetzlichen Regelfall nach § 3 Abs. 1 S. 1 KfW-Gesetz. Dabei werden die Hausbanken und nicht das jeweilige Förderinstitut Vertragspartner des Darlehensnehmers.[82] Die Hausbanken wiederum erhalten eine erleichterte Möglichkeit der Refinanzierung bei dem jeweiligen Förderinstitut.[83] Sie schließen damit einerseits einen Darlehensvertrag mit der öffentlichen Hand (z. B. in Person der KfW) als Darlehensnehmer ab, zum anderen sind sie Darlehensgeber unter dem Darlehensvertrag mit dem Endkreditnehmer.[84]

Dabei sind die Hausbanken jedoch verpflichtet, die jeweiligen Förderbedingungen der öffentlichen Hand an den Darlehensnehmer weiterzugeben.[85] Festzuhalten ist zudem, dass Förderkredite gemäß § 491 Abs. 2 Nr. 5 BGB nicht als Verbraucherdarlehensverträge anzusehen sind.[86]

2. Wirksamkeit von Bearbeitungsentgeltklauseln

Üblicherweise – und auch in dem vom BGH entschiedenen Fall – wurden in Förderkreditverträgen Bearbeitungsentgelte in Form eines Auszahlungsabschlags erhoben.[87] *In causa* wurden dem Darlehensnehmer nur 96 Prozent des Darlehensnennbetrags ausgezahlt, da hiervon eine Risikoprämie sowie das Bearbeitungsentgelt in Höhe von jeweils 2 Prozent des Darlehensnennbetrags abgezogen wurden.[88] Der Darlehensnehmer ist freilich zur Rückzahlung des Darlehensnennbetrags ohne Berücksichtigung des Auszahlungsabschlags verpflichtet.[89] Im Unterschied zur ansonsten üblichen Erhebung des Bearbeitungsentgelts wird dieses bei der hier gewählten Gestaltung aber nicht mitfinanziert.

---

[79] *Feldhusen*, WM 2015 S. 1397.
[80] *Berger*, in: MüKo BGB Vor § 488 Rdn. 80; *Jungmann*, in: Schimansky/Bunte/Lwowski § 81 Rdn. 63; *Kropf*, BKR 2015 S. 60; *S. Weber*, WM 2016 S. 150.
[81] *Berger*, in: MüKo BGB Vor § 488 Rdn. 81; *Feldhusen*, WM 2015 S. 1397.
[82] *S. Weber*, WM 2016 S. 150 (151).
[83] *Berger*, in: MüKo BGB Vor § 488 Rdn. 81.
[84] *Berger*, in: MüKo BGB Vor § 488 Rdn. 81.
[85] *S. Weber*, WM 2016 S. 150 (151); *Berger*, in: MüKo BGB Vor § 488 Rdn. 81.
[86] *Berger*, in: MüKO BGB Vor § 488 Rdn. 84.
[87] BGH, WM 2016 S. 699; *Kropf*, BKR 2015, S. 60 (61).
[88] BGH, WM 2016 S. 699.
[89] *Kropf*, BKR 2015, S. 60 (61).

a) Vorliegen von AGB

Vereinzelt wurde bei Förderkrediten bereits bezweifelt, dass es sich bei Bearbeitungsentgeltklauseln im Verhältnis zwischen der Hausbank und dem Endkreditnehmer überhaupt um AGB handle.[90] Begründet wurde diese Auffassung damit, dass die Kreditbedingungen und damit auch das vereinbarte Bearbeitungsentgelt auf den Förderrichtlinien des Landes oder des Bundes basierten und somit für das jeweilige Förderprogramm zwingend und für die Hausbank nicht abänderbar seien.[91] Ähnlich wurde in Teilen der Instanzrechtsprechung argumentiert. Danach habe eine AGB-Kontrolle zu unterbleiben, weil die Hausbank bezüglich der Erhebung des Bearbeitungsentgelts keine eigene Gestaltungsmacht habe und diese damit auch nicht missbräuchlich zum Nachteil des Darlehensnehmers ausnutzen könne.[92]

Selbst wenn man eine solche Weitergabepflicht pauschal annehmen könnte, wäre diese Ansicht jedoch abzulehnen.[93] Denn auf das Bestehen eigener Gestaltungsmacht kommt es für das Merkmal des Stellens i. S. d. § 305 Abs. 1 S. 1 BGB überhaupt nicht an.[94] Dies wäre auch aus teleologischer Sicht nicht nachvollziehbar. Der Verwendungsgegner ist bezüglich der durch AGB bedingten Einschränkung in seiner Abschlussfreiheit nicht deshalb weniger schutzwürdig, weil der Verwender selbst zur Verwendung bestimmter Klauseln verpflichtet war. Aus seiner Sicht kann daher das Auseinanderfallen von Gestaltungsmacht und Verantwortung für eine unwirksame Regelung keine Wirkung entfalten.[95] Der BGH ist in seiner Entscheidung auf diese Einwände im Übrigen erst gar nicht eingegangen.

b) Eröffnung der Inhaltskontrolle

Der Umstand, dass die Förderbedingungen durch die öffentliche Hand festgelegt werden, könnte jedoch im Rahmen der Eröffnung der Inhaltskontrolle Bedeutung erlangen.

aa) Kein Erlaubnistatbestand

Nach § 307 Abs. 3 S. 1 BGB unterliegen nur solche Bestimmungen in AGB der Inhaltskontrolle, die von Rechtsvorschriften abweichen. Sieht eine Rechtsvorschrift aber eine Regelung gerade vor, kann daraus ein Erlaubnistatbestand bezüglich der Vereinbarung in AGB folgen.[96]

---

[90] *Kropf*, BKR 2015 S. 60 (63 f.).
[91] *Kropf*, BKR 2015 S. 60 (63 f.).
[92] LG Bückeburg, BeckRS 2016, 6482; LG Bamberg, BeckRS 2016, 6477.
[93] So auch: *S. Weber*, WM S. 2016 S. 150; *Feldhusen*, WM 2015 S. 1397 (1403).
[94] *S. Weber*, WM S. 2016 S. 150; *Feldhusen*, WM 2015 S. 1397 (1403).
[95] *S. Weber*, WM S. 2016 S. 150 (151).
[96] *Wurmnest*, in: MüKo BGB § 307 Rdn. 10 f.

Als eine solche Rechtsvorschrift kommt zunächst die Förderzusage der jeweiligen Bewilligungsbehörde in Betracht. Grundsätzlich sind Verwaltungsakte als Rechtsvorschriften gemäß § 307 Abs. 3 Satz 1 BGB anzusehen.[97] Allerdings wird die Verpflichtung zur Erhebung eines Bearbeitungsentgelts weder bei durchgeleiteten Krediten noch bei unmittelbarer Kreditgewährung durch die öffentliche Hand in Form eines Verwaltungsakts festgesetzt. Dies ergibt sich aus der im Bereich staatlicher Leistungsverwaltung anzuwendenden „Zwei-Stufen-Theorie".[98] Danach ist die Frage, ob eine staatliche Leistung bewilligt wird dem öffentlichen Recht zuzuordnen und daher in Form eines Verwaltungsakts zu treffen, während die Ausgestaltung der Leistungsgewährung („wie") durch zivilrechtliche Verträge erfolgt.[99] Damit ist bei der subventionierten Darlehensvergabe zwar der Bewilligungsbescheid als Verwaltungsakt zu qualifizieren, auf der zweiten Stufe der Ausgestaltung des Rechtsverhältnisses handelt es sich jedoch um einen privatrechtlichen Darlehensvertrag nach § 488 BGB.[100] Dies gilt sowohl bei einem durchgeleiteten Kredit, bei dem eine private Bank zwischengeschaltet wird, als auch dann, wenn der Darlehensvertrag unmittelbar mit der öffentlichen Hand abgeschlossen wird.[101]

Ein Erlaubnistatbestand kann sich schließlich auch nicht aus den jeweiligen Förderrichtlinien ergeben, da diesen als reinen Verwaltungsvorschriften keine Außenwirkung zukommt und sie damit nicht als Rechtsvorschriften i. S. v. § 307 Abs. 3 S. 1 BGB verstanden werden können.[102]

Im Ergebnis wird daher weder im Verhältnis der Hausbank zum Endkreditnehmer noch im Verhältnis derselben zur öffentlichen Hand die Erhebung des Bearbeitungsentgelts durch Verwaltungsakt oder durch Verwaltungsrichtlinien verbindlich festgesetzt. Ein Erlaubnistatbestand besteht mithin nicht. Es bleibt damit auf dem Boden der Rechtsprechung des BGH bei einem Abweichen vom Grundsatz des Verbots der gesonderten Entgelterhebung für Tätigkeiten im eigenen Interesse.

bb) Keine Sonderleistung

Bearbeitungsentgeltklauseln stellen auch in Förderdarlehensverträgen keine Vergütung einer Sonderleistung dar. Dies hatte indes Nobbe angenommen. Seiner Ansicht nach sollten Bearbeitungsentgeltklauseln bei Förderkrediten ausnahmsweise zulässig sein. Dies begründete er damit, dass die Hausbank bei solchen Darlehen eine besondere Dienstleistung für den Kreditnehmer in Form von erheblichen Be-

---

[97] BGH, NJW 2007 S. 3344 (3346); *Feldhusen*, WM 2015 S. 1397 (1400).

[98] St. Rspr. des BVerwG seit NJW 1955 S. 437 (438); zuletzt bezüglich einer Darlehensgewährung der öffentlichen Hand auch: BVerwG, NJW 2006 S. 536 (537 f.).

[99] *Ehlers/Schneider*, in: Schoch/Schneider/Bier VwGO § 40 Rdn. 260.

[100] BVerwG, NJW 2006 S. 536 (537); *Berger*, in: MüKo BGB Vor § 488 Rdn. 82; *Peters*, in: Schimansky/Bunte/Lwowski § 89 Rdn. 6.

[101] *Berger*, in: MüKo BGB Vor § 488 Rdn. 82.

[102] So auch: *Feldhusen*, WM 2015 S. 1397 (1403).

ratungs- und Kommunikationsleistungen übernehme.[103] Zu Recht wurde als Reaktion hierauf jedoch die Frage in den Raum geworfen, warum Beratungs-und Kommunikationsleistungen im Fall von KfW-Krediten die Erhebung von Bearbeitungsentgelten rechtfertigen sollten, nicht jedoch bei nicht subventionierten Krediten.[104]

Auch der BGH ist der Ansicht Nobbes nicht gefolgt. Nach der in dem zu entscheidenden Fall maßgeblichen Formulierung diente die Bearbeitungsgebühr sogar ausdrücklich, ohne dass der BGH auf seine Auslegung dieses Begriffs zurückgreifen musste, „der Abdeckung des Aufwands der Hausbank bei der Beschaffung des Kredits".[105] Damit war – unabhängig davon, ob man einen solchen besonderen Beratungsaufwand in tatsächlicher Hinsicht überhaupt annehmen könnte – die Annahme der Vergütung einer Sonderleistung ausgeschlossen.

c) Inhaltskontrolle nach § 307 BGB

Nach den in der Rechtsprechung des BGH entwickelten Grundsätzen wird somit auch bei Förderkrediten eine unangemessene Benachteiligung des Darlehensnehmers nach § 307 Abs. 2 Nr. 1 BGB vermutet. In der Literatur wurde daher – in Anwendung dieser Grundsätze konsequent – von der Unwirksamkeit der Vereinbarung von Bearbeitungsentgeltklauseln auch in Förderdarlehensverträgen ausgegangen.[106] Es erscheint insoweit nachvollziehbar, einen Grund für eine andere Beurteilung als in gewöhnlichen Darlehensverträgen abzulehnen, weil die rechtliche Bewertung des Vertragsverhältnisses zwischen dem Darlehensnehmer und der Hausbank nicht davon abhängen könne, auf welchem Weg sich die Hausbank refinanziert.[107]

Der BGH sieht die Vermutungswirkung des § 307 Abs. 2 Nr. 1 BGB bei Förderkrediten indes als widerlegt an und hält Bearbeitungsentgeltklauseln für wirksam.

Hier sei nicht entscheidend, ob der Darlehensnehmer isoliert durch die Bearbeitungsgebühr benachteiligt werde, vielmehr sei auf den Gesamtkontext der Bedingungen des Förderdarlehens abzustellen. Dies sei deshalb gerechtfertigt, weil die Bank mit der Erhebung unmittelbar keine eigenwirtschaftlichen Zwecke verfolge. Denn diese befolge zum einen nur die Förderbedingungen und habe auf die inhaltliche Ausgestaltung keinen Einfluss. Zum anderen decke die Bearbeitungsgebühr, wie hier ausdrücklich im Vertrag beschrieben, nur den bei der KfW für die Kreditbearbeitung und Geldbeschaffung anfallenden Aufwand und nicht eigenen Aufwand der Hausbank.

---

[103] *Nobbe*, WM 2008 S. 185 (194); zustimmend soweit im Einzelfall tatsächlich besondere Beratungsleistungen erbracht werden: *S. Weber*, WM 2016 S. 150 (152).

[104] *Billing*, WM 2013 S. 1829 (1836).

[105] BGH, WM 2016 S. 699 (7029).

[106] *Strube/Fandel*, BKR 2014 S. 133 (134); *Feldhusen*, WM 2015 S. 1397 (1406).

[107] So: *Strube/Fandel*, BKR 2014 S. 133 (134).

Bei der damit gebotenen pauschalisierenden Gesamtbetrachtung gehe eine nach den Förderbedingungen zu erhebende, laufzeitunabhängige Bearbeitungsgebühr in den wirtschaftlichen Vorteilen eines solchen Förderdarlehens auf.[108]

Die Entscheidung des BGH ist im Ergebnis zu begrüßen. Sie weist jedoch in ihrer Begründung in zweierlei Hinsicht Widersprüche zur bis dahin ergangenen Rechtsprechung auf.

Zum einen ist nicht nachvollziehbar, warum bei Förderkrediten sämtliche wirtschaftliche Bedingungen in die Gesamtabwägung eingestellt werden können, während der BGH dies in seinen anderen Entscheidungen zu Bearbeitungsentgelten stets abgelehnt hat. Dem Argument, die Vereinbarung eines Bearbeitungsentgelts ermögliche einen niedrigeren Sollzins, sprach der BGH in anderen Fällen stets jegliche Bedeutung ab und zwar selbst dann, wenn der Kunde zwischen einer Vertragsgestaltung mit und ohne Bearbeitungsentgelt wählen konnte.[109]

Diese Wahlmöglichkeit war dem Kunden auch in dem erst kürzlich vom BGH entschiedenen Fall eingeräumt. Dieser konnte zwischen Darlehensvariante mit einem marktüblichen Zins ohne Bearbeitungsentgelt und einer Variante mit einem um 0,8 Prozent p. a. günstigeren Zinssatz wählen, wobei bei letzterer zusätzlich ein Bearbeitungsentgelt zu zahlen war.[110] Damit war aber nach Ansicht des BGH weder von einer Individualvereinbarung auszugehen, noch wurde der Aspekt des reduzierten Zinses im Rahmen der Angemessenheitsprüfung berücksichtigt.

Nach der Rechtsprechung zu Förderdarlehen müsste aber konsequenter Weise auch bei nichtsubventionierten Krediten geprüft werden, ob der Kredit marktübliche Konditionen aufweist oder der Nachteil eines Bearbeitungsentgelts durch besonders günstige Konditionen ausgeglichen würde. Hier aber stellt der BGH stets isoliert auf das Bearbeitungsentgelt ab, obwohl aus Sicht des Darlehensnehmers insoweit kein Unterschied zwischen einem subventionierten und einem nichtsubventionierten Kredit erkennbar ist.

Die Begründung des BGH widerspricht damit dem in ständiger Rechtsprechung und zuletzt in demselben Zusammenhang in seinem Urteil zu Bearbeitungsentgelten herangezogenen Grundsatz, nach dem eine unangemessene Benachteiligung nicht durch einen günstigen Preis ausgeglichen werden könne.[111] Denn nichts anderes als dieses sogenannte Preisargument verbirgt sich hinter der Formulierung, die Erhebung des Bearbeitungsentgelts gehe in den wirtschaftlichen Vorteilen eines Förderdarlehens auf.

---

[108] BGH, WM 2016 S. 699 (703).
[109] Vgl. auch bereits oben: F. III. 2. d).
[110] BGH, NJW-RR 2018 S. 814 (815).
[111] Vgl. aber zur Untauglichkeit dieses Arguments im Fall von Bearbeitungsentgeltklauseln bereits ausführlich oben: F. III. 2. d).

Nicht gänzlich abwegig erscheint daher die Vermutung, die Entscheidung des BGH sei auch rechtspolitisch motiviert.[112] Es wurde bereits festgestellt, dass die Vereinbarung eines Bearbeitungsentgelts auch im Verhältnis der öffentlichen Hand zur Hausbank der Inhaltskontrolle Allgemeiner Geschäftsbedingungen unterfällt, da auch hier von einer privatrechtlichen Vereinbarung auszugehen ist. Hätte der BGH die Vereinbarung von Bearbeitungsentgeltklauseln auch in Förderdarlehensverträgen für unwirksam erklärt, wären daher die Banken aller Voraussicht nach ihrerseits mit Rückforderungsansprüchen auf die öffentlichen Kreditinstitute zugekommen. Diese Sorge hatte offensichtlich auch die KfW. Bereits in verschiedenen Informationsschreiben an die Banken aus dem Jahr 2014 bat die KfW darum, sämtliche Erstattungsbegehren von Endkunden abzulehnen und bot an, notwendige Stellungnahmen selbst anzufertigen. Darüber hinaus wurden die Banken gebeten, auf Streitverkündungen zu Lasten der KfW im Fall von gerichtlichen Verfahren zu verzichten.

Eine andere Entscheidung des BGH hätte letztlich eine Belastung des öffentlichen Haushalts zur wahrscheinlichen Folge gehabt.

3. Ergebnis

Die Entscheidung des BGH, nach der Bearbeitungsentgeltklauseln in Förderdarlehensverträgen wirksam vereinbart werden können, ist im Ergebnis zu begrüßen. Sie kann jedoch in ihrer Begründung nicht überzeugen, da sie mit der Rechtsprechung zu Bearbeitungsentgelten in anderen Darlehensformen in klarem Widerspruch steht. Die Entscheidung ist damit ein weiterer Beleg dafür, dass es dem BGH nicht gelungen ist, die Unwirksamkeit von Bearbeitungsentgeltklauseln dogmatisch sauber zu begründen.

V. Bausparvertrag

Im Rahmen eines Verbandsklageverfahrens hat der BGH darüber entschieden, ob laufzeitunabhängige „Darlehensgebühren" in ABB wirksam vereinbart werden können. Während er bereits zuvor die Erhebung des ebenfalls laufzeitunabhängigen Abschlussentgelts in Bausparverträgen gebilligt hatte,[113] hielt er die nach seiner Auffassung als Bearbeitungsentgelt anzusehende Darlehensgebühr für unwirksam.[114]

---

[112] *Billing*, WM 2013 S. 1829 (1836) spricht insoweit von einer offensichtlich notwendigen Privilegierung der öffentlichen Hand.
[113] BGH, NJW 2011 S. 1801.
[114] BGH, NJW 2017 S. 1461.

1. Besonderheiten des Bausparvertrags

Nach § 1 S. 1 BauSparkG sind Bausparkassen Kreditinstitute, deren Geschäfts-
betrieb darauf gerichtet ist, Einlagen von Bausparern (Bauspareinlagen) entgegen-
zunehmen und aus den angesammelten Beträgen den Bausparern für wohnungs-
wirtschaftliche Maßnahmen Gelddarlehen (Bauspardarlehen) zu gewähren.

Der Bausparvertrag ist daher in § 1 Abs. 2 S. 1 BauSparkG als Vertrag definiert,
durch den der Bausparer nach Leistung von Bauspareinlagen einen Rechtsanspruch
auf Gewährung eines Bauspardarlehens erwirbt. Die Bausparer bilden damit nach
§ 1 Abs. 2 S. 3 BauSparkG eine als Kollektiv bezeichnete Zwecksspargemeinschaft.
Dabei verwendet die Bausparkasse innerhalb des geschlossenen kollektiven Sys-
tems die eingezahlten Spareinlagen der Bausparer dazu, an andere Bausparer Bauspardarlehen herauszugeben, welche nur zu wohnungswirtschaftlichen Zwecken
eingesetzt werden dürfen.[115] Ein solches Zwecksparsystem ist der Kreditwirtschaft
nach § 3 Abs. 1 Nr. 2 KWG im Übrigen untersagt und darf nach § 1 Abs. 1 S. 2
BauSparkG nur durch Bausparkassen betrieben werden.[116]

Aus diesem Zwecksparsystem ergeben sich einige Besonderheiten. Zunächst
teilt sich der Bausparvertrag in zwei Phasen auf.[117] In der Ansparphase leistet der
Bausparer zunächst Sparleistungen an die Bausparkasse, wobei die Hauptleistungspflicht der Bausparkasse in einer entsprechenden Verzinsung dieser Einlagen besteht (Vgl. § 5 Abs. 3 Nr. 1 und 2 BauSparkG).[118]

Der Hauptzweck des Bausparvertrags liegt aber nicht in der verzinslichen Ka-
pitalanlage während der Ansparphase, sondern darin begründet, neben dem an-
gesparten Bausparguthaben selbst einen Anspruch auf Gewährung eines Bauspardarlehens zu erhalten (Darlehensphase).[119] Dieses Darlehen zeichnet sich dadurch
aus, dass die Konditionen bereits bei Abschluss des Bauspardarlehensvertrags fest
vereinbart werden und ein verhältnismäßig niedrigerer Darlehenszins anfällt.[120]
Insbesondere auch weil der Bausparer nicht verpflichtet ist, das Darlehen bei Zu-
teilungsreife tatsächlich in Anspruch zu nehmen, trägt das Risiko einer negativen
Zinsentwicklung die Bausparkasse.[121] Als weiterer Vorteil des Bauspardarlehens-

---

[115] *Freise*, BKR 2017 S. 229 (230).

[116] *Freise*, BKR 2017 S. 229 (230); *Berger*, in: MüKo BGB Vor § 488 Rdn. 28; *Mülbert*, in:
Staudinger BGB § 488 Rdn. 537; *Haertlein*, BKR 2015 S. 505 (509).

[117] *Fandrich*, in: Vertragsrecht und AGB-Klauselwerke, Bausparbedingungen (ABB) Rdn. 4;
Freise, BKR 2017 S. 229.

[118] *Bartlitz*, ZfPW 2017 S. 109 (112).

[119] *Bartlitz*, ZfPW 2017 S. 109 (112) unter Verweis auf die Präambel der Muster-ABB des
Verbandes der Privaten Bausparkassen e. V. und der LBS Westdeutsche Landessparkasse; vgl.
auch bereits § 1 Abs. 2 S. 1 BauSparkG.

[120] *Krepold*, BKR 2010 S. 108 (109).

[121] *Haertlein*, BKR 2015 S. 505 (509).

vertrags erweist sich, dass dieses in aller Regel jederzeit und ohne Vorfälligkeitsentschädigung kündbar ist.[122]

Diesen Vorteilen steht der Verzicht auf einen marktüblichen Einlagenzins während der Ansparphase gegenüber.[123] Da Bauspardarlehen nur aus den eingebrachten
Einlagen erbracht werden können, wird ein Bauspardarlehen zudem erst nach Ein-
bringung eines Mindestbetrags (in der Regel 40 % der Bausparsumme, bestehend
aus dem Sparguthaben und der Darlehenssumme) und Erfüllung gewisser Warte-
zeiten ausgereicht.[124]

Die rechtliche Einordnung des Bausparvertrags ist höchstrichterlich bislang
nicht geklärt.[125] In der Literatur existieren insoweit verschiedene Erklärungs-
modelle.[126] Unumstritten ist dabei aber, dass sich die Hauptleistungspflichten der
Vertragsparteien in der für die Beurteilung des Bearbeitungsentgelts maßgeblichen
Darlehensphase nach § 488 BGB richten.[127]

2. Wirksamkeit der sog. Abschlussgebühr

Nach den ABB beanspruchen Bausparkassen eine bereits bei Abschluss des
Bausparvertrags fällige laufzeitunabhängige „Abschlussgebühr".[128] Die Laufzeitunabhängigkeit dieses Entgelts erweist sich als Parallele zur „Darlehensgebühr",
weshalb die Entscheidung des BGH zur Zulässigkeit der Abschlussgebühr zum
besseren Verständnis hier kurz dargestellt werden soll.

Unter Anwendung der Zweifelsregelung des § 305c Abs. 2 BGB ging der BGH
davon aus, dass auch dieser Gebühr keine konkrete Gegenleistung gegenüber
stünde, sondern damit die Kosten der Außendienstmitarbeiter für die Kundenwer-
bung durch die Bausparkasse abgedeckt würden.[129] Die Inhaltskontrolle hielt der
BGH damit nach § 307 Abs. 3 S. 1 BGB für eröffnet, da auch hier ein Entgelt für
eine Tätigkeit im eigenen (Akquisitions-)Interesse verlangt werde.

---

[122] *Haertlein*, WM 2014 S. 189 (201); *Krepold*, in: Schimansky/Bunte/Lwowski § 79 Rdn. 76.

[123] *Habersack*, WM 2018 S. 1857 (1858); BGH NJW 2011 S. 1801 (1805).

[124] *Berger*, in: MüKo BGB Vor § 488 Rdn. 28.

[125] Der BGH hat dies zuletzt sowohl in seiner Entscheidung zu Abschlussgebühren als auch
in der hier zu besprechenden Entscheidung offen gelassen: BGH, NJW 2011 S. 1801 (1803);
NJW 2017 S. 1461 (1464).

[126] Vgl. die ausführliche Darstellung bei *Bartlitz*, ZfPW 2017 S. 109 (116 ff.).

[127] So insbesondere auch der BGH: NJW 2011 S. 1801 (1803); NJW 2017 S. 1461 (1464);
Schürnbrand, in: MüKo BGB § 491 Rdn. 49; *Fandrich*, in: Vertragsrecht und AGB-Klauselwerke, Bausparbedingungen (ABB) Rdn. 5.

[128] Vgl. die Sachverhaltsdarstellung bei BGH, NJW 2011 S. 1801.

[129] BGH, NJW 2011 S. 1801 (1804); die in der Literatur vertretene Ansicht, es handle sich
um eine Eintrittsgebühr zur Zweckgemeinschaft der Bausparer und damit um eine kontrollfreie
Vergütung einer Sonderleistung hielt der BGH ebenfalls für denkbar. So etwa: *Krepold*, BKR
2010 S. 108 (109); *Lentz*, BKR 2009 S. 214; *Hoeren*, EWiR 2009 S. 261.

Im Rahmen der Angemessenheitsprüfung nach § 307 BGB verneinte der BGH jedoch eine unangemessene Benachteiligung der Bausparer durch die Erhebung der Abschlussgebühr. Da die Zuteilung der zinsgünstigen Bauspardarlehen nur aus den Mitteln erfolgen kann, die durch die Einlage-, Zins- und anderer Tilgungsleistungen anderer Bausparer erwirtschaftet werden, liege ein stetiges Neukundengeschäft im Kollektivinteresse der Bausparer.[130] Damit sei es gerechtfertigt, die Kosten der Akquisition neuer Kunden durch eine gesonderte Gebühr beim Vertragsschluss zu decken. Die bei Vertragsschluss zu zahlende laufzeitunabhängige Abschlussgebühr stelle dabei sicher, dass der für das Bausparmodell notwendige Neuzugang an Bausparverträgen auch von allen Mitgliedern der Gemeinschaft gleichmäßig getragen wird. Eine alternative Einbeziehung dieser Kosten in den Zins würde hingegen zu Lasten der Gemeinschaft allein die Kunden bevorzugen, die den Vertrag vorzeitig beenden und damit entsprechend weniger Mittel zur Verfügung gestellt haben, aus denen eine Zuteilung erfolgen kann.[131]

3. Wirksamkeit von Darlehensgebühren

Hinsichtlich der Wirksamkeit von Darlehensgebühren war ebenfalls fraglich, ob die Inhaltskontrolle nach § 307 Abs. 3 S. 1 BGB eröffnet ist.

a) Eröffnung der Inhaltskontrolle

Zu entscheiden war zunächst darüber, ob die Darlehensgebühr der Inhaltskontrolle nicht bereits wegen der notwendigen Genehmigung durch die BaFin entzogen ist.

aa) Genehmigung durch die BaFin

Gemäß §§ 5 Abs. 3, 9 Abs. 1 BauSparkG bedürfen die von Bausparkassen verwendeten ABB zwingend der Genehmigung durch die BaFin. Allerdings entspricht es allgemeiner Auffassung, dass eine behördliche Genehmigung Allgemeiner Geschäftsbedingungen die richterliche Inhaltskontrolle nicht ersetzt.[132] Dies ergibt sich bereits aus den damit verfolgten unterschiedlichen Schutzzwecken. Die aufsichtsrechtliche Kontrolle nach den Vorgaben des BauSparkG soll vorrangig die Wirtschaftlichkeit des in den ABB jeweils ausgeprägten Geschäftsmodells und die

---

[130] BGH, NJW 2011 S. 1801 (1805).
[131] BGH, NJW 2011 S. 1801 (1805).
[132] BGH, NJW 1983 S. 1322 (1324); BGH, NJW 2007 S. 997 (998); *Ulmer/Habersack*, in: Ulmer/Brandner/Hensen § 305 Rdn. 10; *Basedow*, in: MüKo BGB § 305c Rdn. 1; *Stoffels*, BKR 2010 S. 359 (363).

Erfüllbarkeit der Verpflichtungen, die der Bausparkasse aus den Bausparverträgen gegenüber den Bausparern erwachsen, sicherstellen.[133] Die richterliche Inhaltskontrolle Allgemeiner Geschäftsbedingungen nach § 307 BGB soll dagegen unangemessene Benachteiligungen des Vertragspartners verhindern.

Ausgeschlossen wäre eine AGB-rechtliche Inhaltskontrolle jedoch dann, wenn die Voraussetzungen der behördlichen Erlaubnis der ABB durch die BaFin der Bausparkasse keinerlei inhaltlichen Gestaltungsspielraum lassen würden.[134] Denn die Bausparkasse kann nicht durch öffentlich-rechtliche Vorgaben gezwungen sein, eine bestimmte Regelung in ihr Klauselwerk aufzunehmen, wenn diese sich zivilrechtlich nicht wirksam vereinbaren lässt. Bereits bezüglich der Vereinbarung von Abschlussgebühren hatte die BaFin jedoch bekundet, dass dies nicht Voraussetzung für die Erteilung der Genehmigung sei.[135] Auch die Vereinbarung einer Darlehensgebühr wird den Bausparkassen nicht zwingend durch die BaFin vorgeschrieben.[136] Vielmehr besteht diesbezüglich nur eine Anzeigepflicht nach § 9 Abs. 1 S. 4 BauSparkG.

bb) Auslegung der Darlehensgebühr als Bearbeitungsentgelt

Für die Frage der Eröffnung der Inhaltskontrolle war auch hier zu erörtern, welche Kosten mit der Darlehensgebühr abgedeckt werden sollten. Nach dem maßgeblichen § 10 ABB handelte es sich im konkreten Fall um eine Darlehensgebühr, die mit Beginn der Darlehensauszahlung fällig wurde. Weitere Angaben wofür die Gebühr erbracht werden soll, enthielt das Klauselwerk nicht.[137]

Nach dem allgemeinen Sprachgebrauch handle es sich bei dem Begriff Gebühr jedoch um einen Betrag, der für eine konkrete Dienstleistung zu entrichten ist. Da eine weitere Konkretisierung der Entgeltklauseln in den hier verwendeten AGB nicht erfolgte, war nach Ansicht des BGH davon auszugehen, dass diese der Abgeltung von Verwaltungstätigkeiten diente, die mit dem Darlehen verbunden sind. Der BGH setzte die Darlehensgebühr damit mit einem Bearbeitungsentgelt gleich, das der Vergütung von Tätigkeiten im eigenen Interesse diene.[138]

Betrachtet man jedoch das verwendete Wort „Darlehensgebühr", so liegt es aus Sicht des maßgeblichen verständigen Durchschnittskunden doch nahe, als konkrete Gegenleistung für die „Gebühr" das „Darlehen" anzunehmen.[139] Damit wäre es

---

[133] *Haertlein*, BKR 2015 S. 505 (506).
[134] BGH, NJW 2007 S. 3344 (3345); BGH, NJW 2011 S. 1801; *Haertlein*, BKR 2015 S. 505 (506).
[135] Vgl. BGH, NJW 2011 S. 1801 (1802).
[136] *Haertlein*, BKR 2015 S. 505 (506).
[137] BGH, NJW 2017 S. 1461 (1463).
[138] BGH, NJW 2017 S. 1461 (1463).
[139] *Haertlein*, BKR 2015 S. 505 (508).

durchaus vertretbar gewesen, hier eine (Teil-)Vergütung der Kapitalüberlassung als Hauptleistung der Bausparkasse anzunehmen.[140]

Diese Auslegungsfrage ist jedoch nicht von entscheidender Bedeutung. Würde man die Darlehensgebühr als Entgelt für die Überlassung der Darlehensvaluta ansehen, wäre zwar kein Verstoß gegen das Verbot der gesonderten Entgelterhebung für Tätigkeiten im eigenen Interesse anzunehmen. Es bliebe jedoch, wie im Folgenden darzulegen, ein Abweichen vom gesetzlichen Leitbild des § 488 Abs. 1 S. 2 BGB wegen des laufzeitunabhängigen Charakters, um – auf dem Boden der Rechtsprechung des BGH – die Eröffnung der Inhaltskontrolle nach § 307 Abs. 3 S. 1 BGB zu rechtfertigen.

cc) Abweichung vom Leitbild des § 488 Abs. 1 S. 2 BGB

Im Schrifttum wurde von einigen Stimmen die Ansicht vertreten, beim Bauspardarlehensvertrag sei das Leitbild des § 488 Abs. 1 S. 2 BGB nicht anzuwenden.[141]

Leitbildgebend sei hier nicht der Darlehensvertrag, sondern der Bausparvertrag als (Zweckspar-)Vertrag eigener Art.[142] Für diesen sei typusbestimmend die vom Bausparvertragsschluss an bestehende Option des Bausparers auf ein Darlehen zu feststehendem Zins sowie die jederzeitige Rückzahlungs- bzw. Sondertilgungsmöglichkeit ohne Vorfälligkeitsentschädigung.[143]

Der BGH ist dieser Ansicht jedoch konsequenterweise nicht gefolgt.[144] Nimmt man ein gesetzliches Leitbild des § 488 Abs. 1 S. 2 BGB an, dem nur ein laufzeitabhängiges Entgelt entspricht, erscheint es folgerichtig, dass dieses auch beim Bauspardarlehensvertrag gilt.

Denn auch wenn das Darlehen im Rahmen eines Bausparvertrags gewährt wird, handelt es sich um ein Gelddarlehen im herkömmlichen Sinne, dessen Hauptleistungspflichten in § 488 Abs. 1 BGB beschrieben werden.[145] Die dort beschriebenen Hauptleistungspflichten werden auch nicht durch die angeführten Vorteile des Bauspardarlehensvertrags modifiziert. Dogmatisch überzeugender erscheint es daher, die Vorteile des Bausparvertrages im Rahmen der Interessenabwägung zu würdigen. Unzutreffend ist insoweit die Aussage, es fehle im Rahmen der Interessenabwägung an einer dogmatischen Grundlage zur Einbeziehung des Kollektivinter-

---

[140] *Haertlein*, WM 2014 S. 189.

[141] *Haertlein*, WM 2014 S. 189 (195), *ders.*, BKR 2015 S. 505 (508); *Servatius*, ZIP 2017 S. 745 (752); wohl auch: *Herresthal*, LMK 2017, 386901.

[142] *Haertlein*, WM 2014 S. 189 (195), *ders.*, BKR 2015 S. 505 (508); wohl auch: *Herresthal*, LMK 2017, 386901.

[143] *Haertlein*, WM 2014 S. 189 (201).

[144] BGH, NJW 2017 S. 1461 (1464).

[145] *Artz*, NJW 2017 S. 1467, ähnlich: *Flick*, GWR 2017 S. 182; vgl. zur Anwendung von § 488 BGB bereits oben: G.V.1.

esses als Drittinteresse.[146] Dies ist bereits deshalb möglich, weil die Bausparkasse die Gesamtinteressen des Kollektivs wahrzunehmen hat und es sich damit nicht um ein reines Drittinteresse handelt.[147] Die Einbeziehung des Kollektivinteresses entspricht gar dem ausdrücklichen Willen des Gesetzgebers.[148]

b) Inhaltskontrolle nach § 307 BGB

Auch im Rahmen von Bauspardarlehensverträgen wird nach der Rechtsprechung gem. § 307 Abs. 2 Nr. 1 BGB wegen des Abweichens vom Verbot der Entgelterhebung für Tätigkeiten im eigenen Interesse sowie vom gesetzlichen Leitbild des § 488 Abs. 1 S. 2 BGB eine unangemessene Benachteiligung vermutet.[149]

Gegen die Annahme einer unangemessenen Benachteiligung durch ein Bearbeitungsentgelt sprechen jedoch zwei Argumente, die sich aus dem Wesen des Bauspardarlehensvertrags ergeben.

aa) Vorteile des Bauspardarlehensvertrags

Für eine Angemessenheit der Darlehensgebühr machte die Revision in dem vom BGH zu entscheidenden Fall die oben bereits beschriebenen Vorteile des Bausparvertrags geltend.[150] Während der BGH der entsprechenden Argumentation im Rahmen von Förderkrediten wegen des dort ebenfalls nicht marktüblichen Zinses folgte, lehnte er dies für Bauspardarlehensverträge ab. Der BGH begründete dies mit der nachvollziehbaren Überlegung, dass dem Bausparer anders als dem Darlehensnehmer unter einem Fördervertrag auch erhebliche Nachteile durch die besondere Vertragsform erwachsen. Diese Nachteile bestehen in der in aller Regel vom Kunden zu zahlenden, nach der oben dargestellten BGH-Rechtsprechung wirksamen Abschlussgebühr in Höhe von einem Prozent der Bausparsumme und der nicht marktgerechten Verzinsung seiner Spareinlagen.[151]

---

[146] So: *Servatius*, ZIP 2017 S. 745 (752).

[147] BGH, NJW 2011 S. 1801 (1805); *Fuchs*, in: Ulmer/Brandner/Hensen § 307 Rdn. 135.

[148] So bereits die Gesetzesbegründung zum AGBG: BT-Drucks. 7/3919 S. 23.

[149] BGH, NJW 2017 S. 1461 (1464 f.); darauf, dass die Annahme, eine Entgeltklausel könne von diesen beiden Grundsätzen gleichermaßen abweichen, in sich widersprüchlich ist, wurde bereits hingewiesen: E. III. 1. b).

[150] Vgl. BGH, NJW 1461 (1466); so auch: *Haertlein*, WM 2014 S. 189 (201).

[151] BGH, NJW 2017 S. 1461 (1466).

bb) Kollektives Gesamtinteresse der Bauspargemeinschaft

Für eine Angemessenheit streitet jedoch das Kollektivinteresse der Bauspargemeinschaft. Nach dem ausdrücklichen Willen des Gesetzgebers sind auch im Rahmen der zivilrechtlichen Inhaltskontrolle der ABB die „gemeinschaftlichen Interessen" des Bausparkollektivs aufgrund des kollektiv ausgerichteten Geschäftssystems der Bausparkassen zu berücksichtigen.[152] Die Interessen Einzelner haben – wie dies der BGH hinsichtlich der Vereinbarung von Abschlussgebühren annahm – danach gegebenenfalls hinter dem Kollektivinteresse zurückzutreten.[153]

Nach Ansicht des BGH werde aber, im Unterschied zu den Abschlussgebühren, mit der Darlehensgebühr kein Aufwand abgegolten, der unmittelbar diesem Kollektivinteresse diene. Während die durch die Abschlussgebühr in Ansatz gebrachten Kosten der Neukundenwerbung unmittelbar der Gemeinschaft der Bausparer zu Gute kämen, würde mit der Darlehensgebühr lediglich eigener Aufwand der Vertragsvorbereitung abgedeckt.[154] Zutreffend wurde jedoch in der Literatur darauf hingewiesen, dass dieser vorvertragliche Aufwand, der überwiegend in der Bonitätsprüfung liegt, auch dem Kollektivinteresse dient. Denn vertragsgemäße Tilgungsleitungen wirken sich positiv auf die der Bauspargemeinschaft zur Verfügung stehende Zuteilungsmasse aus.[155] Nach Auffassung des BGH handelt es sich hierbei jedoch nur um einen reflexartigen Nebeneffekt.[156]

Gegen eine Rechtfertigung der Darlehensgebühr aus Gründen des Kollektivinteresses führt der BGH weiter an, dass diese gerade nicht in die dem Kollektiv der Bausparer für die Zuteilung von Bauspardarlehen zur Verfügung stehende Zuteilungsmasse i. S. d. § 5 II Nr. 2 BauSparkG gebucht werde, sondern für die Bausparkasse eine Ertragsposition darstelle, die deren Jahresergebnis erhöht.[157]

Unerwähnt bleiben an dieser Stelle aber die Folgen der Unwirksamkeit der Erhebung eines Bearbeitungsentgelts. Die Bausparkassen werden den Bearbeitungsaufwand, wie dies der BGH in seinen anderen Urteilen zu Bearbeitungsentgeltklauseln selbst empfohlen hat,[158] nunmehr in den Darlehenszins einpreisen müssen. Gegen die Möglichkeit, die durch die Abschlussgebühr abgedeckten Kosten in den Zins einzupreisen, hat der BGH an entsprechender Stelle jedoch selbst ausgeführt:

„Die von der Revision präferierte Alternative, die Kosten des Vertriebs durch eine entsprechende Zinsfestlegung in der Anspar- und Darlehensphase (Absenkung der Sparzinsen, Erhöhung der Darlehenszinsen) laufzeitabhängig umzulegen, würde hingegen zu Lasten

---

[152] BT-Drs. 7/3919 S. 23; *Freise*, BKR 2017 S. 229 (235).
[153] BGH, NJW 2011 S. 1801 (1805), befürwortend auch: *Hoeren*, EWiR 2009 S. 261 (262).
[154] BGH, NJW 2017 S. 1461 (1465 f.).
[155] *Haertlein*, BKR 2015 S. 505 (509).
[156] BGH, NJW 2017 S. 1461 (1466).
[157] BGH, NJW 2017 S. 1461 (1465).
[158] BGH, NJW 2014 S. 2420 (2429); BGH, NJW 2017 S. 2986 (2992).

der Gemeinschaft allein die Kunden bevorzugen, die den Vertrag vorzeitig beenden und damit entsprechend weniger Mittel zur Verfügung gestellt haben, aus denen eine Zuteilung erfolgen kann."[159]

Nichts anderes würde bei der Umlegung des Bearbeitungsentgelts auf den Darlehenszins gelten. Es kann schon in üblichen Darlehensverträgen nicht überzeugen, die Banken zu einer Umlegung auf den Zins zu zwingen. Denn damit werden gerade diejenigen Kunden belastet, die den Darlehensvertrag bis zu ihrem Ende durchführen, während diejenigen Kunden entlastet werden, die durch vorzeitige Vertragsbeendigung überhaupt erst für das Bedürfnis nach einer laufzeitunabhängigen Entgelterhebung sorgen.[160] Erst Recht ist dies in einem Kollektivsystem, wie dem der Bauspargemeinschaft, abzulehnen.

4. Ergebnis

Aus den Besonderheiten des Bausparvertrags ergeben sich auf der Grundlage der sonstigen Rechtsprechung des BGH zu Bearbeitungsentgeltklauseln für die Frage der Eröffnung der Inhaltskontrolle keine wesentlichen Unterschiede. Im Rahmen der Angemessenheitsprüfung wäre es jedoch, insbesondere im Lichte der Entscheidung zu Abschlussgebühren, überzeugender, auch hier eine Rechtfertigung der Entgelterhebung im Kollektivinteresse der Bauspargemeinschaft anzunehmen.

---

[159] BGH, NJW 2011 S. 1801 (1805).
[160] So bereits zur Abschlussgebühr auch: *Habersack*, WM 2008 S. 1857 (1862), *Bitter*, ZIP 2008 S. 1095.

H. Alternativer Ansatz zur Kontrolle
von Entgeltregelungen

Nach den Ergebnissen der Untersuchung ist die AGB-Kontrolle von Entgeltregelungen, d. h. Regelungen die eindeutig einen Preis festlegen, zu überdenken. Ausgehend von dem nachgewiesenen Schutzzweck der Inhaltskontrolle stellt sich dabei als entscheidende Frage dar, ob eine Entgeltregelung typischerweise vom Kunden zur Kenntnis genommen wird und daher am Wettbewerb teilnimmt.[1] Dies kann insbesondere dann angenommen werden, wenn das bei der Verwendung von AGB typischerweise bestehende Informations- und Motivationsgefälle fehlt und sich das Desinteresse des Verwendungsgegners daher nicht als vernünftig und legitim darstellt.[2] Der vom BGH für die Kontrollunterwerfung solcher Klauseln angenommene Grundsatz des Verbots der gesonderten Vergütung einer Tätigkeit im eigenen Interesse lässt sich jedoch einerseits nicht aus dem Gesetz herleiten. Vor allem aber lässt er gerade die entscheidende Frage der Teilnahme einer Entgeltklausel am Wettbewerb unberücksichtigt.[3] Zuletzt hat die Untersuchung gezeigt, dass mit der Vermutungswirkung des § 307 Abs. 2 Nr. 1 BGB wegen des Abweichens von diesem Grundsatz das Ergebnis der Angemessenheitsprüfung bereits vorgezeichnet ist,[4] ohne dass entscheidende Überlegungen ausreichend gewürdigt werden.

I. Bedürfnis nach einer Kontrolle von Entgeltregelungen

Grundsätzlich weichen Entgeltregelungen, die eindeutig einen Preis festsetzen, nicht von Rechtsvorschriften ab i. S. d. § 307 Abs. 3 S. 1 BGB und wären nach dem Wortlaut der Vorschrift daher der Inhaltskontrolle entzogen.

1. Unbedingt anfallende Entgelte

Im Rahmen der Untersuchung wurde am Beispiel der Vereinbarung von Bearbeitungsentgeltklauseln gezeigt, dass das für die Verwendung von AGB typische Informations- und Motivationsgefälle hinsichtlich solcher Entgeltklauseln gerade

---

[1] *Fastrich*, Richterliche Inhaltskontrolle im Privatrecht S. 265; *Habersack*, WM 2008 S. 1857 (1860); *Stoffels*, BKR 2010 S. 359 (365); *ders.* JZ 2001 S. 843 (847); *Coester*, in: Staudinger BGB § 307 Rdn. 324; ausführlich bereits oben: C. II. 2. c) und E. II.

[2] Ausführlich hierzu oben: C. II. 2. c) bb) (3).

[3] Ausführlich hierzu oben: D. II. 3. c) bb).

[4] *Becher/Krepold*, BKR 2014 S. 45 (55) gehen gar von einem „Unwirksamkeitsmechanismus" aus; ähnlich: *Touissant*, EWiR 2014 S. 101 (102); *Haertlein*, WM 2014 S. 189 (197).

nicht besteht, die ein unbedingt zu zahlendes Entgelt vorsehen.[5] Vielmehr ist hier davon auszugehen, dass solchen Klauseln die volle Aufmerksamkeit des Verwenders zu Teil wird.[6] Es steht damit auch nicht zu befürchten, dass diese nicht am Wettbewerb teilnehmen. Folglich besteht auch aus teleologischer Sicht kein Grund, entgegen dem Wortlaut des § 307 Abs. 3 S. 1 BGB von der Eröffnung der Inhaltskontrolle auszugehen.[7] Vielmehr verbleibt es bei der gesetzlichen Vermutung, die § 307 Abs. 3 S. 1 BGB zugrunde liegt, nach der Preisvereinbarungen am Wettbewerb teilnehmen und damit keiner Kontrolle bedürfen.

Ein ausreichender Schutz des Verwendungsgegners ist hier bereits durch das Erfordernis einer transparenten Regelung nach § 307 Abs. 1 S. 2 BGB und das Verbot überraschender Klauseln nach § 305c Abs. 1 BGB gewährleistet.

2. Bedingt anfallende Entgelte

Ein Bedürfnis für eine inhaltliche Angemessenheitsprüfung ergibt sich jedoch bei solchen Regelungen, die ein Entgelt für nur möglicherweise eintretende Fälle regeln.[8]

Bei diesen Entgeltregelungen ist wie bei sonstigen Bestimmungen in AGB von einem Informations- und Motivationsgefälle auszugehen.[9] Dies liegt bereits deshalb nahe, weil ein hypothetisch eintretender Fall geregelt wird. Der Verwendungsgegner kann bereits die Wahrscheinlichkeit des Eintritts des gesondert bepreisten Geschäftsvorfalls schlechter einschätzen als der Verwender. Zudem ist die Motivation des Verwendungsgegners sich mit einer Klausel zu beschäftigen, auf die es nur unter Umständen ankommt, gering.[10] Es ist daher typischerweise davon auszugehen, dass auch solche Entgeltregelungen vom Verwendungsgegner nicht ausreichend beachtet werden und damit den Kräften des Wettbewerbs nicht ausgesetzt sind.

Für den Verwendungsgegner ergeben sich daraus zwei Nachteile, die seinen Schutz erforderlich machen. Zum einen kann sich ein vermeintlich günstiger Hauptpreis durch die Erhebung gesonderter Entgelte, die er bei Vertragsschluss nicht zur Kenntnis nimmt während der Vertragslaufzeit erheblich verteuern.[11]

---

[5] S. o.: E. II. 1. a).

[6] *Bitter*, ZIP 2008 S. 2155 (2158), so im Zusammenhang mit der Abschlussgebühr im Bausparvertrag auch: *Habersack*, WM 2008 S .1857 (1862); *Krepold*, BKR 2010 S. 108 (110); *Pieroth/Hartmann*, WM 2009 S. 677 (682).

[7] *Canaris*, AcP 200 (2000) S. 273 (330).

[8] So auch: *Pieroth/Hartmann*, WM 2009 S. 677 (682).

[9] So auch: *Stoffels*, JZ 2001 S. 843 (848).

[10] Vgl. hierzu allgemein bereits oben: C. II. 2. c) bb) (2).

[11] *Peterek*, in: Kümpel/Wittig Rdn. 6.365.

Diese Problematik wird auch als fehlende Preistransparenz beschrieben,[12] was jedoch nicht zu dem Missverständnis führen darf, es ginge dabei um fehlende Transparenz im Sinne von § 307 Abs. 1 S. 2 BGB.[13] Denn auch wenn eine Entgeltklausel klar und verständlich formuliert ist, ist damit nicht gesagt, dass ihr der Verwendungsgegner ausreichende Aufmerksamkeit widmet und sich der möglichen Verteuerung der vertraglich geschuldeten Leistung bewusst wird.[14]

Zum anderen steht in Frage, ob der in der jeweiligen Entgeltregelung festgelegte Preis in einem angemessenen Verhältnis zu der damit zu vergütenden Tätigkeit steht, da dieser nicht den Kräften des Wettbewerbs ausgesetzt ist. Solche Entgeltregelungen sind daher grundsätzlich der Inhaltskontrolle zu unterwerfen, soweit nicht aus besonderen Gründen von ihrer Teilnahme am Wettbewerb ausgegangen werden kann.[15]

II. Teleologische Reduktion von § 307 Abs. 3 S. 1 BGB

Dogmatisch lässt sich das gefundene Ergebnis auf eine teleologische Reduktion von § 307 Abs. 3 S. 1 BGB stützen. Grundsätzlich ist eine teleologische Reduktion zulässig, wenn die Rückführung auf die Wertungsgrundlagen und damit auf Sinn und Zweck des Gesetzes eine vom Wortlaut desselben abweichende Entscheidungsbefugnis des Richters rechtfertigt.[16] Voraussetzungen sind hierfür zunächst das – hier unstreitige – Fehlen eines Reduktionsverbots, das Vorliegen eines Telos das zur einschränkenden Auslegung des Normtextes zwingt, sowie eine hinreichende Erkenntnissicherheit über dieses Telos.[17] Im Ergebnis kann damit ein vom Wortlaut klar erfasster Sachverhalt vom Anwendungsbereich der Norm ausgenommen werden.[18]

Die Vorschrift des § 307 Abs. 3 S. 1 BGB bezweckt einerseits, deklaratorische Klauseln der Inhaltskontrolle zu entziehen. Da Entgeltregelungen ohnehin keine deklaratorischen Klauseln darstellen, ist dieser Schutzzweck hier von vornherein nicht einschlägig.

Zum anderen sollen damit aber Preis- und Leistungsangebote kontrollfrei bleiben. Dahinter steht jedoch der Gedanke, dass eine Inhaltskontrolle hier nicht statt-

---

[12] *Köndgen*, ZBB 1997 S. 117 (125); *Habersack*, WM 2008 S. 1857 (1860) nennt dies eine Verfälschung des Wettbewerbs um die Hauptleistung; *Guggenberger*, BKR 2017 S. 1 (5) spricht insoweit von fehlender „Markttransparenz"; vgl. hierzu auch bereits oben: D. II. 3. c).

[13] Vgl. zur Abgrenzung auch bereits oben: C. III.

[14] Vgl. *Köndgen*, NJW 1989, S. 943 (948).

[15] Solche besonderen Umstände erscheinen denkbar, wenn bestimmten Entgeltklauseln insbesondere in den Medien hohe Aufmerksamkeit gewidmet wird, vgl. *Stoffels*, JZ 2001 S. 843 (848 f.); *Coester*, in: Staudinger BGB § 307 Rdn. 321.

[16] *Wiedemann*, NJW 2014 S. 2407 (2409).

[17] *Reimer*, Rdn. 617 ff.

[18] *Beaucamp/Treder*, Rdn. 290.

finden soll, da solchen Klauseln ausreichende Aufmerksamkeit gewidmet wird und daher die Kräfte des Wettbewerbs für einen gerechten Preis sorgen.[19]

Handelt es sich aber um eine Preisvereinbarung, bei der nicht davon ausgegangen werden kann, dass sie am Wettbewerb teilnimmt, wie dies bei nur bedingt anfallenden Entgeltregelungen typischerweise der Fall ist, trägt auch dieser Gedanke nicht.[20] Damit ist auch der zweite mit § 307 Abs. 3 S. 1 BGB verfolgte Schutzzweck hier nicht einschlägig. Überdies erscheint hinreichende Erkenntnissicherheit darüber zu bestehen, dass nach dem von § 307 BGB insgesamt verfolgten Schutzzweck eine Kontrolle von Entgeltklauseln, die nicht am Wettbewerb teilnehmen, geboten ist. Eine teleologische Reduktion von § 307 Abs. 3 S. 1 BGB erscheint daher gerechtfertigt.

Entgeltklauseln für bedingt anfallende Entgelte wären damit der Inhaltskontrolle unterworfen, ohne dass es auf ein – tatsächlich nicht vorliegendes – Abweichen von Rechtsvorschriften nach § 307 Abs. 3 S. 1 BGB ankäme.

Tatsächlich sind die vorstehenden Überlegungen nicht gänzlich neu, sondern finden sich im Ansatz bereits in der früheren Rechtsprechung des BGH. Dieser ging in einzelnen Entscheidungen ebenfalls davon aus, dass eine Entgeltklausel der Inhaltskontrolle gerade deshalb unterliege, da die damit zu vergütende Tätigkeit nur möglicherweise in Anspruch genommen werde.[21]

Der BGH begründete dies zwar nicht ausdrücklich mit einer teleologischen Reduktion von § 8 AGBG (§ 307 Abs. 3 S. 1 BGB), führte aber in einer weiteren Entscheidung gerade den Schutzzweck dieser Vorschrift hierfür an. Diese Ausführungen sind hier wörtlich wiederzugeben:

> „Das Gesetz geht davon aus, dass der Durchschnittskunde der Vereinbarung über die Hauptleistung mehr Aufmerksamkeit widmet als den Nebenpunkten. Wenn hier die Einigung über die Stundungsvergütung in einer AGB-Klausel des vorangegangenen Kreditvertrages versteckt wird, liegt es nahe, dass der Kreditnehmer, dem die Bank später eine Stundung bewilligt, dabei übersieht, welche Belastungen ihm daraus erwachsen. Eine solche AGB-Klausel birgt also für den Kunden gerade diejenigen Gefahren, die das AGB-Gesetz abwenden will."[22]

Einschränkend ist jedoch anzumerken, dass der BGH hier das Grundproblem nicht zutreffend beschreibt. Dieses liegt entgegen der zitierten Ausführungen nicht darin begründet, dass der Kunde erst bei Inanspruchnahme der Leistung die zusätzliche Belastung nicht erkennt. Vielmehr widmet er der Klausel bereits bei

---

[19] Vgl. ausführlich mit Quellenangaben bereits oben: D. I.
[20] Ähnlich schon: *Stoffels*, JZ 2001, S. 843 (847).
[21] BGH, NJW 1994 S. 1532 (1533); BGH, NJW 1986 S. 46 (48); ablehnend: *Linker*, S. 65, der jedoch bereits den Schutzgrund der Inhaltskontrolle verkennt und hier das Transparenzgebot als einschlägig ansieht.
[22] BGH, NJW 1986 S. 46 (48).

Vertragsschluss nicht die notwendige Aufmerksamkeit, da er nicht weiß, ob es je auf diese ankommen wird, weshalb die Klausel nicht am Wettbewerb teilnimmt.

Im Grunde entspricht die damalige Rechtsprechung jedoch dem hier vorgeschlagenen Ansatz. Auch aus der Entscheidung des BGH zu Tilgungsklauseln in Darlehensbedingungen wird dies erkenntlich. Dabei ging es zwar nicht um Entgeltklauseln, sondern um eine echte Preisnebenabrede. Der BGH prüfte jedoch auch hier ob der Schutzzweck des § 8 AGBG (§ 307 Abs. 3 S. 1 BGB) erfüllt sei. Da es sich weder um eine deklaratorische Klausel handelte noch davon ausgegangen werden konnte, dass einer entsprechenden Klausel bei Vertragsschluss ausreichende Aufmerksamkeit gewidmet werde, wie dies bei Preis- und Leistungsvereinbarungen der Fall ist, ging der BGH von der Eröffnung der Inhaltskontrolle aus.[23]

III. Folgen für die Angemessenheitsprüfung nach § 307 BGB

Die Eröffnung der Inhaltskontrolle ließe sich auf diesem Wege nicht nur methodenehrlich begründen, auch wäre die Inhaltskontrolle nicht bereits durch die nach § 307 Abs. 2 Nr. 1 BGB bestehende Vermutungswirkung wegen eines Abweichens von einem tatsächlich nicht existierenden Grundsatz vorbestimmt.

Stattdessen ließen sich hier die tatsächlich einschlägigen Interessen in einer ergebnisoffenen Abwägung gegenüberstellen.

Ausgangspunkt dieser Interessenabwägung müssen die bereits oben benannten Nachteile sein, die dem Verwendungsgegner bei der Vereinbarung von Entgeltklauseln in AGB drohen. Dabei handelt es sich zum einen um die „verdeckte" Verteuerung des Hauptpreises und zum anderen um die fehlende Teilnahme des gesondert festgelegten Preises am Wettbewerb.

1. Indizien für eine Angemessenheit einer Entgeltklausel

Grundsätzlich ist zunächst das aus der Vertragsfreiheit folgende Recht des Verwenders zu berücksichtigen, den Preis der von ihm angebotenen Leistungen in einzelne Komponenten aufzuspalten.[24] Bitter hat insoweit an verschiedenen Stellen zutreffend ausgeführt, dass es ein Recht auf „All-Inclusive" nicht gibt.[25] Aus diesem Grund kann auch die Frage nicht gänzlich unbeachtet bleiben, ob der Verwender überhaupt eine in tatsächlicher Hinsicht realistische Möglichkeit hat, seine Preis- und Kostenstruktur in Form einer Individualvereinbarung festzulegen.

---

[23] BGH, NJW 1989 S. 222 (223).

[24] Vgl. BGH, NJW 1998 S. 38; BGH, NJW 2014 S. 2420 (2424) und ausführlich bereits oben: D. II. 3. a) aa).

[25] *Bitter*, ZBB 2007 S. 242; *ders.*, ZIP 2008 S. 1095; zustimmend: *Casper/Möllers*, WM 2015 S. 1689 (1694).

Für eine Angemessenheit der gesonderten Entgelterhebung muss sodann sprechen, wenn der Verwender diese mit einem legitimen Interesse begründen kann. Hier ist insbesondere das Argument einer verursachungsgerechten Bepreisung nicht pauschal von der Hand zu weisen.[26] Vielmehr ist das Interesse von demjenigen Kunden ein höheres Entgelt verlangen zu können, der höhere Kosten verursacht, im Rahmen der Angemessenheitsprüfung zu berücksichtigen.[27] Schließlich ist daran anknüpfend in die Interessenabwägung auch einzustellen, ob die Unwirksamkeit einer gesonderten Entgelterhebung und die damit verbundenen Folgen tatsächlich im Sinne der Kunden sind. Die Folge des Verbots der Erhebung einer gesonderten Vergütung wird meist in der zukünftigen Einpreisung dieser Kosten in den Hauptpreis liegen, womit eine unnötige Verteuerung der Leistungen durch die notwendige Quersubventionierung einhergeht.[28]

Zudem sind weitere Konsequenzen denkbar, wie die Rechtsprechung zur Kontenpfändung gezeigt hat. Danach ist es Banken nicht mehr möglich, die Kosten der Bearbeitung und Überwachung der Pfändung von Konten verursachungsgerecht durch AGB denjenigen Kunden gesondert in Rechnung zu stellen, bei denen es zu einer Pfändung kommt.[29] Da die Banken die Kosten nicht auf alle Kunden umlegen wollten, kündigten sie in der Folge gepfändete Konten ganz.[30] Der vom BGH vermeintlich geschützte Kunde war damit am Ende der Leidtragende.[31]

Für eine Angemessenheit der Klausel muss weiterhin sprechen, wenn eine Tätigkeit vergütet wird, deren Erbringung der Verwendungsgegner nach der Auslegung des Vertrages nicht ohne zusätzliches Entgelt hätte erwarten können.[32] Auf der Ebene der Angemessenheitsprüfung kann damit im Ansatz der vom BGH entwickelte Grundsatz des Verbots der gesonderten Entgelterhebung für eine Tätigkeit im eigenen Interesse fruchtbar gemacht werden. Dabei ist jedoch nicht auf den vermeintlichen Gerechtigkeitsgehalt der Erbringung im Fremd- oder Eigeninteresse abzustellen, sondern auf den tatsächlich zugrundeliegenden Gedanken.[33] Wird eine Tätigkeit erbracht die nach der Vertragsauslegung ohne zusätzliche Regelung nicht geschuldet wäre, kommt es nicht zu einer „verdeckten" Verteuerung des Hauptpreises. Der Verwendungsgegner kann hier auch wenn er die entsprechende Klausel nicht zur Kenntnis genommen hat, nicht davon ausgehen, dass die gesondert vergütete Tätigkeit bereits im Preis der Hauptleistung enthalten ist.

---

[26] Vgl. hierzu bereits oben: E. III. 2. d) aa).

[27] *Canaris*, AcP 200 (2000) S. 273 (338); *Früh*, WM 1998 S. 63 (66), *A. Weber*, BKR 2013 S. 450 (454); wohl auch: *Joost*, ZIP 1996 S. 1685 (1693); *Rohe*, NJW 1998 S. 1284; *Steppeler*, WM 2001 S. 1176 (1182).

[28] *Bitter*, ZBB 2007 S. 237 (242); *Bitter/Linardatos*, ZIP 2018 S. 1203; *Casper/Möllers*, WM 2015 S. 1689 (1694); *Canaris*, AcP 200 (2000) S. 273 (338) geht gar von einem Recht des Verwenders aus, eine Quersubventionierung zu verhindern.

[29] BGH, NJW 1999 S. 2276.

[30] *Bitter*, ZBB 2007 S. 237 (243); *ders.*, ZIP 2008 S. 1095.

[31] *Bitter*, ZIP 2008 S. 1095; *ders.* ZIP 2008 S. 2155 (2157).

[32] Ähnlich: *Bitter*, ZIP 2008 S. 1095.

[33] Vgl. hierzu auch schon oben: D. II. 3. c) aa).

2. Indizien gegen die Angemessenheit einer Entgeltklausel

Gegen die Angemessenheit einer Klausel sprechen zunächst in erheblicher Art und Weise die bereits angesprochenen Nachteile der gesonderten Entgelterhebung in AGB.

Von einer Unangemessenheit der Klausel ist dabei stets auszugehen, wenn sich der Eindruck aufdrängt, der Verwender mache sich gerade diese Umstände zu Nutze. Dies ist der Fall, wenn es naheliegt, dass der Verwender mit der Erhebung des gesonderten Entgelts das Ziel verfolgt, den am Wettbewerb teilnehmenden Hauptpreis durch gesonderte, nicht am Wettbewerb teilnehmende Entgeltklauseln vom Kunden unbemerkt zu erhöhen.

Schließlich spricht es gegen die Angemessenheit einer Entgeltklausel, wenn die beschriebenen Nachteile durch bestimmte Umstände noch verstärkt werden. Hier ist die Möglichkeit zu nennen, dass der gesonderte bepreiste Geschäftsvorfall mehrfach während eines Vertragsverhältnisses auftritt und damit die verdeckte Verteuerung keiner Begrenzung unterliegt. Ebenfalls an dieser Stelle sind Entgeltklauseln zu nennen, die unabhängig vom Verhalten des Verwendungsgegners anfallen, da sie einen Geschäftsvorfall bepreisen, der durch das Verhalten des Verwenders oder Dritten ausgelöst wird. Zuletzt wird die sogenannte Preistransparenz umso stärker beeinträchtigt, je differenzierter und umfangreicher die Regelung von Entgelttatbeständen in einem Vertragsverhältnis ausfällt.[34]

IV. Ergebnis

Die Entscheidung über die Eröffnung der Inhaltskontrolle ist am Schutzgrund derselben auszurichten. Die danach entscheidende Frage ist, ob eine Entgeltklausel am Wettbewerb teilnimmt. Davon kann bei unbedingt anfallenden Entgelten ausgegangen werden, jedoch nicht bei nur möglicherweise zur Geltung kommenden Entgeltklauseln. Dogmatisch lässt sich die Eröffnung der Inhaltskontrolle nach diesen Maßstäben mit einer teleologischen Reduktion von § 307 Abs. 3 S. 1 BGB begründen. Im Rahmen der Angemessenheitskontrolle des § 307 BGB sind die sich aus der fehlenden Teilnahme der Entgeltklauseln am Wettbewerb ergebenden Nachteile gegen das Interesse des Verwenders an einer gesonderten Vergütung einer Tätigkeit abzuwägen.

---

[34] *Köndgen*, ZBB 1997 S. 117 (125).

I. Zusammenfassung

I. Allgemeine Überlegungen
zur Inhaltskontrolle Allgemeiner Geschäftsbedingungen

1. Die Inhaltskontrolle Allgemeiner Geschäftsbedingungen stellt einen Eingriff in die nach Art. 2 Abs. 1 bzw. Art. 14 GG geschützte Vertragsfreiheit des Verwenders dar. Dieser Eingriff kann nicht bereits dadurch gerechtfertigt werden, dass der Verwender die Vertragsgestaltungsfreiheit für sich alleine in Anspruch nimmt. Privatrechtssubjekte sind im Rechtsverkehr untereinander nicht gezwungen, dem anderen Teil inhaltliche Vertragsgestaltungsfreiheit einzuräumen. Eine andere Wertung lässt sich weder dem BGB noch dem Grundgesetz entnehmen. Das BGB setzt den frei ausgehandelten Vertrag nicht als Grundtypus voraus, vielmehr verhalten sich die § 145 ff. BGB diesbezüglich neutral. Entscheidend gegen die Annahme, dem anderen Teil sei inhaltliche Vertragsgestaltungsfreiheit einzuräumen, spricht indes die Möglichkeit des Verzichts auf Grundrechte. In jedem selbstbestimmten Abschluss eines inhaltlich von der anderen Partei vorgegebenen Vertrages müsste auch ein Verzicht auf die eigene Vertragsgestaltungsfreiheit gesehen werden. Die Inhaltskontrolle Allgemeiner Geschäftsbedingungen kann daher nur bei einer Beeinträchtigung der Vertragsabschlussfreiheit des Verwendungsgegners gerechtfertigt werden.

2. Diese Beeinträchtigung des Verwendungsgegners in seiner Abschlussfreiheit kann nicht in einer typischerweise gegenüber dem Verwender bestehenden sozialen, wirtschaftlichen oder intellektuellen Unterlegenheit gesehen werden. Eine solche Vermutung wird bereits den tatsächlichen Umständen des heutigen Rechtsverkehrs nicht gerecht. Denn zum einen akzeptieren auch Großkonzerne die AGB von wirtschaftlich schwächeren Geschäftspartnern ohne über diese zu verhandeln. Zum anderen werden AGB auch von Kleingewerbetreibenden verwendet, die auch einem Verbraucher weder sozial, wirtschaftlich noch intellektuell typischerweise überlegen sind. Diese Auffassung widerspricht vor allem aber den Wertungen der §§ 305 ff. BGB. Bei Annahme einer typischen Unterlegenheit des Verwendungsgegners ließe sich nicht erklären, warum individuell ausgehandelte Klauseln nach § 305 Abs. 1 S. 3 BGB sowie grundsätzlich auch Preisvereinbarungen nach § 307 Abs. 3 S. 1 BGB kontrollfrei bleiben.

3. Zutreffend wird das durch die Verwendung von AGB ausgelöste Schutzbedürfnis von der ganz herrschenden Ansicht im Schrifttum mit der Beeinträchtigung der Abschlussfreiheit durch ein partielles Marktversagen begründet. Allgemeine Geschäftsbedingungen werden in aller Regel aufgrund des Bestehens eines Infor-

mations- und Motivationsgefälles nicht zur Kenntnis genommen und sind daher den regulierenden Kräften des Wettbewerbs nicht ausgesetzt. Ein Informationsdefizit seitens des Verwendungsgegners besteht bereits deshalb, weil dieser erheblichen Aufwand treiben müsste, um die AGB zutreffend zu erfassen und diese mit den durch andere Anbieter gestellten Bedingungen zu vergleichen. Dabei besteht auch ein Motivationsgefälle, da der Verwender sein Klauselwerk für eine Vielzahl von Verträgen verwendet, während dieses für den Verwendungsgegner nur in einem einzigen Vertrag Bedeutung erlangt. Hinzu tritt, dass AGB zumeist hypothetisch eintretende Fälle regeln. Für den Verwender ist es aufgrund der mehrmaligen Verwendung statistisch nicht nur wahrscheinlicher, dass es für ihn einmal auf eine bestimmte Klausel ankommt, er kann im Gegensatz zum Verwendungsgegner aufgrund seiner Geschäftserfahrung auch die Wahrscheinlichkeit eines solchen Falles einschätzen. Die fehlende Kenntnisnahme durch den Verwendungsgegner ist zuletzt auch vor dem Grundsatz der Eigenverantwortlichkeit als legitim anzusehen. Ansonsten müsste der Verwendungsgegner Informationskosten tragen, die allein aufgrund des mit der Verwendung von AGB verfolgten Rationalisierungsinteresses des Verwenders entstehen.

II. Die Eröffnung der Inhaltskontrolle bei Entgeltklauseln

1. Nach allgemeiner Auffassung dient die von § 307 Abs. 3 S. 1 BGB aufgestellte Voraussetzung des Abweichens von Rechtsvorschriften einerseits dazu, die Kontrolle deklaratorischer Klauseln auszuschließen, zum anderen sollen damit Regelungen über das Preis- und Leistungsverhältnis einer AGB-rechtlichen Inhaltskontrolle entzogen werden. Die von der Rechtsprechung vorgenommene Abgrenzung von kontrollfreien Preishauptabreden und kontrollfähigen Preisnebenabreden entspricht im Grundsatz den gesetzlichen Vorgaben des § 307 Abs. 3 S. 1 BGB. Als Preisnebenabreden werden jedoch sowohl solche Klauseln bezeichnet, die nur mittelbare Auswirkungen auf Preis und Leistung haben als auch bestimmte Klauseln, die unmittelbar einen Preis für eine neben der Hauptleistung zu erbringende Tätigkeit festlegen. Auf die aus diesem Grund irreführende Bezeichnung als Preisnebenabrede sollte daher entweder gänzlich verzichtet werden, oder differenzierend von „echten" und „unechten Preisnebenabreden" gesprochen werden.

2. Ein Abweichen von Rechtsvorschriften i. S. d. § 307 Abs. 3 S. 1 BGB begründet der BGH bei Entgeltklauseln in ständiger Rechtsprechung mit einem Verstoß gegen einen Grundsatz des dispositiven Rechts, nach dem sich der Klauselverwender allgemeine Betriebskosten, Aufwand für die Erfüllung gesetzlich oder nebenvertraglich begründeter eigener Pflichten oder für sonstige Tätigkeiten, die er im eigenen Interesse erbringt, nicht gesondert vergüten lassen dürfe. Dieser Grundsatz lässt sich nicht dogmatisch überzeugend aus dem Gesetz herleiten. Insbesondere lässt sich dies nicht aus dem Fehlen gesetzlicher Anspruchsgrundlagen auf Erstattung des für die Erfüllung gesetzlicher Pflichten anfallenden Aufwands schließen.

Innerhalb eines Vertragsverhältnisses stellt es eine rechtlich unbedenkliche, wirtschaftliche Selbstverständlichkeit dar, dass auch für Tätigkeiten im eigenen Interesse anfallender Aufwand in den Preis der Hauptleistung einkalkuliert werden darf. Der Gesetzgeber hat daher keinen Grund, eigene Anspruchsgrundlagen auf Ersatz solcher Kosten zu schaffen, vielmehr würde dies einen ungerechtfertigten Eingriff in die privatautonome Entscheidung über die Kostenstruktur eines Angebots bedeuten. Damit kann aber aus dem Fehlen solcher Anspruchsgrundlagen nicht der Schluss gezogen werden, eine gesonderte Vergütung von Tätigkeiten im eigenen Interesse widerspräche den Wertungen des Gesetzgebers. Die nach dem BGH zudem fehlende sachliche Rechtfertigung der Erhebung eines Entgelts für Tätigkeiten im eigenen Interesse folgt aus dem Konsens der Vertragsparteien.

3. Dem Grundsatz des Verbots der gesonderten Vergütung einer Tätigkeit im eigenen Interesse kommt keine allgemeine Bedeutung zu. Vielmehr wurde dieser von der Rechtsprechung allein für die Frage der Eröffnung der Inhaltskontrolle entwickelt. Tatsächlich betrifft dieser die Frage, ob der Verwendungsgegner eine gesonderte Entgelterhebung dulden muss, obwohl er die AGB nicht zur Kenntnis genommen hat. Er stellt dabei auf die bei fehlender Kenntnisnahme der AGB bestehende Erwartungshaltung des Verwendungsgegners ab, nach der alle auf einer gesetzlichen oder nebenvertraglichen Verpflichtung beruhenden Tätigkeiten bzw. sonstigen im eigenen Interesse erbrachten Tätigkeiten mit dem Preis der Hauptleistung abgegolten seien.

4. Dabei bleibt jedoch außer Acht, dass Preisvereinbarungen nach der gesetzlichen Wertung des § 307 Abs. 3 S. 1 BGB deshalb grundsätzlich kontrollfrei bleiben, weil hier mit der Kenntnisnahme des Verwendungsgegners gerechnet werden kann und das für AGB typische partielle Marktversagen nicht zu befürchten ist. Die entscheidende Frage für die Eröffnung der Inhaltskontrolle muss daher sein, ob eine Entgeltregelung entgegen dieser gesetzlichen Vermutung ausnahmsweise nicht den regulierenden Kräften des Wettbewerbs ausgesetzt ist. Diese Frage wird durch den vom BGH entwickelten Grundsatz jedoch übergangen. Die Eröffnung der Inhaltskontrolle aufgrund eines Abweichens von diesem Grundsatz ist daher abzulehnen.

III. Bearbeitungsentgeltklauseln in Verbraucherdarlehensverträgen

1. Unabhängig von der Auslegung als Vergütung einer Tätigkeit im eigenen Interesse hält der BGH die Regelung eines laufzeitunabhängigen (Bearbeitungs-) Entgelts in einem Darlehensvertrag wegen eines Abweichens vom Leitbild des § 488 Abs. 1 S. 2 BGB für kontrollfähig nach § 307 Abs. 3 S. 1 BGB. Nach diesem Leitbild könne allein der Zins als laufzeitabhängiges Entgelt im synallagmatischen Verhältnis zur Hauptleistung des Darlehensgebers stehen. Dies lässt sich jedoch entgegen den Ausführungen des BGH weder aus dem Wortlaut der Vorschrift des

§ 488 BGB, ihrer amtlichen Überschrift noch aus der Gesetzgebungshistorie ableiten. Indes spricht insbesondere die Funktion der Vertragstypenregelungen im BGB gegen ein solches Leitbild. Diese verfolgen nicht den Zweck, die Hauptleistungspflichten verbindlich festzulegen. Vielmehr kommt diesen Vorschriften ein beschreibender Charakter zu, der die Zuordnung eines Vertrages zu einem gesetzlich geregelten Vertragstyp ermöglichen soll. Daneben spricht auch der Vergleich mit anderen Gebrauchsüberlassungsverträgen entscheidend gegen die Annahme eines solchen Leitbilds des § 488 Abs. 1 S. 2 BGB. Zuletzt kann dies auch vor dem Hintergrund der vom Gesetzgeber gewährleisteten Vertragsfreiheit nicht überzeugen.

2. Die im Rahmen der Eröffnung der Inhaltskontrolle vom BGH durchgeführte Abgrenzung zwischen einer kontrollfähigen Vergütung einer Tätigkeit im eigenen Interesse (unechte Preisnebenabrede) und einer kontrollfreien Sonderleistung zeigt, dass das Kriterium der Erbringung einer Leistung „im eigenen Interesse" in einem vertraglichen Austauschverhältnis untauglich ist. Dies gilt vor allem auch deshalb, weil deutlich wird, dass der BGH hier entgegen dem gewöhnlichen Begriffsverständnis im Privatrecht für die Beurteilung des Interesses nicht auf den objektiven Nutzen einer Tätigkeit, sondern auf die Motivation des Handelnden abstellt. Würde man auf den objektiven Nutzen abstellen, ließe sich mit guten Gründen vertreten, dass zumindest die ebenfalls mit dem Bearbeitungsentgelt vergütete Bonitätsprüfung im Interesse des Darlehensnehmers erfolgt.

3. Die Eröffnung der Inhaltskontrolle bei Bearbeitungsentgeltklauseln ist auch vor dem Hintergrund des durch AGB ausgelösten Schutzbedürfnisses abzulehnen. Bei Bearbeitungsentgeltklauseln ist bereits wegen des Fehlens des für AGB typischen Informations- und Motivationsgefälles anzunehmen, dass diese ausreichend zur Kenntnis genommen werden und am Wettbewerb um die Hauptleistung teilnehmen. Im Verbraucherbereich wird dies zusätzlich durch die Notwendigkeit einer ausdrücklichen Vereinbarung nach § 312a Abs. 3 S. 1 BGB und die Einbeziehung in den effektiven Jahreszins sichergestellt.

4. Im Rahmen der nach § 307 Abs. 1 S. 1 BGB durchzuführenden Interessenabwägung stützt sich der BGH überwiegend auf die Vermutungswirkung des § 307 Abs. 2 Nr. 1 BGB aufgrund des Abweichens von dem von ihm entwickelten Grundsatz bzw. von dem vermeintlichen Leitbild des § 488 Abs. 1 S. 2 BGB. Daneben nennt der BGH als Nachteil für den Darlehensnehmer bei vollständiger Vertragsdurchführung allein den Umstand, dass Bearbeitungsentgelte üblicherweise mitkreditiert werden. Da der mit einem Bearbeitungsentgelt vergütete Aufwand bereits vor Vertragsschluss anfällt, stellt es jedoch einen Vorteil für den Darlehensnehmer dar, wenn das Bearbeitungsentgelt nicht bereits bei Vertragsschluss, beispielsweise in Form eines Auszahlungsabschlags, fällig wird. Dieser Vorteil steht in einem angemessenen Verhältnis zu der aufgrund der Mitkreditierung des Bearbeitungsentgelts bestehenden Zinszahlungspflicht.

5. Bei vorzeitiger Vertragsbeendigung erhöht sich der vor Vertragsschluss anzugebende effektive Jahreszins, da das Bearbeitungsentgelt in voller Höhe beim

Darlehensgeber verbleibt. Eine vom BGH befürchtete Aushöhlung des jederzeitigen Ablösungsrechts nach § 500 Abs. 2 BGB ist damit jedoch nicht verbunden. Es ist bereits rein tatsächlich fraglich, ob der durchschnittliche Darlehensnehmer sich von einer vorzeitigen Ablösung abhalten ließe, allein weil er das ohnehin zu zahlende Bearbeitungsentgelt nicht anteilig erstattet bekommt. Aus der Regelung des § 501 BGB lässt sich zudem aber schließen, dass der Gesetzgeber allein in der Vereinbarung laufzeitunabhängiger Kosten keine Gefährdung des jederzeitigen Ablösungsrechts sieht. Dies bestätigt zudem der Vergleich mit der Regelung des § 308 Nr. 7 BGB, nach der eine Gefährdung von Rücktritts- und Kündigungsrechten nur anzunehmen ist, wenn der nicht zu erstattende Betrag unangemessen hoch ist.

6. Für die Angemessenheit der Erhebung von Bearbeitungsentgeltklauseln sprechen indes gute Gründe. Zum einen ist die Erhebung eines laufzeitunabhängigen Entgelts, das bei vorzeitiger Vertragsbeendigung auch nicht anteilig erstattet wird, sachlich gerechtfertigt, da auch der damit vergütete Aufwand unabhängig von der Vertragslaufzeit bereits bei Vertragsschluss anfällt. Zudem führt das Verbot der Erhebung von Bearbeitungsentgelten im Ergebnis zu einer unnötigen Verteuerung der Kredite gerade für diejenigen Kreditnehmer, die den Vertrag vereinbarungsgemäß bis zu ihrem Ende durchführen.

IV. Bearbeitungsentgeltklauseln in Unternehmerdarlehensverträgen

1. Die verbreitete Annahme einer im Rahmen der Inhaltskontrolle generell geringeren Schutzwürdigkeit von Unternehmern ist abzulehnen. Das durch AGB ausgelöste Schutzbedürfnis, das in einer Beeinträchtigung der Abschlussfreiheit durch ein partielles Marktversagen begründet ist, besteht typischerweise auch gegenüber Unternehmern. Daneben lässt bereits der weite Unternehmerbegriff des § 14 Abs. 1 BGB die Annahme eines einheitlichen Schutzbedürfnisses nicht zu. Die Besonderheiten des unternehmerischen Rechtsverkehrs können nach § 310 Abs. 1 S. 2 Hs. 2 BGB im Rahmen der Inhaltskontrolle ausreichend berücksichtigt werden. Das vom Gesetzgeber außerhalb des Rechts der AGB geschaffene unterschiedliche Schutzniveau für Verbraucher und Unternehmer bleibt durch das Kriterium des Abweichens von Rechtsvorschriften in § 307 Abs. 3 S. 1 BGB und der entsprechend auszulegenden Regelung in § 307 Abs. 2 Nr. 1 BGB gewahrt.

2. Auf dem Boden der Rechtsprechung des BGH zu Verbraucherdarlehensverträgen ist auch bei der Verwendung von Bearbeitungsentgeltklauseln gegenüber Unternehmern von der Eröffnung der Inhaltskontrolle auszugehen. Der vom BGH entwickelte Grundsatz des Verbots der Erhebung einer gesonderten Vergütung für Tätigkeiten im eigenen Interesse sowie das vermeintliche gesetzliche Leitbild des § 488 Abs. 1 S. 2 BGB gelten konsequenterweise auch gegenüber Unternehmern. Die im Schrifttum zudem vorgebrachte Annahme, das Bearbeitungsentgelt stelle

im Unternehmerbereich die Vergütung einer kontrollfreien Sonderleistung dar, ist nicht tragfähig.

3. Die in der Literatur vorgetragenen Argumente für die im Unterschied zum Verbraucherbereich im Rahmen der Interessenabwägung nach § 307 BGB anzunehmende Angemessenheit der Erhebung eines Bearbeitungsentgelts gegenüber Unternehmern können nicht überzeugen. Diese stellt sich nicht als Handelsbrauch oder sonstige Besonderheit des unternehmerischen Rechtsverkehrs i. S. v. § 310 Abs. 1 S. 2 Hs. 2 BGB dar. Die Annahme eines Handelsbrauchs ist bereits deshalb abzulehnen, da nicht davon ausgegangen werden kann, dass ein Unternehmer auch ohne entsprechende Vereinbarung ein Bearbeitungsentgelt leisten würde. Eine Besonderheit des unternehmerischen Rechtsverkehrs liegt nicht vor, weil Bearbeitungsentgeltklauseln gleichermaßen gegenüber Verbrauchern vereinbart wurden.

4. Eine unangemessene Benachteiligung des Darlehensnehmers i. S. v. § 307 BGB durch die Vereinbarung von Bearbeitungsentgeltklauseln gründet der BGH im Unternehmerbereich jedoch allein auf die Vermutungswirkung des § 307 Abs. 2 Nr. 1 BGB. Diese beruht auf dem Abweichen vom abzulehnenden Grundsatz des Verbots der Erhebung einer gesonderten Vergütung für Tätigkeiten im eigenen Interesse und (widersprüchlicher Weise) auf dem Abweichen vom ebenfalls abzulehnenden gesetzlichen Leitbild des § 488 Abs. 1 S. 2 BGB. Eine Aushöhlung des allein verbraucherschützenden Ablösungsrechts nach § 500 Abs. 2 BGB steht hier dagegen mangels Anwendbarkeit bereits nicht zu befürchten. Auch eine Mitfinanzierung des Bearbeitungsentgelts war in den zu entscheidenden Fällen nicht einschlägig.

V. Bearbeitungsentgeltklauseln in besonderen Darlehensverträgen

1. In Kontokorrentkreditverträgen ist erst Recht von der zulässigen Erhebung von Bearbeitungsentgeltklauseln auszugehen. Die entscheidende Besonderheit besteht hier in der Möglichkeit, dass der Kunde das Darlehen überhaupt nicht oder nur für einen sehr kurzen Zeitraum in Anspruch nimmt. Aus diesem Grund ist es den Banken von vornherein nicht möglich den durch das Bearbeitungsentgelt vergüteten Aufwand kostendeckend in den laufzeitabhängigen Zins einzurechnen. Dieser Aufwand entsteht der Bank jedoch unabhängig davon, ob und für welchen Zeitraum das Darlehen tatsächlich in Anspruch genommen wird. Dagegen dürfte auch unter Berücksichtigung der Rechtsprechung des BGH die formularmäßige Vereinbarung eines laufzeitunabhängigen und als solches bezeichneten Bereitstellungsentgelts zulässig bleiben. Ein solches bleibt je nach Betrachtungsweise als Vergütung der Hauptleistung unter einem Krediteröffnungsvertrag oder als Vergütung einer Sonderleistung in einem einheitlichen Darlehensvertrag kontrollfrei.

2. Die Interessenlage bei Kontokorrentkrediten entspricht auch derjenigen bei Avalkrediten. Selbst wenn man die Inhaltskontrolle überhaupt als eröffnet ansieht,

wäre hier aus denselben Gründen jedenfalls von der Angemessenheit der Erhebung eines Bearbeitungsentgelts auszugehen. Aufgrund der Einordnung des Avalkredits als Geschäftsbesorgungsvertrag i. S. v. § 675 BGB lässt sich ein Abweichen von Rechtsvorschriften i. S. v. § 307 Abs. 3 S. 1 BGB nicht auf das vermeintliche Leitbild des § 488 Abs. 1 S. 2 BGB stützen. Bei entsprechender Bezeichnung dürfte daher hier die Vereinbarung eines laufzeitunabhängigen Entgelts für die Hauptleistung kontrollfrei bleiben.

3. Auf dem Boden der bisherigen Rechtsprechung ist davon auszugehen, dass die Erhebung von Bearbeitungsentgeltklauseln nach Auffassung des BGH auch in Konsortialkreditverträgen unwirksam ist. Höchstwahrscheinlich wird der BGH auch hier vertreten, der Wortlaut „Bearbeitungsgebühr" bzw. „Bearbeitungsentgelt" stehe nicht im Zusammenhang mit dem besonderen Aufwand, der bei einem Konsortialkreditvertrag anfällt und daher von der Vergütung einer Tätigkeit im eigenen Interesse der Bank ausgehen. Eine kontrollfreie Sonderleistung dürfte indes vorliegen, wenn die Bank durch entsprechende Formulierung ausdrücklich den aus der Konsortialführung resultierenden Aufwand zum Zweck einer Entgeltklausel erhebt (Arrangierungsgebühr/-provision).

4. Im Ergebnis zutreffend hat der BGH Bearbeitungsentgeltklauseln in Förderdarlehensverträgen als zulässig erachtet. Selbst wenn Hausbanken zur Weitergabe der in den Förderrichtlinien aufgestellten Vertragsbedingungen an die Endkunden verpflichtet sind, handelt es sich um AGB. Weder die Förderrichtlinien noch die Förderzusage als Verwaltungsakt stellen dabei einen Erlaubnistatbestand dar, der diese Bedingungen der Inhaltkontrolle nach § 307 Abs. 3 S. 1 BGB entziehen würde. Nach den vom BGH entwickelten Grundsätzen sind Bearbeitungsentgeltklauseln daher auch in Förderdarlehensverträgen auf ihre Angemessenheit zu prüfen. Die Ausführungen des BGH, nach denen sich die Angemessenheit aus den wirtschaftlichen Vorteilen eines solchen Vertrags im Übrigen ergebe, stehen jedoch im Widerspruch zu seiner eigenen Rechtsprechung. In anderen Darlehensverträgen wurde die Berücksichtigung wirtschaftlicher Vorteile, wie insbesondere die Ermöglichung eines niedrigeren Sollzinssatzes, stets mit dem sogenannten Preisargument abgelehnt.

5. Die Eröffnung der Inhaltskontrolle auch bei Bearbeitungsentgeltklauseln in Bausparverträgen stellt sich als konsequente Anwendung der vom BGH entwickelten Grundsätze dar. Im Rahmen der Angemessenheitsprüfung sprechen aber auch hier besondere Gründe dafür, erst Recht von der Zulässigkeit der Entgelterhebung auszugehen. Die vom BGH als Alternative zur Erhebung laufzeitunabhängiger Gebühren vorgegebene Umlage auf den laufzeitabhängigen Zins widerspricht dem betriebswirtschaftlichen Ziel einer verursachungsgerechten Bepreisung. Die Rechtsprechung des BGH zwingt die Banken damit zu einer Quersubventionierung zu Lasten vertragstreuer Kunden. Dies ist bereits in gewöhnlichen Darlehensverträgen nicht nachvollziehbar, erst Recht muss dies aber im Kollektivsystem der Bausparer gelten.

VI. Alternativer Ansatz zur Kontrolle von Entgeltklauseln

1. Nach den Ergebnissen der Untersuchung sind die von der Rechtsprechung angewendeten Grundsätze zur Kontrolle von Entgeltklauseln, die unmittelbar einen Preis festsetzen, zu verwerfen. Stattdessen ist ausgehend vom Schutzgrund der Inhaltskontrolle danach zu fragen, ob eine Entgeltklausel aufgrund ausreichender Kenntnisnahme am Wettbewerb teilnimmt oder nicht. Dogmatisch lässt sich die Eröffnung der Inhaltskontrolle nach dieser Maßgabe auf eine teleologische Reduktion von § 307 Abs. 3 S. 1 BGB stützen. Diesem liegt neben dem Ausschluss deklaratorischer Klauseln der Gedanke zugrunde, dass Preisvereinbarungen ausreichend beachtet werden, am Wettbewerb teilnehmen und daher keiner Kontrolle bedürfen. Soweit dies bei Entgeltvereinbarungen jedoch nicht zu erwarten ist, ist der Normzweck von § 307 Abs. 3 S. 1 BGB nicht erfüllt. In diesem Fall kann eine Entgeltklausel der Inhaltskontrolle unterworfen werden, ohne dass es auf ein „Abweichen von Rechtsvorschriften" im Sinne von § 307 Abs. 3 S. 1 BGB ankäme.

2. Ausgehend von diesen Grundsätzen ist bei unbedingt anfallenden Entgelten aufgrund des Fehlens des für die Verwendung von AGB typischen Informations- und Motivationsgefälles von deren Marktteilnahme auszugehen. Derartige Entgeltregelungen sind einer Inhaltskontrolle daher entzogen. Dagegen ist bei nur möglicherweise zur Geltung kommenden Entgeltklauseln davon auszugehen, dass diese nicht ausreichend beachtet werden. Solche Entgeltklauseln unterfallen damit der Inhaltskontrolle, soweit nicht aus besonderen Gründen doch von ihrer Teilnahme am Wettbewerb auszugehen ist.

3. Das Ergebnis der Inhaltskontrolle wird nach diesem Ansatz nicht durch die Vermutungswirkung des § 307 Abs. 2 Nr. 1 BGB wegen Abweichens von einem nicht existierenden Grundsatz des dispositiven Rechts vorgezeichnet. Im Rahmen der Angemessenheitsprüfung sind die sich aus der gesonderten Erhebung eines Entgelts in AGB ergebenden Nachteile zu berücksichtigen. Diese bestehen zum einen darin, dass sich ein vermeintlich günstiger Hauptpreis durch die vom Kunden nicht beachtete Vereinbarung gesonderter Entgelte während der Vertragslaufzeit erheblich verteuern kann. Zudem ist fraglich, ob der in der jeweiligen Entgeltregelung festgelegte Preis in einem angemessenen Verhältnis zu der damit zu vergütenden Tätigkeit steht, da dieser nicht den Kräften des Wettbewerbs ausgesetzt ist. Mit diesen Nachteilen ist das grundsätzlich bestehende Recht des Verwenders, seine Preis- und Kostenstruktur selbstbestimmt festzulegen, in Abwägung zu bringen.

Literaturverzeichnis

AnwaltKommentar AGB-Recht, *Niebling*, Jürgen (Hrsg.) 2. Auflage, Bonn 2014.

Artz, Markus: Anmerkung zu BGH, NJW 2017 S. 1461, NJW 2017, S. 1467.

Bartlitz, David: Die Kündbarkeit von Bausparverträgen, ZfPW 2017 S. 109–128.

Basedow, Jürgen: Das BGB im künftigen europäischen Privatrecht: Der hybride Kodex: Systemsuche zwischen nationaler Kodifikation und Rechtsangleichung, AcP 200 (2000), S. 445–492.

Baumbach/Hopt, Handelsgesetzbuch Kommentar, *Baumbach*, Adolf (Begr.)/*Hopt*, Klaus/*Kumpan*, Christoph/*Merkt*, Hanno/*Roth*, Markus (Bearb.), 38. Auflage, München 2018.

Beaucamp, Guy/*Treder*, Lutz (Hrsg.): Methoden und Technik der Rechtsanwendung, 3. Auflage, Heidelberg 2015.

Becker, Felix: Die Reichweite der AGB-Inhaltskontrolle im unternehmerischen Geschäftsverkehr aus teleologischer Sicht, JZ 2010, S. 1098–1106.

Becker, Roman A./*Dreyer*, Lisa: AGB-rechtliche Zulässigkeit von Gebührenklauseln in Konsortialkreditverträgen, ZIP 2014, S. 2057–2067.

BeckOK BGB, Beck'scher Online-Kommentar BGB, *Bamberger*, Georg/*Roth*, Herbert/*Hau*, Wolfgang/*Poseck*, Roman (Hrsg.), 48. Edition, München 2018.

BeckOK GG, Beck'scher Online-Kommentar Grundgesetz, *Epping*, Volker/*Hillgruber*, Christian (Hrsg.), 39. Edition, München 2018.

BeckOK HGB, Beck'scher Online-Kommentar HGB, *Häublein*, Martin/*Hoffmann-Theinert*, Roland (Hrsg.), 22. Edition, München 2018.

Berger, Klaus Peter: Für eine Reform des AGB-Rechts im Unternehmerverkehr NJW 2010, S. 465–470.

Berger, Henning/*Rübsamen*, Katrin: Verfassungsrechtliche Grenzen der gerichtlichen Kontrolle von Klauseln über Bearbeitungsentgelte in Verbraucherkreditvertägen, WM 2015, S. 1877–1882.

Billing, Tom: Zur AGB-rechtlichen Zulässigkeit eines Bearbeitungsentgelts bei Darlehensverträgen – Teil I –, WM 2015, S. 1777–1785.

Billing, Tom: Zur AGB-rechtlichen Zulässigkeit eines Bearbeitungsentgelts bei Darlehensverträgen – Teil II –, WM 2015, S. 1829–1838.

Bitter, Georg: Bankpraxis zwischen Recht und Wirtschaft, ZBB 2007, 237–257.

Bitter, Georg: Abschlussgebühren bei Bauspardarlehensverträgen – Sind wir auf dem Weg zu einer richterlichen Preisgestaltungskontrolle? ZIP 2008, S. 1095.

Bitter, Georg: Echter und scheinbarer Verbraucherschutz in der Bankpraxis – Replik auf Strube, Die Magie des Marktes – und wie Verbraucherschutz diesen fördert, ZIP 2008, 2153, ZIP 2008 S. 2155–2158.

Bitter, Georg/*Linardatos*, Dimitrios: Der Banksenat des BGH hat gesprochen: Ende der Vertragsfreiheit und Zwang zur Ineffizienz im Darlehensrecht! ZIP 2018, S. 1203.

Bitter, Georg/*Linardatos*, Dimitrios: Erdachte Leitbilder im Darlehensrecht, Von Holzwegen und rhetorischen Tricks in der Rechtsprechung des XI. Zivilsenats des BGH, ZIP 2018, S. 2249–2254.

Bunte, Hermann-Josef: Zehn Jahre AGB-Gesetz – Rückblick und Ausblick NJW 1987, S. 921–928.

Cahn, Andreas: Inhaltskontrolle von Überziehungsentgelten in Banken-AGB – Zugleich Besprechung der Entscheidungen des LG Dortmund vom 30.1.2009 – 8 O 201/08 – und des LG Frankfurt a. M. vom 13.5.2009 – 2–02 O 3/09 und 2–02 O 51/09 –, WM 2010, S. 1197–1207.

Calliess, Christian/*Ruffert*, Matthias (Hrsg): EUV/AEUV Das Verfassungsrecht der Europäischen Union mit Europäischer Grundrechtecharta. Kommentar, 5. Auflage, München 2016.

Canaris, Claus-Wilhelm: Zinsberechnungs- und Tilgungsverrechnungsklauseln beim Annuitätendarlehen, Zugleich ein Beitrag zur Abgrenzung von § 8 und § 9 AGB-Gesetz, NJW 1987, S. 609–617.

Canaris, Claus-Wilhelm: Verfassungs- und europarechtliche Aspekte der Vertragsfreiheit in der Privatrechtsgesellschaft, Festschrift für Peter Lerche zum 65. Geburtstag 1993, S. 873–892.

Canaris, Claus-Wilhelm: Wandlungen des Schuldvertragsrechts – Tendenzen zu einer „Materialisierung", AcP 200 (2000), S. 237–364.

Casper, Matthias: Anmerkung zu BGH, Urteil vom 13.05.2014 – XI ZR 405/12, EWiR 2014, S. 437–438.

Casper, Matthias/*Möllers*, Caroline: Kennt der Darlehensvertrag nur Zinsen? – Überlegungen anlässlich der aktuellen Debatte um die AGB-rechtliche Zulässigkeit von Bearbeitungsentgelten, BKR 2014, S. 59–69.

Casper, Matthias/*Möllers*, Caroline: Zulässigkeit von Bearbeitungsentgelten bei gewerblichen Darlehensverträgen, WM 2015, S. 1689–1699.

Coester-Waltjen, Dagmar: Die Inhaltskontrolle von Verträgen außerhalb des AGBG, AcP 190 (1990), S. 1–33.

Dauner-Lieb, Barbara/*Axer*, Constantin: Quo vadis AGB-Kontrolle im unternehmerischen Geschäftsverkehr, ZIP 2010, S. 309–314.

Ebenroth, Carsten Thomas/*Boujong*, Karlheinz (Begr.)/*Joost*, Detlev (Begr. u. Hrsg)/*Strohn*, Lutz (Hrsg.), Handelsgesetzbuch. Band II, 3. Auflage, München 2015.

Edelmann, Hervé: Der Bundesgerichtshof als „Preispolizei"! Die „undogmatische" Billigkeitsrechtsprechung des Bundesgerichtshofs zu Bankentgelten am Beispiel des Bearbeitungsentgelts, Festschrift für Rolf A. Schütze zum 80. Geburtstag 2014, S. 57–68.

Edelmann, Hervé: Anmerkung zu LG Frankfurt a. M., Urt. v. 06.03.2015 – 2–19 O 285/14, WM 2015, S. 1715.

Eith, Wolfgang: Zum Schutzbedürfnis gegenüber Allgemeinen Geschäftsbedingungen, NJW 1974, S. 16–20.

Erman BGB, Kommentar, *Westermann*, Harm Peter/*Grunewald*, Barbara/*Maier-Reimer*, Georg (Hrsg.), Band I, 15. Auflage 2017.

Esser, Josef/*Schmidt*, Eike: Schuldrecht, Band I Allgemeiner Teil, Teilband 1, Entstehung, Inhalt und Beendigung von Schuldverhältnissen, 8. Auflage, Heidelberg 1995.

Fastrich, Lorenz: Richterliche Inhaltskontrolle im Privatrecht, Habilitationsschrift, München 1992.

Feldhusen, Claire: Bearbeitungsgebühren bei Förderdarlehen, WM 2015, S. 1397–1406.

Fischer, Reinfrid: Unwirksamkeit formularmäßiger Bearbeitungsentgelte auch in Darlehensverträgen mit Unternehmern, Anmerkung zum Urteil des OLG Frankfurt a. M. vom 13.04.2016 – 19 U110/15, EWiR 2017 S. 3–4.

Flick, Martin: Anmerkung zu BGH: Darlehensgebühr in AGB gegenüber Verbrauchern ist unwirksam, GWR 2017 S. 182.

Freise, Agnes: Kündigungsrechte von Bausparkassen – Zugleich Anmerkung zu den Urteilen des BGH vom 21.02.2017 – XI ZR 185/16 und XI ZR 272/16, BKR 2017 S. 229–236.

Früh, Andreas: Vergütungsanspruch von Banken bei gesetzlich auferlegten Pflichten – Widerspruch zum BGH-Urteil vom 15. Juli 1997 –, WM 1998, S. 63–66.

Godefroid, Christoph: Zulässigkeit von Bearbeitungsgebühren bei Verbraucherkrediten, ZIP 2011, S. 947–950.

Gottschalk, Eckart: Das Transparenzgebot und Allgemeine Geschäftsbedingungen, AcP 206 (2006), S. 555–597.

Greubel, Marco: Regelungen zum Bearbeitungsentgelt in Kreditverträgen durch Allgemeine Geschäftsbedingungen, Dissertation, Berlin 2018.

Guggenberger, Leonid: Nebenentgelte im Bankgeschäft, AGB-Kontrolle und Markttransparenz, BKR 2017, S. 1–7.

Habersack, Matthias: Richtigkeitsgewähr notariell beurkundeter Verträge, AcP 189 (1989), S. 403–424.

Habersack, Matthias: Vertragsfreiheit und Drittinteressen: eine Untersuchung zu den Schranken der Privatautonomie unter besonderer Berücksichtigung der Fälle typischerweise gestörter Vertragsparität, Dissertation, Berlin 1992.

Habersack, Matthias: Das Abschlussentgelt bei Bausparverträgen – ein Fall für das AGB-Recht? WM 2008, S. 1857–1862.

Haertlein, Lutz: Die AGB-rechtliche Bewertung von Darlehensentgelten in Bausparverträgen WM 2014, S. 189–201.

Haertlein, Lutz: Die Wirksamkeit von Darlehensgebührenklauseln in Allgemeinen Bedingungen für Bausparverträge – zugleich eine Anmerkung zu LG Heilbronn, Urt. v. 21.5.2015 – Bi 6 O 50/15, BKR 2015, S. 505–509.

HK BGB, Bürgerliches Gesetzbuch, Handkommentar, *Schulze*, Reiner u. a. (Hrsg.), 10. Auflage, Baden-Baden 2019.

Hanke, Kerstin/*Socher*, Oliver: Fachbegriffe aus M & A und Corporate Finance Syndizierung von Krediten, NJW 2010, S. 1435–1436.

Hanke, Kerstin/*Socher*, Oliver: Keine Gleichbehandlung von Unternehmern und Verbrauchern bei der Rückforderung von Bearbeitungsentgelten, WM 2015, S. 1313–1319.

Hoeren, Thomas: Anmerkung zum Urteil des Landgerichts Heilbronn v. 12.3.2009 – 6 O 341/08, EWiR 2009, S. 261–262.

Hofauer, Sebastian: Bankentgelte – Was dürfen Banken berechnen und was nicht? BKR 2015, S. 397–407.

Hellwege, Philipp: Allgemeine Geschäftsbedingungen, einseitig gestellte Vertragsbedingungen und die allgemeine Rechtsgeschäftslehre, Habilitationsschrift, Tübingen 2010.

Hellwege, Philipp: Die §§ 307–309 BGB enthalten zwei Formen der Inhaltskontrolle, JZ 2015, S. 1130–1138.

Herresthal, Carsten: Anmerkung zu BGH, Urteil vom 08.11.2016 – XI ZR 552/15, LMK 2017, 386901.

Hertel, Christian: Vereinbarung einer Bearbeitungsgebühr für Privatkredit im Darlehensvertrag sowie im Preis- und Leistungsverzeichnis, Anmerkung zum Urteil des AG Offenbach vom 04.07.2012 – 380 C 33/12, jurisPR-BKR 10/2012 Anmerkung 4.

Hertel, Christian: Wirksame Vereinbarung eines Bearbeitungsentgelts bei gewerblichen Darlehen, Anmerkung zum Urteil des LG Kleve vom 18.08.2015 – 4 O 13/15, jurisPR-BKR 2/2016 Anmerkung 4.

Herweg, Christian/*Fürtjes*, Katharina: Bearbeitungsentgeltklauseln von Banken gegenüber Unternehmern, ZIP 2015, S. 1261–1269.

Horn, Norbert: Die richterliche Kontrolle von Entgeltklauseln nach dem AGB-Gesetz am Beispiel der Kreditwirtschaft, WM 1997, Sonderbeilage Nr. 1, S. 3–23

Jarass, Hans D./*Pieroth*, Bodo (Hrsg.): Grundgesetz für die Bundesrepublik Deutschland, Kommentar, 15. Auflage, München 2018.

Jauernig Bürgerliches Gesetzbuch, *Stürner*, Rolf (Hrsg.), 17. Auflage, München 2018.

John, Pascal: Anmerkung zu BGH, Urt. v. 17.04.2018 – XI ZR 238/16, EWiR 2018, S. 481–482.

Joost, Detlev: Der Ausschluss der Inhaltskontrolle bei Entgeltregelungen in Allgemeinen Geschäftsbedingungen, ZIP 1996, S. 1685–1693.

Josenhans, Michael/*Danzmann*, Max/*Lübbehüsen*, Georg: Kautelarjuristische Gestaltungsoptionen bei Gebührenvereinbarungen für Konsortialkreditfinanzierungen – Implikationen der BGH-Rechtsprechung zu AGB-Bearbeitungsentgelten, BKR 2018, S. 142–148.

juris Praxiskommentar BGB, *Junker*, Markus/*Beckmann*, Roland Michael/*Rüßmann*, Helmut (Hrsg.), Band 2 – Schuldrecht, 8. Auflage, Saarbrücken 2017.

Kessel, Christian/*Stomps*, Andreas: Haftungsklauseln im Geschäftsverkehr zwischen Unternehmern – Plädoyer für eine Änderung der Rechtsprechung, BB 2009, S. 2666–2675.

Klanten, Thomas: Anmerkung zu BGH, Urt. v. 06.06.2000 – IX ZR 206/99, DStR 2000, S. 2103

Knops, Kai-Oliver: Bankentgelte in der AGB-Kontrolle, ZBB 2010, S. 479–485.

Koch, Jens: Bearbeitungsentgelte im Kreditgeschäft – ein Blick nach vorn WM 2016, S. 717–726.

Koller, Ingo: Transparenzgebot und Allgemeine Geschäftsbedingungen, Festschrift für Ernst Steindorff zum 70. Geburtstag 1990, S. 667–686.

Koller, Ingo/*Kindler*, Peter/*Roth*, Wulf-Henning/*Morck*, Winfried (Hrsg.): Handelsgesetzbuch Kommentar, 8. Auflage 2015.

Kommentar zum Kreditrecht, Praxiskommentar zum Darlehens- und Kreditsicherungsrechts des BGB, *Nobbe*, Gerd (Hrsg.), Band I und II, 3. Auflage, Heidelberg 2018.

Köndgen, Johannes: Grund und Grenzen des Transparenzgebots im AGB-Recht, Bemerkungen zum „Hypothekenzins-" und zum „Wertstellungs-Urteil" des BGH, NJW 1989, S. 943–952.

Köndgen, Johannes: Ökonomie und Recht kreditwirtschaftlicher Entgeltgestaltung, ZBB 1997, S. 117–216.

König, Christian M.: AGB-Kontrolle bei ausgehandelten Verträgen? BJR 2011 S. 133–138.

Kötz, Hein: Der Schutzzweck der AGB-Kontrolle – Eine rechtsökonomische Skizze, JuS 2003, S. 209–214.

Krepold, Hans-Michael: Die Wirksamkeit der Vereinbarung eines Abschlussentgelts bei Bausparverträgen – zugleich Anmerkung zu OLG Stuttgart v. 3.12.2009 – 2 U 30/09, BKR 2010, S. 108–111.

Kropf, Christian: Der Auszahlungsabschlag bei Förderkrediten, BKR 2015 S. 60–65.

Kropf, Christian: Anmerkung zu BGH, Urt. v. 17.04.2018 – XI ZR 238/16; BKR 2018 S. 423–425.

Kropf, Christian/*Habl*, Rouben: Aktuelle Entwicklungen zur Zulässigkeit von Bankentgelten, BKR 2012, S. 141–145.

Kropf, Christian/*Habl*, Rouben: Aktuelle Entwicklungen zur Zulässigkeit von Bankentgelten, BKR 2013, S. 103–108.

Kropf, Christian/*Habl*, Rouben: Aktuelle Entwicklungen zur Zulässigkeit von Bankentgelten BKR 2015, S. 316–322.

Krüger, Thomas/*Bütter*, Michael: Recht der Bankentgelte: Nebenentgelte im Kreditgeschäft, WM 2005, S. 673–681.

Kümpel, Siegfried (Begr.)/*Wittig*, Arne (Hrsg.): Bank- und Kapitalmarktrecht, 4. Auflage, Köln 2011.

Larenz, Karl: Lehrbuch des Schuldrechts, Erster Band Allgemeiner Teil, 14. Auflage, München 1987.

Larenz, Karl/*Canaris*, Claus-Wilhelm: Lehrbuch des Schuldrechts, Band II/2 Besonderer Teil, 13. Auflage, München 1994

Lang, Volker/*Schulz*, Stephan: Bearbeitungsentgelt bei gewerblichen Darlehen – ein Fall des § 307 BGB? – WM 2015, S. 2173–2181.

Lentz, Mareike: Anmerkung zum Urteil des Landgerichts Heilbronn v. 12.3.2009 – 6 O 341/08, BKR 2009, S. 214.

Leuschner, Lars: Gebotenheit und Grenzen der AGB-Kontrolle: Weshalb M&A-Verträge nicht der Inhaltskontrolle der §§ 305 ff. BGB unterliegen, AcP 207 (2007), S. 491–529.

Leuschner, Lars: AGB-Kontrolle im unternehmerischen Verkehr, JZ 2010, S. 875–884.

Linker, Jörg: Die Rechtmäßigkeit der Entgelte der Banken im bargeldlosen Zahlungsverkehr, Dissertation, Köln 2004.

Löwe, Walter: Der Schutz des Verbrauchers vor Allgemeinen Geschäftsbedingungen – eine Aufgabe für den Gesetzgeber, Festschrift für Larenz zum 70. Geburtstag 1973, S. 373–403.

Lwowski, Hans-Jürgen/*Tetzlaff*, Christian: Verjährung der Aufwendungsersatzansprüche einer Bank aus einem „Avalkredit", WM 2000 S. 761–764.

Maier-Reimer, Georg: AGB-Recht im unternehmerischen Rechtsverkehr – Der BGH überdreht die Schraube, NJW 2017, S. 1–6.

Mann, Marius: Die Einbeziehung von AGB in Verträgen zwischen Unternehmern, BB 2017, S. 2178–2184.

Maunz, Theodor/*Dürig*, Günter (Begr.)/*Herzog*, Roman/*Herdegen*, Matthias/*Klein*, Hans H./ *Scholz*, Rupert (Hrsg.): Grundgesetz Kommentar, Band I, 84. Ergänzungslieferung, München 2018.

Mehringer, Wolfgang/*Becher*, Johann G.G/*Piekenbrock*, Andreas (Hrsg.): Bankentgelte, Nationale, europäische und bankpraktische Aspekte, 1. Auflage 2014.

MüKo BGB, Münchener Kommentar zum Bürgerlichen Gesetzbuch, *Säcker*, Franz Jürgen/ *Rixecker*, Roland/*Oetker*, Hartmut/*Limperg*, Bettina (Hrsg.), Band I–IV; V/2–VI, 7. Auflage, München 2016/2017/2018 sowie tlw. 8. Auflage, München 2018/2019.

MüKo HGB, Münchener Kommentar zum Handelsgesetzbuch, *Schmidt*, Karsten (Hrsg.), Band V, 4. Auflage, München 2018.

Mülbert, Peter O./*Grimm*, Annemarie: Der Kontokorrentkredit als Gelddarlehensvertrag – rechtsdogmatische Vereinfachungen und praktische Konsequenzen, WM 2015, S. 2217–2226.

Müller, Werner: Plädoyer für eine weniger starre AGB-Kontrolle im unternehmerischen Geschäftsverkehr am Beispiel des Gewerberaummietrechts, NZM 2016, S. 185–192.

Müller, Werner/*Griebeler*, Carsten/*Pfeil*, Julia: Für eine maßvolle AGB-Kontrolle im unternehmerischen Geschäftsverkehr, BB 2009, S. 2658–2665.

Müller, Werner/*Marchant*, Kathrin/*Eilers*, Frieso: Gestaltungsmöglichkeiten bei der Vereinbarung von laufzeitunabhängigen Bearbeitungsentgelten bei Unternehmerdarlehen, BB 2017, S. 2243–2247.

Münchener Handbuch des Gesellschaftsrechts, *Gummert*, Hans/*Weipert*, Lutz (Hrsg.), Band 1: BGB-Gesellschaft, 5. Auflage 2019.

NK-BGB, Nomos Kommentar BGB, *Dauner-Lieb*, Barbara/*Langen*, Werner (Hrsg.), Band 2/1 Schuldrecht, 3. Auflage, Baden-Baden 2016.

Nobbe, Gerd: Zulässigkeit von Bankentgelten, WM 2008, S. 185–194.

Nobbe, Gerd: Anmerkung zu BGH, Urt. v. 04.07.2017 – XI ZR 233/16, WuB S. 73.

Oetker, Hartmut (Hrsg.): Handelsgesetzbuch Kommentar, 5. Auflage, München 2017.

Palandt, Otto (Begr.): Bürgerliches Gesetzbuch: BGB, 78. Auflage, München 2019.

Pfeiffer, Thomas: Entwicklungen und aktuelle Fragestellungen des AGB-Rechts, NJW 2017, S. 913–918.

Pieroth, Bodo/*Hartmann*, Bernd J.: Verfassungsrechtliche Grenzen richterlicher Preiskontrolle, dargestellt am Beispiel des Abschlussentgelts für Bausparverträge, WM 2009, S. 677–683.

Piekenbrock, Andreas: Die Rechtsprechung des BGH zu Bearbeitungsentgelten für Darlehensverträge – Rück- und Ausblick, ZBB 2015, S. 13–25.

Piekenbrock, Andreas/*Ludwig*, Thomas Claus: Laufzeitunabhängige Bearbeitungsentgelte bei Verbraucherdarlehensverträgen aus deutscher und europäischer Sicht, WM 2012, S. 2349–2358.

Placzek, Thomas: Neues zur Zulässigkeit eines Bearbeitungsentgelts in Verbraucherkreditverträgen? WM 2011, S. 1066–1072.

Rabe, Dieter: Die Auswirkungen des AGB-Gesetzes auf den kaufmännischen Verkehr, NJW 1987, S. 1978–1985.

Raiser, Ludwig: Das Recht der Allgemeinen Geschäftsbedingungen, Neuauflage, Bad Homburg 1961.

Reimer, Franz: Juristische Methodenlehre, 1. Auflage, Baden-Baden 2016.

Rohe, Mathias: Sonderrecht für Bankkunden? Zum Verbot des Entgelts für Bankleistungen bei ungedecktem Konto, NJW 1998, S. 1284–1286.

Rösler, Patrick/*Wimmer*, Konrad/*Lang*, Volker: Vorzeitige Beendigung von Darlehensverträgen, Vorfälligkeitsentschädigung und Nichtabnahmeentschädigung aus juristischer und finanzmathematischer Sicht, München 2003.

Salger, Carsten: Anmerkung zu BGH, Urt. v. 04.07.2017 – XI ZR 233/16; jurisPR-BKR 11/2017 Anmerkung 3.

Schimansky, Herbert; *Bunte*, Hermann-Josef; *Lwowski*, Hans-Jürgen (Hrsg.): Bankrechts-Handbuch, 5. Auflage, München 2017.

Schmid-Burgk, Klaus: Das Bearbeitungsentgelt in Darlehensverträgen im Lichte der Rechtsprechung zum AGB-Recht, Zugleich eine Besprechung des Urteils des BGH vom 13.03.2018 – XI ZR 291/16, BB 2018, S. 1799–1802.

Schmidt, Hubert: Einbeziehung von AGB im unternehmerischen Geschäftsverkehr, NJW 2011, S. 3329–3334.

Schmidt, Hubert: Anmerkung zu BGH, Urteil vom 13.05.2014 – XI ZR 405/12, LMK 2014, 361197.

Schmidt-Rimpler, Walter: Grundfragen einer Erneuerung des Vertragsrechts, AcP 147 (1941), S. 130–197.

Schmieder, Sandra: Formularmäßig erhobene Bearbeitungsgebühren bei Verbraucherdarlehen – Zugleich Besprechung des Urteils des OLG Dresden vom 29.9.2011, WM 2011, 2320 –, WM 2012, S. 2358–2364.

Schnauder, Franz: Die Parallelverpflichtung als Sicherungsinstrument der Konsortialkreditpraxis, NJOZ 2010, S. 1663–1670.

Schoch, Friedrich/*Schneider*, Jens Peter/*Bier*, Wolfgang (Hrsg.): Verwaltungsgerichtsordnung, Kommentar Band I, 35. Ergänzungslieferung, September 2018.

Servatius, Wolfgang: Kontrollfähigkeit und Angemessenheit AGB-mäßig vereinbarter Teil- und Zusatzentgelte im Bankwesen, ZIP 2017, S. 745–752.

Sorge, Christoph: System und Struktur der Überlassungsverträge im BGB – Teil I, JA 2017, S. 801–808.

Spindler, Gerald/*Schuster*, Fabian (Hrsg.): Recht der elektronischen Medien, Kommentar, 3. Auflage, München 2015.

Steppeler, Wolfgang: Der Rechtsrahmen für Bankentgelte – Die Rechtsprechungsgrundsätze sowie die kreditwirtschaftlichen Leistungsinhalte –, WM 2001, S. 1176–1192.

Staudinger BGB, Julius von Staudingers Kommentar zum Bürgerlichen Gesetzbuch, Buch 2 Recht der Schuldverhältnisse, *Coester*, Michael/*Coester-Waltjen*, Dagmar/*Krause*, Rüdiger/*Schlosser*, Peter (Bearb.), §§ 305 – 310; UKlaG, Neubearbeitung Berlin 2013.

Staudinger BGB, Julius von Staudingers Kommentar zum Bürgerlichen Gesetzbuch, *Freitag*, Robert/*Mülbert*, Peter O. (Bearb.), Buch 2 Recht der Schuldverhältnisse, §§ 488–490; 607–609, Neubearbeitung Berlin 2015.

Staudinger BGB, Julius von Staudingers Kommentar zum Bürgerlichen Gesetzbuch, *Bergmann*, Andreas/*Reuter*, Dieter/*Werner*, Olaf (Bearb.), Buch 2 Recht der Schuldverhältnisse, §§ 677–704, Neubearbeitung Berlin 2015.

Stoffels, Markus: Schranken der Inhaltskontrolle, JZ 2001, S. 843–849.

Stoffels, Markus: AGB-Recht, München 2003.

Stoffels, Markus: Gerichtliche Überprüfbarkeit von kreditwirtschaftlichen Entgeltregelungen – dargestellt am Beispiel der Abschlussentgelte bei Bausparverträgen, BKR 2010 S. 359–366.

Strube, Hartmut/*Fandel*, Stefanie: Unzulässige Bearbeitungsentgelte bei Darlehensverträgen – Streitfragen und Praxishinweise, BKR 2014, S. 133–145.

Tiffe, Achim: Die Zulässigkeit von Bearbeitungsgebühren bei Verbraucherdarlehen, VuR 2012, S. 127–133.

Touissant, Guido: Anmerkung zu LG Stuttgart, Urteil vom 23.10.2013 – 13 S 108/13, EWiR 2014, S. 101–102.

Tröger, Tobias: Anmerkung zu BGH, Urteil vom 04.07.2017 – XI ZR 562/15, NJW 2017, S. 2994–2995.

Ulmer, Peter/*Brandner*, Erich/*Hensen*, Horst-Diether (Hrsg.): AGB-Recht Kommentar, 12. Auflage, Köln 2016.

van Bevern, Marcus/*Schmitt*, Ramona: Bearbeitungsentgelte bei gewerblichen Darlehensverträgen – ist die BGH-Rechtsprechung zu Verbraucherdarlehen übertragbar? BKR 2015, S. 323–329.

van Gelder, Alfons: Fragen des sogenannten Widerspruchs und des Rückgabeentgelts im Einzugsermächtigungsverfahren, WM 2010, S. 101–112.

von Westphalen, Friedrich Graf/*Thüsing*, Gregor (Hrsg.): Vertragsrecht und AGB-Klauselwerke, 41. Ergänzungslieferung, München 2018.

von Westphalen, Friedrich Graf: Wider die angebliche Unattraktivität des AGB-Rechts, BB 2010, S. 195–202.

von Westphalen, Friedrich Graf: AGB-Recht im Jahr 2014, NJW 2015, S. 2223–2230.

von Westphalen, Friedrich Graf: AGB-Recht im Jahr 2016, NJW 2017, S. 2237–2245.

von Westphalen, Friedrich Graf: Trennlinie zwischen AGB-Klauseln im Verbraucherrecht und im unternehmerischen Bereich, Zugleich eine Besprechung der BGH-Urteile vom 4.7.2017 – XI ZR 562/15 und XI ZR 233/16, BB 2017, 2051–2058.

Wackerbarth, Ulrich: Unternehmer, Verbraucher und die Rechtfertigung der Inhaltskontrolle vorformulierter Verträge, AcP 200 (2000), S. 45–90.

Weber, Christoph Andreas: Inhaltskontrolle von Bearbeitungsentgelten im Kreditgeschäft – von der Dogmatik zur Interessenlage und zurück, BKR 2013 S. 450–456.

Weber, Sebastian: Nochmals: Bearbeitungsentgelte in öffentlich refinanzierten Darlehensverträgen, WM 2016, S. 150–155.

Weber, Sebastian: Bearbeitungsentgelte für Kredite im Kontokorrent, BKR 2017, S. 106–109.

Wiedemann, Herbert: Richterliche Rechtsfortbildung, NJW 2014, S. 2407–2412.

Wimmer, Konrad: Bearbeitungsentgelt bei Verbraucherdarlehen – eine betriebswirtschaftliche Analyse, WM 2012, S. 1841–1851.

Wolf/Lindacher/Pfeiffer AGB-Recht Kommentar, *Dammann*, Jens/*Hau*, Wolfgang/*Lindacher*, Walter F./*Pamp*, Rüdiger/*Pfeiffer*, Thomas/*Reiff*, Peter/*Schmidt*, Hubert/*Stoffels*, Markus (Hrsg.), 6. Auflage, München 2013.

Zöllner, Wolfgang: Regelungsspielräume im Schuldvertragsrecht: Bemerkungen zur Grundrechtsanwendung im Privatrecht und zu den sogenannten Ungleichgewichtslagen, AcP 196 (1996) S. 1–36.